中国人民大学

中国社会发展研究报告 2021

消费转型与经济社会发展

RENMIN UNIVERSITY OF CHINA
RESEARCH REPORTS ON CHINA SOCIAL DEVELOPMENT 2021

TRANSFORMATIONS OF CONSUMPTION AND ECONOMIC AND SOCIAL DEVELOPMENT

主　　编　张建明　洪大用　刘少杰
执行主编　王　宁

中国人民大学出版社
·北京·

2021

出版说明

2002 年以来，中国人民大学年度系列发展报告（即《中国人民大学中国社会发展研究报告》、《中国人民大学中国经济发展研究报告》和《中国人民大学中国人文社会科学发展研究报告》）的出版发行，引起了社会各界和广大读者的广泛关注，产生了较大的社会影响，成为我校一个重要的学术品牌。

中国人民大学系列发展报告的各个子报告均由编委会负责审定选题、整体框架、主要内容和编写体例，组织有关专家召开研讨会，审核报告的写作提纲。各报告实行主编负责制，主编由校学术委员会主任、秘书长会议确定，学校聘任；主编聘请副主编或执行副主编。各报告根据主题，分别聘请相关部门的领导和知名学者担任顾问。中国人民大学社会学理论与方法研究中心、中国人民大学中国经济改革与发展研究院和中国人民大学人文社会科学发展研究中心分别作为《中国人民大学中国社会发展研究报告》、《中国人民大学中国经济发展研究报告》和《中国人民大学中国人文社会科学发展研究报告》的依托单位，在组织和写作方面发挥了主要作用。

根据实际情况及学者建议，学校对年度系列发展报告进行了一些调整。2010 年，《中国人民大学中国法律发展报告》开始列入年度系列发展报告。2012 年，学校在上述系列发展报告的基础上推出了“研究报告系列”，涉及经济、社会、新闻和教育等学科，拓展了研究领域。现在，报告的编写出版工作已纳入学校的年度科研计划，成为一项常规性工作。2014 年，学校根据“研究报告系列”发展的实际情况，决定不再出版《中国人民大学中国经济发展研究报告》和《中国人民大学中国人文社会科学发展研究报告》。

由于报告所涉及的问题大多具有重大、复杂和前沿性的特点，加上写作与出版周期较短及研究水平的局限，尽管我们尽了努力，报告中的不足或易引起争议的地方仍在所难免。欢迎专家和学者批评指正。

中国人民大学发展研究报告编委会

2022 年 7 月 1 日

目　录

2021

Contents

Abstract

The theme of *Research Reports on China Social Development 2021* is "Transformations of Consumption and Economic and Social Development". Nowadays, no one would deny the role of consumption in economic development. With the gradual growth rate decline in domestic investment and foreign trade, the role of consumption in boosting economic growth is valued by more and more people. However, the role of consumption is not only to promote economic growth, but also involves some important basic issues of social development. This report is a study of some basic issues in the relationship between consumption and social development.

This report consists of four parts. The first part (i. e. , Chapter 1) is a general introduction, which discusses the "consumption paradox" and its transcendence in China's economic and social development. The second part (Chapters 2-7) discusses the current situation of household consumption, which covers topics such as social class and consumption, housing consumption of urban residents and migrant workers, residents' consumption satisfaction, and residents' consumption resilience during the COVID-19 pandemic. The third part (Chapters 8-10) analyzes the impact of digitization on consumption, which discusses digital transformation and the second consumption revolution, new consumption and digital life, and productive consumption and its consequences that accompany the digital platform economy, respectively. The last part (Chapters 11-13) analyzes consumption and social norms, exploring sustainable consumption, socially responsible consumption, and the third distribution, respectively. The abstract of each chapter is as follows.

Chapter 1 begins with a discussion of the resource constraints faced by all developing countries in the transition from a traditional agricultural country to a modern industrial country. Under such conditions, consumption is often regarded as a squeezer of development resources. Accordingly, many developing countries have adopted unbalanced development policies to curb consumption. This policy of consumption suppression helps to concentrate limited resources toward industrialization in the early stage of development, thereby promoting development. However, it also sows the pitfalls of development: the sequelae left by the consumption-suppressing policy that helped development in the early stages put obstacles to economic growth in the subsequent stages. When the time comes for development to rely on the population's consumption as an important engine of economic growth, the population's consumption is unable to adequately fulfill this role, namely, the so-called "paradox of consumption" during the process of economic development. To solve the problem of consumption paradox, it is necessary to initiate a timely transition from an unbalanced development policy to a balanced development policy.

Employing data from the Chinese Family Panel Studies (CFPS) from 2014 to 2018, Chapter 2 finds out that China is undergoing a significant transformation of consumer strata. The overall household consumption stratification structure in the urban and rural China has shifted from a pyramid-shape to an olive-shaped structure. However, to some degree, there still remains a consumption gap and inequality between urban and rural households, especially the uneven regional economic and social development, which leads to different characteristics of the consumption stratification structure in different regions in China.

Chapter 3 explores the impact of the social construction of stratified lifestyles on meat consumption by looking at the changes in meat consumption of urban middle class in China. The following issues are examined: 1) people's experiences of meat consumption as the food supply systems shifts; 2) the changing role of meat consumption in socializing, celebrating, and caring for family members; and 3) the changing patterns of meat consumption as diet and health knowledge becomes intertwined with health, wellness and food safety concerns. As China's middle class adopts new forms of self-cultivation and pay more attention to health, reducing meat consumption is gradually gaining legitimacy, but there are mechanisms in daily practice that impede changes in dietary consumption.

The outbreak of the COVID-19 pandemic in early 2020 will undoubtedly have an important impact on the consumption life of Chinese residents. Chapter 4 develops a theoretical framework of life resilience, and divides the related factors of life resilience into living system and support system, which jointly determine the magnitude of life resilience. The living system includes various types of living consumption such as clothing, food, housing, transportation, education, medical care, and housing. The support system includes four types of resources: economic resources, cultural resources, social resources, and organizational resources, which are the main factors affecting the resilience of life. Using data from two surveys conducted during the pandemic, the authors conducted an empirical study of residents' resilience based on chosen theoretical framework. The results show that during the pandemic, the main economic pressure of residents' life comes from the pressure of children's education, mortgage payment, rental payment and meals. Economic resources, cultural resources and social resources all have a significant impact on life resilience, among which occupational and intergenerational influences are the most prominent. People with higher occupational status and older age tend to have stronger life resilience, and vice verse. Social relations and organizational resources are also very important to the residents' life resilience.

Chapter 5 puts forward the proposition of the second consumption revolution based on the impact of digital transformation on consumption. The author argues that China has experienced two revolutions of consumption since the reform and opening up. The first consumption revolution was driven by institutional transformation since 1978, and the second consumption revolution was driven by digital transformation since the beginning of the 21st century. Compared with the institutional transformation, the second consumer revolution occurs in a different logic under the drive of digital transformation. From the perspective of technological embeddedness, the combination of digital technology and consumer society has two entangled processes, namely, the socialization of technology and the technicalization of society. The former is a process of technological empowerment, and the latter is a process of technological monopoly. In the process of technology empowerment, digital technology has triggered a new round of consumption revolution by creating new consumption instruments, building new consumption scenarios and cultivating new consumption culture. However, in the process of technological monopoly, as people's dependence on technology deepens, and the colonization of the living world by digital technology systems is becoming more and more serious, and algorithms become an important logic of domination that not only exposes consumers' privacy, but also restricts their freedom to a great extent.

Chapter 6 analyzes the new type of consumption. New consumption contains very rich connotations. In terms of its impact on daily life, it is no longer an ordinary consumption upgrade, but a brand-new digital consumption revolution, with systematic changes in consumption subject, consumption instruments, consumption culture and consumption institution. As the second consumer revolution since China's reform and opening up, the digital consumption revolution has a solid material and social foundation for its occurrence and spread, and the growing mid-income group as its backbone, whose daily life is reshaped by the digital consumption revolution, with digital life becoming a new form of life.

Chapter 7 discusses the phenomenon of productive consumption and its consequences in the digital era. With the rise of digital platforms, "productive consumers" (prosumers) have emerged who are different from both producers and consumers. Some scholars claim that the platform economy exploits the free labor of digital consumers ("theory of exploitation of surplus value"). However, other scholars argue for a broader perspective to analyze the source of value of platform companies ("theory of social creation of value"). Wang Ning argues that both views have limitations, and therefore proposes a third theoretical position, namely, the "theory of externality exploitation" . In the digital age, exploitation of social media companies has extended from that of surplus value of employees to that of externalities of consumer behavior.

Proposing an analytical framework of residents' life satisfaction, which is composed of factors such as market competition, collective consumption, environmental quality and individual quality of life, Chapter 8 uses data from the 2013 Chinese Social Survey (CSS 2013) for an empirical analysis of residents' life satisfaction. The study finds that market competition factors such as income and per capita GDP have a significant impact on life satisfaction. In addition, collective consumption, level of social security, level of public service, and degree of social fairness all play a significant role in people's life satisfaction. The subjective environmental evaluation still has a significant impact after controlling for the objective environmental indicators. The findings of this chapter have important practical and policy significance, which is that the development mode must be adjusted from GDP-oriented to people-oriented sustainable development, and the reform of social policies on social security, income distribution and environmental governance must be carried out to steadily improve residents' life satisfaction.

Using data from the 2019 survey of "living conditions of residents in megacities in the new era", Chapter 9 examines the overall housing situation of urban residents in two megacities, i. e. , Beijing and Shanghai, from the aspects of the nature and characteristics of urban residents' housing, housing condition, housing expenditure pressure and subjective evaluation of housing. The study shows that the housing ownership rate of urban residents in large cities is about 64. 8%, which is very high and higher than the owneroccupancy rate. Most residents belong to the well-off category of housing condition, and there are some differences in the housing conditions of local residents and non-local residents, and there are a certain proportion of residents with housing difficulties. Urban residents feel great pressure from housing expenditure, and those who buy houses are under great funding pressure from down payment and self-payment. Mortgage payment accounts for 36.77% of the total household expenditure on average; rental payment accounts for 32.88% of total expenditure of renting households on average. Rental and mortgage payments put great economic pressure on residents. Most of the urban residents' evaluation of residential housing is at the medium level or above, yet more than 20% of them have a low evaluation of residential housing.

Chapter 10 analyzes the situation of urban migrant workers in terms of housing security system from the perspective of housing provident fund. The authors theoretically analyze the de facto exclusion of migrant workers due to the "work unit-embedded" characteristics of the housing provident fund system, pointing out that the welfare status of the work unit, the employment practices within the unit, and the discrimination of the unit's household registration all have an impact on whether migrant workers have a provident fund. Using data from the National Health and Family Planning Commission, this chapter specially analyzes the status and differences of migrant workers' housing provident funds in terms of household registration, region, gender, age, education level, occupation, and industry. The authors point out that although the housing provident fund system is problematic in terms of efficiency, fairness, and justification, and has led to a debate on its retention or abolition, it is still necessary to improve the housing provident fund system to benefit migrant workers in the context of urbanization and the citizenization of migrant workers in China.

The topic of Chapter 11 is sustainable consumption. In the process of promoting sustainable consumption, policy dividends have gradually reached a bottleneck. This chapter develops an empirical analysis framework for sustainable consumption and proposes a policy paradigm that emphasizes supply-side improvements. Based on the above analytical framework, the author uses data from the 2015 survey of living conditions of residents in megacities to examine the characteristics and influencing factors of sustainable consumption behavior of the urban middle class. The policy implication of this chapter is that policies on sustainable consumption should change from emphasizing "education" and "subsidy" to emphasizing "supply", including proposing holistic planning, improving infrastructure, and providing residents with a variety of facilities for green travel and garbage classification, thereby encouraging consumers to shift to sustainable consumption.

Chapter 12 analyzes the issue of socially responsible consumption. With the increasing concern of social problems such as resource shortage and environmental pollution, how to make consumers take up social responsibilities and minimize the negative impact of consumption on the environment and society, so as to achieve a wider and deeper integration of socially responsible consumption into our daily life has increasingly become an important issue facing the academic world nowadays. However, against the background that related disciplines at home and abroad have started to pay attention to and discuss socially responsible consumption, sociology of consumption has paid little attention to socially responsible consumption. The three-phase theory of consumption, which is based on the reflection of critical social theory of consumption, has greatly expanded the horizon of consumption research and is worthy of our reference when we discuss socially responsible consumption.

In the final chapter of this book, the author attempts to clarify the confusion surrounding the "third distribution". He points out that the existing discussions on the third distribution often equate it with charity and limit it to the economic function of income distribution, thus failing to exhaust all forms of distribution under the name of "society" and ignoring the social function of the third distribution beyond income distribution. He tries to expand the connotation and extension of the third distribution and reveal its social functions. The third distribution should be understood from the perspective of role-playing, field differentiation and field switching. With the help of field switching, people play the roles of self-interested man, citizen, altruist, and emotional person (or relational person) in four different fields.

第一章　发展中的“消费悖论”及其超越

一、问题的缘起

自 1997 年爆发亚洲金融危机以来，扩大居民消费便一直成为中国扩大内需以刺激经济增长的政策的一个组成部分。但是，二十多年过去了，尽管消费在经济增长中发挥着不可缺少的作用，但它并未起到其所应尽的作用（徐文舸，2017；刘哲希 等，2018）。随着当下出口贸易增速的下降和投资市场的缩小，消费被赋予更大的促进经济增长的作用，以往那种消费与投资的失衡，有必要再平衡（Ma et al.，2018；Pettis，2013）。那么，消费与投资如何才能再平衡？消费在中国经济增长中能发挥更大的作用吗？这是一个大家普遍关心的问题。在这一方面，不少经济学家已经作了探讨（如：Ma et al.，2018；Pettis，2013），但鲜有社会学者参与这种讨论。其实，关于消费与生产（投资）的关系，涉及更深层的消费与发展（或消费与现代化）的关系（Russell，1988；Campbell，1987；Jeffrey，1993；Sklair，1991；Weber，1976）。它既是一个经济学问题，也值得从社会学角度去分析。

中国发展过程中的消费现象，必须放在“不平衡发展”的理论视野下，才能得到更清晰的认识。所谓发展，简单地说，就是传统社会向现代社会的转型过程。它意味着所要发展的对象与所要达到的发展目标之间存在差距。发展过程就是要采取措施来克服这些差距，以实现发展目标。那么，克服发展对象与发展目标之间的差距的资源要从哪里来呢？它必须在发展过程中获得。但发展中国家往往缺乏足够的资源。这意味着，发展过程往往会采取不平衡的方式，即：先把有限的资源投入到需要优先发展的领域，暂缓或限制其他领域的发展（Hirschman，1958；Gerschenkron，1962）。

"不平衡发展"（unbalanced development）的概念源于赫希曼（Hirschman，1958）所提出的"不平衡增长"（unbalanced growth）。后者只限定在经济领域内各部门的不平衡增长，前者则不但包括经济领域内各部门的不平衡增长，而且还包括经济领域与其他领域（政治、社会、文化等领域）之间的不平衡发展。事实上，讨论经济增长，不能不讨论经济领域与其他领域的关系（Sen，1999）。因此，不平衡增长的问题可以扩展为不平衡发展的问题。"不平衡发展"的含义比"不平衡增长"的含义要广，"不平衡增长"只是"不平衡发展"的一部分内容。

对发展中国家来说，当它们开始发展的时候，欧美已经实现了现代化。欧美国家的成功发展，不但为发展中国家提供了经验，而且也为它们确立了发展的目标和方向。发展中国家往往把欧美发达国家当作模仿和追赶的对象。但是，在模仿和追赶发达国家的过程中，发展中国家面临发展资源不足的困难。在资源约束的情形下，它们往往难以采取全方位同步、平衡、协调的发展模式，而只能选择性地把资源投向特定的领域（Hirschman，1958；Gerschenkron，1962）。为了确保资源向所选定的领域集中投入，必须同时避免其他领域对有限资源的争夺（Gerschenkron，1962）。例如，在苏联的社会主义工业化时期和中国的计划经济时期，先后都采取了重工业优先发展的战略，这种发展战略的后果之一就是生产部门和消费部门的失衡（Gerschenkron，1962；林毅夫 等，1999；Pettis，2013）。然而，这种在先期阶段有助于实现工业化的不平衡发展政策，却为后来发展阶段的经济增长埋下了隐患。换言之，原来有助于经济增长的抑制消费（生产与消费的不平衡发展）政策所留下的后遗症，成为后来发展阶段经济增长的一个障碍。这一现象，就是发展中国家所面临的"消费悖论"。

当然，并非所有的发展中国家在发展的先期阶段都采取了抑制消费的不平衡发展政策。因此，不是所有发展中国家都面临发展过程中的"消费悖论”。问题是，为什么有些发展中国家采取了不平衡发展政策，而其他发展中国家却没有采取类似的政策？为什么当经济发展到一定阶段需要转向依靠消费来拉动的时候，发展中国家却依然热衷于不平衡发展政策而难于转型？这种转型如何可能？本章的目的，就是从社会学角度对发展中国家“消费悖论”的形成过程及其超越进行分析。“消费悖论”涉及两个方面的问题。一方面，推行抑制消费的策略（不平衡发展政策）在何种程度上借助了传统的社会和文化资源的辅助？另一方面，从不平衡发展政策向平衡发展政策的转型遇到哪些社会和文化方面的障碍？“消费悖论”的克服如何可能？

二、不平衡发展政策的文化嵌入性

在发展理论形成的最初阶段，发展研究的学者主要是提倡平衡增长战略。学者们认为，发展中国家的一个恶性循环是：因为产品没有市场，所以发展中国家无法实现工业化；因为居民收入低下，所以产品才没有市场；因为没有工业化，所以居民收入才低下。要打破这种恶性循环和低水平均衡，就必须对各经济部门同步实行工业化。为此，需要采取“大推动”（big push）或“平衡增长”（balanced growth）战略（Rosenstein-Rodan，1943；Nurkse，1967；Scitovsky，1954；Fleming，1955）。在这个意义上，发展是一种各经济部门协同、同步和平衡的增长过程。

但是，这种“平衡增长”理论受到了赫希曼的挑战。他不否认发展中国家的恶性循环的存在。然而，他认为，发展中国家面临资源稀缺的困难，因此，集中使用资源以让一些主导的产业部门（如具有较大产业关联度的产业部门）优先实现工业化是更有效的策略。这些优先发展的部门实现了工业化以后，会带动其他部门随后的工业化进程，因为它会产生“引致投资”效应。优先工业化的部门分别具有向后（backward）和向前（forward）关联效应。一项投资不但会对先期投资的盈利产生效应，而且也会对后期投资的盈利产生效应。通过向前关联效应，一个公司的投资会引致另外一个公司的投资，因为后者可以把前一个公司的产出当作投入。同样地，通过向后关联效应，一个公司的投资所引发的另外一个公司的投资，可以成为前者的投入。因此，他主张，与其让许多部门同时实现工业化，不如让少数主导部门优先实现工业化。然后，借助向前和向后关联效应或连锁效应，把工业化推广扩大到其他部门。这样的发展策略，就是“不平衡增长”（Hirschman，1958）。

尽管平衡增长理论和不平衡增长理论各自都有其适用的范围（Singh，1966），但许多发展中国家采取的是不平衡增长政策，其中的一个不平衡，也就是本章所讨论的重点，即生产部门与消费部门的不平衡。之所以采取这种不平衡发展政策，是基于发展中国家所处的落后（backwardness）状况（Gerschenkron，1962）。一个经济体越是落后，如制造业能力低下以及基础设施薄弱，其增长的模式就越倾向于采取抑制消费以扩大投资和储蓄。在格申克龙看来，相对落后（relative backwardness）与不平衡发展（如生产与消费的失衡）有着内在的关联。相对落后的状况引发了落后国家摆脱落后、追赶先进国家的动机。这种动机也体现在国家决策层。因此，国家所推动的发展过程会借助政治资源以及特定的制度安排，来弥补增长的先决条件不足的局面。经济体越是落后，国家就越会干预经济，以引导资本和企业家进入到有待发展的产业中去。相应地，国家越会采取强制性的减少居民消费和提高居民储蓄率的措施。同时，与相对落后的状况相联系，发展中国家的国家产业政策往往重视重工业，轻视消费品产业；发展模式上倾向于采纳资本密集型产业，而不是劳动力密集型产业；组织形态上偏好大型生产单位（大公司、大工厂）；技术上依赖引进的先进技术，而不是本土技术或自主创新（Gerschenkron，1962）。

的确，对于发展中国家来说，其发展所面临的问题，与发达国家在早期现代性阶段所面临的问题不同。其中的一个不同，就是落后国家与先进国家的差距。在这种情况下，落后国家有可能长期陷入对发达国家的依附地位。要摆脱这种依附地位，就必须发展自己独立的工业体系，实现工业化和现代化。这正是一些发展中国家采取了“赶超”战略的原因，其具体的策略就是重工业优先发展（Gerschenkron，1962；林毅夫 等，1999）。但是，重工业是一个资金和资源密集型产业，而发展中国家所缺的恰恰是资金和资源。在这种情形下，消费往往被看成是对投资和生产资源的挤占者，因此必须加以限制。从发展的角度看，居民的消费具有了机会成本。为了在资金短缺和资源约束的条件下优先发展重工业，就必须采取不平衡的发展战略，通过抑制消费以及相应的消费品产业的投入，来扶持重工业的优先发展（林毅夫 等，1999；王宁，2007）。南亚、拉丁美洲和苏联均采取了这种不平衡发展政策。

中国从20世纪50年代起也实行了重工业优先发展的战略。重工业是资金密集型产业，但中国当时还是一个相对落后的农业国，缺乏资金。在重工业发展面临很强的资源约束的情况下，国家采取了抑制消费的政策。一方面，国家在城镇职工中实行低工资政策，以降低工业化的成本。而低工资政策则抑制了城镇居民的消费支付能力。同时，为了降低和稳定粮油布匹等基本生活资料的价格和供给，国家从1953年起对农副产品的征收和销售实行了“统购统销”的政策，从而获得了对农产品等基本消费生活资料的国家行政定价权。另一方面，国家通过资源向重工业倾斜、降低轻工业和农业的资源投入比例的政策，抑制了消费品产业的增速，并因此限制了消费品的供给。作为抑制消费政策的后果，消费品短缺成为当时的常态（林毅夫 等，1999；王宁，2009）。很显然，中国自20世纪50年代起，就实行了抑制消费、优先发展重工业的不平衡发展政策。在这个过程中，消费的增长不但慢于生产的增长速度，而且还一度长期处于停滞状态。

国家提出的抑制消费的不平衡发展政策为什么能推行出来？主流的意见认为原因在于国家能力强大。但是，除了政治的原因，这种不平衡发展政策得以实行，还仰仗宏观政策制定者（或宏观行动者）的“文化工具箱”（Swidler，1986）所能提供的文化资源。一方面，“文化工具箱”装有什么，限制了政策行动的选择范围；另一方面，何种“文化工具”被从“文化工具箱”中取出来用，取决于具体的情境。

宏观政策制定者的“文化工具箱”里所装的，既有建国的政治观念和赶超强国的理念，也有宏观行动者已经内化的传统文化习惯。其中的一个传统文化习惯，就是他们的节俭消费习惯。消费上的节俭习惯不但体现在消费资源缺乏时能保持消费欲望与消费支出的平衡，而且也体现在消费资源增多了以后，人们的消费标准依然按照原有的低欲望标准来安排。因此，与节俭消费习惯相联系，人们还具有很强的储蓄习惯。第一代宏观决策者在革命年代之所以能在极其艰难困苦的条件下坚持下来，在一定程度上也归功于他们这种传统的节俭消费习惯。而艰苦的革命环境，反过来强化了他们这种传统的节俭消费习惯。很自然地，这种传统的节俭消费习惯成为他们的“文化工具箱”里的拿手“工具”。因此，当他们制定抑制消费的不平衡发展政策时，他们的“文化工具箱”里的传统的节俭消费习惯，无疑发挥了潜移默化的作用。

就宏观行动者所处的具体情境来说，他们面临发展过程中发展的物质资源不足而劳动力资源丰富的情境。由于物质资源不足，发展就更需要借助劳动力资源丰富的条件。但劳动者却是要消费的，他们的消费会与工业化争夺有限的发展资源。因此，从发展的角度看，有必要对他们的消费加以抑制，以把有限的物质资源向重工业倾斜。不过，由于中国居民同样也具有传统的节俭消费习惯，这种传统习惯同样也是一种可资利用的文化资源。可以说，居民的传统的节俭消费习惯与宏观的不平衡发展政策具有契合关系。

事实上，宏观的不平衡发展政策（抑制消费、重工业优先发展）得到了微观的文化平衡机制的支撑。所谓微观的文化平衡，指的是在传统的节俭消费习惯中，人们在短缺条件下实现了欲望水平与消费资源的低水平平衡。由于传统的节俭消费习惯的作用，居民的消费欲求标准的提高速度并不快，这就使得被限制了的收入增长速度能够与之平衡。这一微观的“习惯性的低消费欲求与低资源的平衡”成为宏观的生产与消费的不平衡政策的文化基础。由于中央政府在新中国成立之初就在城镇推行了抑制消费的政策，使得居民的习惯性的低消费标准在还没来得及提高的情况下，就被宏观政策制定者作为文化资源加以利用了，从而宏观的不平衡发展政策并没有打破微观的文化平衡（低消费欲求与低资源的平衡）。

可见，从不平衡发展政策的推行过程看，除了政治理性和经济理性的因素，微观的文化平衡机制也发挥了作用。既然重工业需要大量的资源投入，而中国却没有足够的资源，那么，抑制消费便成为一种代理人的理性选择（王宁，2007）。其中，消费传统性（低消费欲求与低资源的平衡）是不平衡发展政策的文化基础。可以说，中国所实行的重工业优先发展及其相应的抑制消费的政策，体现了生产现代化和消费传统性的兼容并存关系。在这个阶段，消费传统性不但不与生产现代化相矛盾和冲突，而且成为生产现代化的必要手段。不平衡发展的经济政策的推行嵌入在传统文化的土壤之中，显示出文化嵌入性的特征。

三、不平衡发展政策的转型滞后

1978 年底中央决定启动经济改革以后，国家把提高人民生活水平当作具有政治内涵的一项战略举措。出于这种政治的原因，国家对不平衡的发展政策作了一些调整，包括提高农副产品收购价格，并增加城镇职工的收入（补贴）；在农村实行家庭联产承包责任制，在城镇实行奖金制，从而增加了城乡居民的收入；与此同时，调整农、轻、重的比例，增加消费品产业的产出和消费品的供给。20 世纪 50 年代以来的生产与消费的失衡，得到一定程度的矫正。例如，1978 年，居民消费占支出法国内生产总值的比率为 48%，从 1979 年到 1985 年，这一比率分别为 49%、51%、53%、52%、52%、50%、50%。从最终消费（居民消费＋政府消费）看，1978 年最终消费支出对国内生产总值增长贡献率仅为 38.3%。从 1979 年到 1985 年，除了 1982 年（56.1%）和 1984 年（68.7%）外，最终消费支出对国内生产总值增长贡献率都在 70%以上。

但是，自 1986 年以后，生产与消费的比例关系重新开始失衡，居民消费占支出法国内生产总值的比率（除 1989 年）就一直低于 50%，2005 年后这一比率则一直低于 40%，不过从 2011 年起下降曲线开始变成平缓上升曲线（受 2020 年疫情影响，当年的居民消费率又从 2019 年的 39.08%下降到 37.75%）（见图 1-1）。同样，1986 年以后，最终消费支出对国内生产总值增长贡献率在总体上一路走低，尽管时有波动，最终消费率基本上是在低位徘徊，只是到 2013 年以后开始止跌，并略有缓慢回升（受 2020 年疫情影响，当年的最终消费贡献率又从 2019 年的 58.6%急剧下降到－6.8%）（见图 1-2）。

自 1992 年中央决定推行市场化改革以来，生产与消费的不平衡进一步加剧。1992 年以后，城乡居民消费的确也在增长，但其增速在总体上低于 GDP 增速（Pettis，2013）①。可以说，在总体上，改革开放以来，在“发展是硬道理”的理念支配下，国家抓住一切有利于经济快速发展的机遇，在消费和生产的关系上，依然采取了不平衡发展政策。

一方面，中国的对外开放导致发达国家和地区的产业向中国转移，并由此促进出口贸易的快速增长。2001 年加入 WTO 后，中国的进出口贸易进一步得到高速发展。在吸引外来投资和出口贸易方面，中国具有比较优势，其中包括廉价的劳动力（林毅夫　等，1999）。事实上，从发展主义角

① 从 1978 年到 2010 年，居民消费一直在增长，但其增速（9%）低于 GDP 增速（9.9%），更是低于资本形成率（10.6%）（Ma et al.，2018：197）。尽管从 2011 年到 2016 年，居民消费增速（8.4%）开始高于 GDP 增速（7.3%）和资本形成率（7.0%）（Ma et al.，2018：197），但消费占 GDP 的比率依然过低。

度看，适当限制消费部门的增长速度（劳动者工资增速和社会福利资源投入的增速），反而有利于中国在全球制造业竞争中保持劳动力价格低廉的比较优势，从而持续不断地吸引外来投资和增加出口。

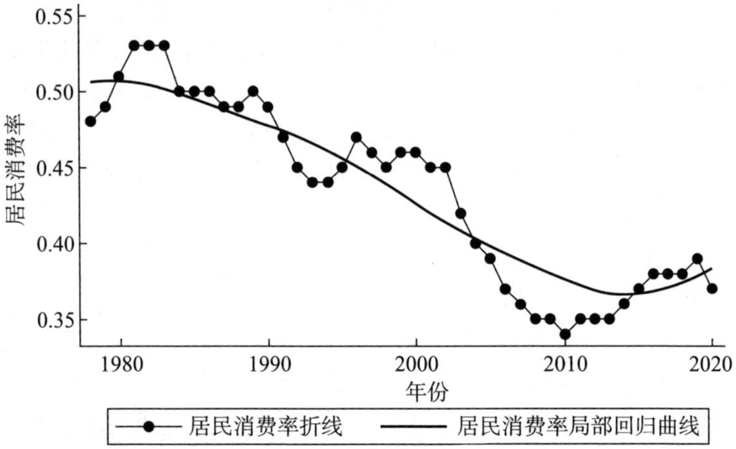

图 1-1　居民消费占支出法国内生产总值的比率走势图（1978—2020 年）

资料来源：国家统计局。

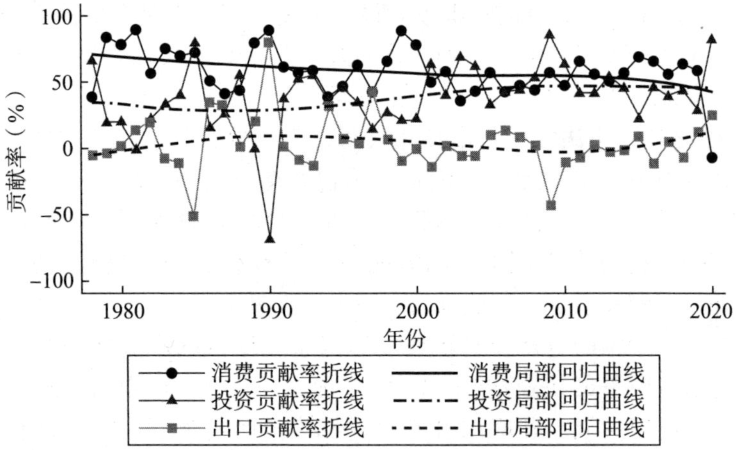

图 1-2　资本形成总额、净出口与最终消费支出对国内生产总值增长贡献率走势图（1978—2020 年）

资料来源：国家统计局。

另一方面，20 世纪 90 年代后期开始实行的住房商品化改革，促进了房地产业长达二十年的快速增长。而 2003 年推出的国有土地使用权出让“招拍挂”制度，则为随后的“土地财政”奠定了基础，并因此促进了城市基础设施投资的高速增长。正是由于出口和投资成为支撑中国经济快速增长的主要引擎，因此，相对而言，居民消费的增速在经济增长中的作用并不具有头等重要性。同时，居民在买房时由于需要进行储蓄和还按揭，客观上导致了居民消费率的下降（Ma et al.，2018)。“土地财政”以某种方式助推房价的快速攀升，提高了居民的购房成本，挤占了居民本可用于消费的资源。

在总体上，投资成为1992年以后中国经济增长的一个主要引擎。居民消费虽然也在经济增长中发挥重要的作用，但在总体上，居民消费对经济增长的作用显得不足。尽管在1997年亚洲金融危机和2008年世界金融危机爆发以后，因出口市场受到冲击，宏观政策制定者不但意识到扩大消费的重要意义，而且采取了多种政策举措来扩大居民消费，但从总体看，我们对各种经济增长引擎的倚重度依然是失衡的。经济增长依然更倚重投资和出口的拉动。居民消费在经济增长中还无法充分发挥应有的作用。在佩提斯看来，中国居民的消费增速乏力，是过往的不平衡发展政策所导致的结果（Pettis，2013)。

不过，在近几年，随着投资和出口增速的下降，经济增长越来越倚重居民消费的增长。由于投资和出口在经济增速中的贡献率相对下降，居民消费对经济增速的贡献加大，但这并不意味着居民消费就足以弥补投资和出口增速下降所留下的对经济增长贡献的缺口。居民消费依然未能充分发挥其本应发挥的作用。这种情形就是发展过程中的“消费悖论”的体现。抑制消费的不平衡发展政策在先期阶段发挥了促进工业化和经济增长的作用，却为后来发展阶段的经济增长制造了一定的困难。如果说，不平衡发展是发展过程中不可避免的选择，那么，居民的消费疲态则是先期阶段的不平衡发展路径的效应。

这意味着，消费传统性和生产现代化之间开始产生矛盾和冲突。尽管新一代年轻的消费者在一定程度上放弃了传统的节俭消费观念和习惯（消费传统性），但老一代消费者依然在很大程度上奉行了消费传统性。同时，由于收入分配的两极分化，低收入群体占比过大，消费传统性还有很大的社会阶层基础。改革开放以来，由于我们依然实行不平衡发展政策，导致制造业的产能过剩。由于居民消费无法消化过剩的产能，我们就愈加需要借助出口来为过剩产能寻找市场出路。然而，过度依赖出口可能导致国际贸易摩擦。随着当下中美贸易摩擦逐渐升温，中国出口市场的前景越来越面临不确定性。同时，由于住房政策的调整（“房子是用来住的，不是用来炒的”），产业关联度很大的房地产投资增速也下降了。在出口市场和投资市场双双受到冲击的情况下，消费对经济增长的重要性就变得前所未有的重要（Ma et al.，2018；Pettis，2013）。但长期以来实行的不平衡发展政策，妨碍了消费在经济增长中的引擎作用的充分发挥。消费传统性与生产现代化矛盾的加剧，意味着消费传统性有必要向消费现代性转型。

很显然，在一定程度上，当下的消费困境是不平衡发展政策的转型滞后所导致的。问题在于，为什么不平衡发展政策向平衡发展政策的转型会滞后？从经济的角度看，转型是有代价的。转型之所以有代价，是因为经济政策具有路径依赖的特征。要替换原有的路径，需要付出很大的代价，甚至面临失败的风险。在“风险厌恶”的情况下，政策的权衡和选择常常是倾向于用尽原有政策所具有的最后一点生效空间，即使这种政策可能会留下对未来的经济增长不利的后遗症。换言之，只要原有政策还管用，哪怕只是在一定程度和范围内管用，在经过权衡后没有其他更好的选择的情况下，它就有可能被继续使用，直到它不管用为止。这说明，在面临两难选择的情况下，常常是原有政策会被延续，而政策转型则被搁置。

不平衡发展政策转型的推延，除了路径依赖的原因，还在于原有的不平衡发展政策依然具有继续发挥一定作用的施行条件和环境。即使原有政策会给未来的经济增长留下具有不利影响的后遗症，但只要它依然具有继续发挥政策效用的空间，在路径依赖的影响下，这种政策就会在很大程度上被继续实行。这种原有政策继续发挥效用的空间，可以称为“政策效用延续空间”。这种政策效用延续空间不但指某项政策（如不平衡发展政策）在施行过程中发挥经济效用的空间，而且指该政策在施行过程中被默认、被接受或被支持的社会—文化环境。相应地，政策效用延续空间包括经济效用剩余空间、社会容量空间和文化容量空间。

首先，不平衡发展政策的延续，得益于它还具有经济效用剩余空间。1997 年亚洲金融危机和 2008 年世界金融危机的爆发，都对中国的出口贸易市场造成很大的冲击。当时宏观决策者也意识到国内消费对经济增长的重要性，并采取了一系列相应的措施。但是，客观地说，当时的经济政策所启动的“内需”，主要是投资所带动的生产性内需。居民消费虽然也是政策所刺激的对象，但对居民消费的刺激效应不如对投资的刺激效应来得快。

例如，在2008年世界金融危机之后，基础设施投资和房地产投资成为国内“内需”的主要组成部分。当居民消费在经济增长中来不及“救场”，宏观政策选择必然会充分发掘和利用投资市场。由于当时中国的基础设施依然还有很大的投资空间，因此，它让不平衡发展政策还具有剩余的经济效用空间。虽然基础设施投资可能引起地方政府债务压力过大的问题，但基础设施投资依然为不平衡发展政策提供了经济效用空间，尽管这个空间越来越小了。

其次，不平衡发展政策的延续，也得益于社会容量空间。所谓社会容量空间，就是社会层面对不平衡发展政策的默认度或接受度。不平衡发展政策的一个后果，是居民消费的不足。而消费的不足源于收入分配格局的失衡。在居民与政府的收入分配关系中，居民所得份额不足。在劳动者与资本的收入分配关系中，劳动者所得份额不足。不平衡发展政策之所以还具有社会容量空间，主要有以下几个理由：（1）增长效应。尽管居民和劳动者在GDP增长中所得份额不足，但他们的收入基本上一直在增长。只要居民和劳动者的收入在增长，他们对不平衡发展政策的接受度就不会有大的变化。同时，经过20世纪90年代末激进的福利体制改革以后，国家近些年在社会保障和社会福利领域也逐步加大资源投入。集体消费资源的增加，也延长了居民对不平衡发展政策的接受度。只要日子还能过得下去，并且还有改善，居民对不平衡发展政策就还能继续接受。（2）关系资本。中国的民间社会历来都有相互帮助和相互接济的传统。尽管不平衡发展政策让居民可支配收入的提高速度受到一定限制，但是，人们一旦面临某种生活困难，往往会得到家族的帮助和经济支持。以买房为例，如果子女缺乏足够的资金在城市买房，父母往往会在经济上予以资助。例如，父母会在子女购买商品房上为子女支付“首付”。再比如，如果一个家庭成员生了大病，一旦依靠家庭自身的经济力量难以支付医疗费用，其亲戚往往会提供一定的经济援助。儒家传统中的这种家族主义，成为不平衡发展政策依然还有社会容量空间的一个原因。（3）“维稳政策”。劳动者之所以在收入分配格局中所得份额偏少，同劳动者缺乏足够的集体性博弈的制度性权利有一定的关系。但他们在工资和福利待遇上与雇主的自发性博弈，却依然时有发生。尽管如此，在“维稳机制”下，这一类博弈被限制。“维稳机制”从社会领域为不平衡发展的经济政策提供呼应和支持。不过，随着人口红利的趋于终结以及部分行业中的劳动力供需关系从供过于求转向供不应求，制造业领域的劳工工资在近些年不断增长。而劳动者工资的增长，客观上减轻了不平衡发展政策所面临的压力，使得它依然还有社会容量空间。

再次，不平衡发展政策的延续，还得益于文化容量空间。所谓文化容量空间，就是文化传统与不平衡发展政策的兼容度。前文说过，不平衡发展政策推出之始，就嵌入在传统的节俭消费习惯中，具有文化嵌入性的特征。如果人们放弃了这种传统的节俭消费习惯，那么不平衡发展政策所依赖的微观平衡的文化机制就不复存在。许多学者之所以担忧消费主义在中国的兴起，就是害怕消费主义导致微观平衡的文化机制的瓦解。一旦这种微观平衡的文化机制瓦解了，不平衡发展政策就难以为继。然而，中国的不平衡发展政策依然得以延续，这说明，所谓的“消费主义”的兴起，并没有导致微观平衡的文化机制的失效。

为什么会这样呢？这是因为，中国的“消费主义”与西方的消费主义，其实是不同的。西方的消费主义是建立在微观失衡的文化机制基础上的。西方消费主义实践者的消费欲望水平的增长速度高于收入增长速度，他们具有较高的消费倾向。一旦他们的收入提高了，他们倾向于马上用于消费。同时，随着消费贷款制度的实行，西方消费主义实践者倾向于借钱消费，以克服微观不平衡（即消费欲求水平与即期可支配收入的失衡）。但是，与之不同，中国消费者的“消费主义”是“两栖消费”的结果。许多上了一定年龄的中国消费者在购买住房、耐用消费品以及奢侈品时，恰恰是借助了传统的节俭消费习惯。他们通过在其他领域的节俭（“省吃俭用”），以节省出资源，用于购买住房、耐用消费品或奢侈品。他们的奢侈消费，恰恰是靠传统节俭消费观念的帮助。这种消费行为就是“两栖消费”：他们用某些领域的节俭或低消费，来支持另外一些领域的“高消费”（王宁，2005）。正是后者，被一些学者混同于西方的消费主义。但他们忘记了，中国消费者的“高消费”借助了传统的节俭消费习惯，总体上他们的消费倾向并不太高。相反，他们的储蓄率较高。

随着“80 后”和“90 后”的成家立业并独立登上消费的舞台，他们所呈现出来的“消费主义”，与西方的消费主义开始接近，原因在于，传统的节俭消费习惯（微观平衡的文化机制）在他们身上逐渐式微。他们的“消费主义”越来越成为微观失衡的文化机制的结果（消费欲求水平与可得的消费资源的失衡）。正因为如此，他们越来越倾向于借贷消费。例如，在近些年，中国居民的负债率开始上升。而负债的主体，主要就是年青一代。

互联网上针对没有工资收入的大学生而推行的消费贷，也受到大学生的热捧。这么说来，岂不是意味着宏观的不平衡发展政策难以为继了？

然而，我们不要忘了，他们的父辈还没有退出历史舞台。而他们的父辈，依然保留着传统的节俭消费习惯。换言之，即使他们的父辈也购买住房、耐用消费品和奢侈品，这些“高消费”是建立在他们在其他领域的节俭基础上的。现在，他们不但通过节俭和储蓄习惯完成了购房和耐用消费品的积累，而且还通过这种节俭消费习惯把节省出来的资源转而用于帮助其子女。因此，在一定的范围内，“80后”和“90后”的消费（如购房、出国留学、婚嫁消费等），常常得到其父辈财富的代际转移。“80后”和“90后”还将在未来继承父辈的遗产（包括房产）。而这是一种可预期的未来收入。他们的父辈得益于传统的节俭消费习惯和储蓄习惯而积累的财富，一部分已经或正在转移给他们，另外一部分将会在未来转移给他们。借助这种代际财富转移以及他们自身的收入，“80后”和“90后”可以支撑起“消费主义”的生活方式。事实上，一方面由于“80后”和“90后”的父辈还没有完全退出经济舞台，另一方面也由于一部分年轻人也在一定程度上继承了父辈的节俭观念，不平衡发展政策就依然还有文化容量空间。

不论是社会容量空间，还是文化容量空间，都是相对的。不同国家的居民对于不平衡发展的后果具有不同的社会接受度和文化接受度。在生产和消费的某种不平衡状态下，对西方国家来说不再具有社会—文化容量空间的不平衡发展政策，在中国却可能依然具有社会—文化容量空间。这也解释了何以许多西方学者依据中国的生产和消费的失衡做出的中国经济要崩溃的预言往往落空。西方学者依据的是他们国家的社会—文化容量空间。但中国关于生产和消费的不平衡发展政策，有更大的社会—文化容量空间。这种不平衡发展政策的社会—文化容量空间的差别，说明不同的国家对于不平衡发展政策具有不同的社会—文化容量弹性。西方国家对于不平衡发展政策的社会—文化容量弹性较低，而中国对于不平衡发展政策的社会—文化容量弹性较高。之所以较高，在很大程度上源于传统儒家文化，包括重视家族和关系网、勤俭的习惯以及服从权威的传统文化。

我们可以假设，不平衡发展政策的社会—文化容量弹性越大，由不平衡发展政策向平衡发展政策的转型就越有可能滞后，因此，就越有可能在经济增长需要依靠消费发力的时候，无法倚重消费对经济增长的拉动作用。因此，发展中国家面临的一个问题，是如何解决由不平衡发展政策向平衡发展政策转型滞后的问题。这个问题不解决，发展过程就会面临半途夭折的风险。既然不平衡发展政策的社会—文化容量弹性越大，由不平衡发展政策向平衡发展政策转型就越可能滞后，社会—文化容量弹性大的发展中国家在发展路径上，就不能把不平衡发展政策所具有的政策效用延续空间（经济效用剩余空间、社会容量空间和文化容量空间）全部用尽以后再进行转型，而是要在这之前就实行转型。

四、从不平衡发展政策到平衡发展政策

为什么要在不平衡发展政策的政策效用延续空间用尽之前就实行转型？在很大程度上，这是出于降低转型的社会成本考虑的。政策往往具有惯性效应，等到人们意识到不得不转型的时候，转型的成本和代价会更大。其中一个代价，就是不平衡发展政策会让既得利益集团做大，他们对转型的反对和抵制力度会加大（奥尔森，2018）。与此同时，不平衡发展政策也会让一些群体的利益受损，这些群体要求政策转型的呼声也会加大。这种情形，势必导致社会不同利益群体之间的对立和冲突加剧。但即便是面对冲突，宏观的政策选择依然可能出于路径依赖的情形而延续不平衡发展政策，这会进一步使转型滞后。可以说，拉丁美洲国家之所以陷入“拉美陷阱”而不能自拔，其中一个原因就是利益分化和对立的情况加重，社会冲突加剧，但转型却滞后（Max-Neef，1991）。可见，在政策效用延续空间弹性较大的情形下，不平衡发展政策的延续有可能为随后的发展阶段的经济增长埋下陷阱。较大的政策效用延续空间弹性会加剧不平衡发展向平衡发展转型的滞后，并让随后的转型付出更大的社会成本。

为什么说不平衡发展政策有可能导致社会冲突的加剧呢？一个主要的原因在于不平衡发展政策有可能导致收入分配格局的失衡。与这种收入分配格局的失衡相联系，社会群体之间的利益对立和冲突有可能加剧。那么，为什么说不平衡发展政策会导致收入分配格局的失衡呢？原因主要有以下几点：

第一，不平衡发展采取了抑制消费的政策。而抑制消费的一个举措，就是抑制雇员工资的增长速度。反过来，廉价的劳动力有助于吸引外来投

资，因而有助于投资和生产的扩大，并因此增加就业，从而有助于经济增长。显然，不平衡发展在收入分配的后果上，往往导致发展的收益以不平衡的方式在资本和劳工之间进行分配。尽管劳工的收入也在增长，但在人口红利没有终结之前，其增速常常低于资本收益的增速以及 GDP 的增速。收入分配格局失衡的一个指标，就是基尼系数过大。

第二，不平衡发展政策还体现在社会福利体系建设上公共财政投入不足。社会保障和社会福利是借助再分配渠道而为全体居民所建立的一个社会安全网。在 1992 年以后的发展阶段的前半程，由于采取了不平衡发展政策，公共财政资源更多地向诸如基础设施等“硬件”领域倾斜，而相对较少地向社会保障和社会福利投入。这意味着，以社会保障和社会福利为载体的再分配系统无法充分发挥收入分配的调节作用。初次收入分配领域的两极分化现象未能充分借助社会保障和社会福利来缓和。

第三，不平衡发展政策偏好把资源投向产业关联度强的产业和基础设施领域。就中国来说，为了获得基础设施投资所需要的资源，国家于 2003 年以后实行了“土地财政”。在“土地财政”体制下，地方政府具有推高住房商品价格的动机。与此同时，地方政府却缺乏在住房保障和福利上加大资源投入的动力。在这种情形下，住房商品价格或住房租金的提升，等于间接地提高了劳动力再生产的成本。“土地财政”推动下的商品房价格的提升也是造成收入分配格局失衡的一个机制。

不平衡发展政策不但具有社会成本，而且还具有经济成本（Sen，1999）。如上所述，不平衡发展政策导致收入分配格局的失衡。在这种格局中，大多数居民的可支配收入尽管在提高，但提高的速度多半赶不上 GDP 的增速和资本收益的增速。这种收入分配的失衡格局会反过来妨碍产业升级和产品升级。由于主流人口的收入增速有限，高端产品因其价格过高而缺乏足够的国内市场，国内产业竞争便多半集中在低端产品的竞争上。这势必妨碍产业升级和产品升级。

转型滞后的社会成本之所以会转化为经济成本，必须放在全球化的背景下来看。在产业未能升级和劳动生产率的提高速度有限的情况下，如果人口红利终结和劳动力供给下降，雇员的工资会不可避免地提高，那么，劳动密集型产业的投资收益往往会因为劳动力成本的上升而相对下降。在全球化背景下，为了追求更高的投资回报，资本和公司就可能转移到其他劳动力更廉价的国度。这一情形势必引起国内就业率的下降和消费的下降。

后者则进一步引发劳动密集型公司向境外迁移。所谓“中等收入危机”，其实就是产业没有升级和收入分配两极分化（尽管在平均的意义上达到中等收入水平）并存而造成的危机。

在全球化背景下，由于发展中国家没有实现产业升级，并在低端产品领域进行过度竞争，就会因此陷入价格战而不得不降低产品制造的成本，产品的质量就难以得到提升。这势必导致国内产品陷入“低端”产品形象的陷阱中。同时，出于增长优先的考虑，对消费者的保护力度往往不足，本地假冒伪劣制造经营现象未能得到充分抑制。这就会使得国内商品的总体品牌形象难以升级。在这种情形下，国内的部分消费者即使在收入提高的情况下，也可能偏好购买国外产品或从发达国家进口的高端品牌产品，而不购买本国产品。国内有限的高端产品的购买力，也因此流向了国外市场。它反过来妨碍了本土的产品升级和产业升级。

当然，不平衡发展政策并非必然阻碍产业升级，但它有可能引发阻碍产业升级的不利因素。真正阻碍产业升级的，是不平衡发展政策向平衡发展政策的转型滞后。前面讲过，不平衡发展政策可能导致收入分配格局失衡。而收入分配格局的失衡，乃是不同利益相关者群体的权利的失衡。在产业没有升级的发展阶段，居民就业所获得的议程地位，往往高于雇员权利所获得的议程地位。因此，资本和雇主一端（就业机会提供者）可能得到更多的政策的扶持和青睐，雇员一端的权利往往难以升级。这里所说的“权利”（rights），指的是社会成员被正式制度或非正式制度所赋予的满足某种需要或获得从事某种活动的资格和许可。

雇员权利升级的滞后，乃是收入分配格局失衡难以再平衡的一个影响因素。首先，在劳资博弈中，劳方工资的提高，除了劳动力供需关系的影响外，还受到劳方的集体性博弈权利的影响。在不平衡发展模式下，国家往往会限制劳方工资增长的集体博弈权利或筹码。其次，集体消费（社会保障和社会福利）的不足，乃是由于居民的社会权利的不足。再次，高端产品购买力向国外的流失，在一定程度上乃是由于在不平衡发展阶段，增长具有优先性，相应地，国家对消费者权利的保护力度不足。

可见，要避免不平衡发展政策向平衡发展政策的转型滞后，就要改变不平衡发展阶段的权利结构，打破原有的利益相关者群体之间的力量对比关系，赋权于原来在不平衡发展政策下权利弱势的一方，以使利益相关者之间的权利关系得到再平衡。可见，要启动不平衡发展政策向平衡发展政策的转型，不但要让消费与生产得到平衡，让居民消费升级，而且要让居民失衡的雇员权利、社会权利和消费者权利实现升级。在平衡发展的模式下，消费不再被宏观政策制定者看作是发展资源的挤占者，相反，它被看成不但是发展的一个手段，而且是发展的一个目标。从这个角度看，赋予居民权利，乃是经济可持续发展的必要。经济升级要求居民的权利升级。在总体平衡的情况下，权利升级不但不会妨碍经济升级，反过来，它构成经济升级的手段。

显然，经济发展和社会发展具有相辅相成的关系。既然权利升级是经济升级的条件，而权利升级不仅仅是经济领域的事情，这就意味着，平衡发展不仅仅是经济领域内部各部门之间的平衡，而且也是经济领域与其他领域（如社会领域、文化领域、政治领域等）的平衡。正因为如此，赫希曼所说的“不平衡增长”（经济领域内不同部门的不平衡）在本章中被替换成“不平衡发展”（经济领域与其他领域的不平衡）。如果说“增长”是经济领域内部的事情，那么“发展”则不但涉及经济领域，而且涉及非经济领域。在不平衡发展阶段，居民的雇员权利、社会权利和消费者权利也常常受到一定抑制。在这些权利中，至少社会权利是属于社会领域的，而不属于经济领域。因此，不平衡发展也就意味着经济领域的发展和社会领域的发展之间的不平衡。要从不平衡发展转向平衡发展，就意味着经济领域的发展要和社会领域的发展达到平衡。

居民的权利升级之所以会有助于不平衡发展向平衡发展转型，其中一个原因在于，它降低了不平衡发展的政策效用延续空间的弹性。居民的权利一旦升级，就成为制约不平衡发展的一个因素。这意味着，在居民的权利升级以后，不平衡发展所面临的政策效用延续空间弹性，尤其是政策的社会—文化容量空间下降了。这种降低了的政策效用延续空间弹性，有助于不平衡发展向平衡发展的转型。

但问题的关键在于，如何让居民失衡的雇员权利、社会权利和消费者权利实现升级？居民的权利既可以是宏观政策选择的结果，也可以是社会结构变迁所导致的社会互动模式变化的结果。宏观政策选择涉及的问题太过复杂，囿于篇幅所限，本章不展开分析。接下来的篇幅侧重讨论社会结构的变迁。就社会结构变迁来说，在一些独特的发展条件下，发展到一定的阶段后，其经济和社会结构会发生向有利于居民的各项权利升级的方向转型。就中国来说，这些独特的条件包括如下几个方面：

第一，不平衡发展政策的经济效用剩余空间到了被用尽的边缘。一方面，2018年开始的中美贸易摩擦事件标志着通过出口来消化国内一部分过剩产能的方法已经快行不通了。另一方面，从2011年起，资本的投资回报率在下降（Ma et al.，2018）。如果我们一方面无法把一部分国内的过剩产能出口到国外，另一方面资本在国内的投资也没有什么回报，那么，长期以来所存在的偏好于经济增长的宏观政策选择，会为了经济发展内在逻辑的原因而逐步转向采取措施来提高居民消费以实现消费与生产的再平衡。而要提高居民消费，势必要提高居民的权利。显然，提高居民的权利的目的有可能出于经济结构自身的内在逻辑而达成。

第二，劳动力供需关系的变化促进雇员权利的提升。由于中国实行了长达三十年的“独生子女”生育政策，导致人口结构发生重大变化。先期发展阶段的有利于经济增长的人口红利正趋于终结。在一些产业，劳动力供需关系发生了从供过于求向供不应求的转变。这种劳动力供需关系的变化，无疑是有助于雇员权利提升的一个因素。尽管宏观政策并没有赋予雇员集体性工资博弈权利，但雇员有更多的机会采用赫希曼所说的个体“退出”策略（Hirschman，1970）来提高自己在工资博弈中的筹码。这种筹码，在人口红利终结之前，几乎是不可想象的。

第三，“经济新常态”促进居民社会权利（即马歇尔所说的“社会公民权”）的提升。随着几十年经济的高速增长转向中高速增长（“经济新常态”），经济增长的议程地位有所下降，而居民的社会权利更有可能成为政府绩效的增长点，因而，更有可能获得更高的议程地位。既然经济无法保持过去那种两位数的高速增长，那么，经济增长就不再像过去那样，可以成为官员“出政绩”的关键领域。同时，随着官员考核指标的变化，经济增长指标在绩效考核中的权重下降，居民的满意感指标的权重上升，使得居民的社会福利或社会权利的提升成为政府政绩的一个新的来源。当然，前提是经济依然在增长而非停滞。

第四，全球化进程促进消费者权利的提升。一方面，全球化为中国居民提供了权利方面的参照系（或参照标准）。这种参照标准会逐渐内化为居民的要求，从而对居民权利的宏观政策安排造成一定的影响。另一方面，全球化让中国的消费者在消费市场上多了一个“退出”筹码（Hirschman，1970）。例如，自从“三聚氰胺奶粉事件”以后，许多中国消费者退出国内品牌奶粉市场，转而购买国外品牌奶粉。海外购物市场的存在，客观上倒逼国内加强对消费者的保护，提升消费者权利。

第五，“独生子女”政策也让独生子女代的权利意识得到强化。一方面，他们在成长过程中的家庭抚育模式已经让他们形成了更多的“自我中心”的意识。这种意识更有助于个体权利意识的形成。另一方面，独生子女代在总体上比前一代人接受了更好的教育。由于国家推行了九年义务教育制度，独生子女代基本上都接受了初中及以上水平的教育。教育水平的提高，也提升了独生子女代的权利意识。集体性的权利意识的提升不但可能转化为权利维护行动的普遍化，而且可能转化为追求权利的升级。

有必要指出的是，经济和社会结构的演变形成了对不平衡发展向平衡发展转型的有利因素，但这些因素本身并不必然导致转型的自动发生。由不平衡发展向平衡发展的转型，除了要具备有利的经济和社会结构因素外，还必须借助行动主体的能动性。因此，不平衡发展模式究竟是向平衡发展模式转型，还是继续延续下去，依然在很大程度上取决于行动主体的选择；而选择往往是多种多样的。

五、结语

在全球化背景下，发展中国家面临陷入对发达国家的长期依附状况。要摆脱这种依附性，发展中国家往往具有启动工业化的动机，以实现从农业国到工业国的转型。但是，落后的农业国在推行工业化的过程中，往往面临发展资源不足的状况，而消费常常被看成是发展资源的挤占者。在这种情形下，消费往往被宏观政策制定者看成是需要加以抑制的对象。因此，生产与消费的不平衡发展成为发展中国家的一个不得已的选择。在不平衡发展策略中，消费传统性是政策制定者可以理性地加以利用的对象。消费传统性和生产现代化可以同时共存、相辅相成。显然，不平衡发展政策的推行具有文化嵌入性。它不但是一种发展政策的理性选择，而且也与节俭消费的传统文化资源具有亲和性。

但是，当发展达到一定水平的时候，消费传统性与生产现代化（经济现代性）就显得不兼容了。先期发展阶段有利于经济发展的抑制消费的不平衡发展政策所留下的后遗症，成为后来发展阶段经济增长的阻碍因素。

这种情形，就是发展过程中所面临的“消费悖论”。这个悖论不解除，发展过程就可能面临半途夭折的危险。要预防这种风险，先期所采纳的不平衡发展政策，就必须转变为平衡发展政策。

从不平衡发展向平衡发展转型的一个内容，就是实现消费传统性向消费现代性的转型。在发展的先期阶段，由于消费被看成是发展资源的挤占者，因此，消费被宏观政策所抑制。在这个阶段，消费传统性成为实现工业化（生产现代化）的有利的辅助手段。但是，随着经济的增长越来越依靠消费来拉动，消费就不再是发展资源的挤占者。相反，它构成发展的一个最重要的引擎。因此，消费传统性转型升级为消费现代性，遵循了发展的内在逻辑。

但是，在不平衡发展的政策效用延续空间弹性较大的国度，不平衡发展向平衡发展的转型有可能滞后。这种滞后不但源于转型的代价太大，而且源于较大的政策效用延续空间弹性。出于理性选择的考虑，宏观政策选择往往会充分用尽不平衡发展的政策效用延续空间。而不平衡发展的较大的政策效用延续空间弹性，则有可能让不平衡发展向平衡发展的转型滞后。而滞后的转型，则有可能让发展陷入“消费悖论”的陷阱。因此，要克服“消费悖论”，必须在不平衡发展的政策效用延续空间被用尽之前，就启动向平衡发展的转型。

如何才有可能在不平衡发展的政策效用延续空间被用尽之前，就启动向平衡发展的转型呢？就中国来说，一些独特的条件有助于社会结构朝着居民权利升级的方向转型。而居民权利的升级，有助于不平衡发展政策向平衡发展政策转型。社会结构的变迁到了倒逼不平衡发展向平衡发展转型的时点。人口红利趋于终结，让雇主与雇员的博弈关系发生了一定的变化，雇员可以利用个体的“退出”筹码来谋求个人权利的最大化。“经济新常态”让居民的社会权利升级问题在宏观政策中获得了更高的议程地位。全球化过程中海外消费品市场的存在，客观上有助于倒逼国内市场提升对消费者的保护力度，提升消费者权利。独生子女代所经历的家庭抚育模式和普遍较高的教育水平，提升了他们的权利意识。这种集体性的权利意识有可能转变成权利升级的行动。从更广的视野看，居民权利的升级不但不会构成经济发展的障碍，反而是提升经济发展质量、实现经济升级的条件。反过来，经济发展的成果也会向非经济领域（如社会领域）溢出。于是，经济发展和社会发展之间就可以相互促进，实现良性循环。

参考文献

奥尔森，2018. 国家的兴衰：经济增长、滞胀和社会僵化 . 李增刚，译. 上海：上海人民出版社.

林毅夫，蔡昉，李周，1999. 中国的奇迹：发展战略与经济改革 . 增订版 . 上海：上海人民出版社.

刘哲希，陈彦斌，2018. 消费疲软之谜与扩大消费之策 . 财经问题研究（11）.

王宁，2005. “两栖”消费行为的社会学分析 . 中山大学学报（社会科学版）（4）.

王宁，2007. 消费制度、劳动激励与合法性资源：围绕城镇职工消费生活与劳动动机的制度安排及转型逻辑 . 社会学研究（3）.

王宁，2009. 从苦行者社会到消费者社会：中国城市消费制度、劳动激励与主体结构转型 . 北京：社会科学文献出版社.

徐文舸，2017. 国内总储蓄率高企及居民消费率下降的分解与探究 . 社会科学研究（1）.

Campbell C，1987. The romantic ethic and the spirit of modern consumerism. Oxford：Blackwell.

Fleming J M，1955. External economies and the doctrine of balanced growth. Economic journal，65：241.

Gerschenkron A，1962. Economic backwardness in historical perspective：a book of essays. Cambridge，Mass.：Belknap Press of Harvard University Press.

Hirschman A O，1958. The strategy of economic development. New Haven：Yale University Press.

Hirschman A O，1970. Exit，voice，and loyalty：responses to decline in firms，organizations，and states. Cambridge，Massachusetts：Harvard University Press.

Jeffrey J，1993. Consumption and development. New York：St. Martin's Press.

Ma G N，Roberts I，Kelly G，2018. China's economic rebalancing：drivers，outlook and the role of reform//Garnaut S，Song L G，Fang C. China's 40 years of reform and development：1978－2018. Acton，Australia：

ANU Press：187－213.

Max-Neef M A，1991. Human scale development：conception，application and further reflections. New York：The Apex Press.

Nurkse R，1967. Problems of capital formation in underdeveloped countries and patterns of trade and development. New York：Oxford University Press.

Pettis M，2013. The case of unbalanced growth in China//Pettis M. The great rebalancing：trade，conflict，and the perilous road ahead for the world economy. Princeton，NJ：Princeton University Press：69－99.

Rosenstein-Rodan P，1943. Problems of industrialization of Eastern and South-Eastern Europe. Economic journal：202－211.

Russell B W，1988. Third world consumer culture. Research in marketing，Supplement 4：103－127.

Scitovsky T，1954. Two concepts of external economies. Journal of political economics，62：143－151.

Sen A，1999. Development as freedom. New York：Alfred A. Knopf.

Singh L P，1966. Balanced and unbalanced growth in the theory of economic development. Weltwirtschaftliches archiv，Bd. 97：139－152.

Sklair L，1991. The culture-ideology of consumerism in the third world//Sklair L. Sociology of the global system. Baltimore：Johns Hopkins University Press：129－169.

Swidler A，1986. Culture in action：symbols and strategies. American sociological review，51（2）：273－286.

Weber M，1976. The protestant ethic and the spirit of capitalism. London：George Allen & Unwin.

第二章　中国城乡家庭消费分层结构的演变

一、消费分层：重塑阶层结构形态

改革开放以来，中国社会结构所发生的深刻变动，可以说是“几千年未有之变局”（陆学艺，2010：13）。对社会结构基本形态及其特征进行描述分析，是中国社会分层研究者最感兴趣的一个议题（李春玲，2019：27）。而如何描述和解释阶层结构在过去40多年中所发生的深刻变化，在学术界已经是一个被持续关注并富有争议的话题。许多学者尝试通过不同的方法和数据对中国社会阶层结构形态作出分析和预测。陆学艺认为“中产化”或“中间阶层化”是社会阶层结构变迁的主流趋势（陆学艺，2002），但孙立平却认为20世纪90年代以来中国的社会结构形态是一种明显的“断裂社会”（孙立平，2003）。李强认为中国社会是“倒丁字型”的社会结构（李强，2005），而贺雪峰认为中国是“类纺锤型”结构（贺雪峰，2017）。李路路等人认为最近十年中国社会阶层结构是趋于固化和封闭（李路路等，2018），而李培林在一项研究中指出，目前中国社会流动的频率、速度和规模虽然都有所减缓，但从国际比较来看，社会阶层结构的转型和变化仍然具有很大的潜力和空间，还不能作出社会阶层结构固化的判断（李培林，2019：23）。张海东根据北上广三地的随机调查数据推算指出，随着市场化改革的持续深入而不断壮大的新社会阶层促进了中国社会结构向橄榄型社会转变（张海东，2019），刘欣则更加具体地指出，从阶层结构来看，中国东部地区呈橄榄型、中西部地区呈圭字型、总体呈圭字型（刘欣，2018）。

有关阶层结构形态与变迁的争辩远不止这些，但上述研究所提出（甚至是针锋相对）的观点无疑是非常具有代表性的，它们为我们更好地认识社会阶层结构形态提供了很好的注解。与此同时，这些研究也必然会引发更多的讨论，因为在社会大变革的时代，中国社会阶层结构的变化将日趋复杂和多元，任何单一维度的描述，都如盲人摸象一般，无法理解中国社会阶层结构的全貌。而且，基于不同的理论视角、指标体系和研究方法勾勒出的社会阶层结构形态将会有很大的差异。已有研究在阶层类型划分中，绝大多数都是基于职业声望、收入分配、教育程度或权力关系等维度来展开，其中既有新韦伯主义的理论传统，也有新马克思主义的理论传统。虽然这些维度在学术界已获得很高认同，但也不能说都是毫无瑕疵，或者是能够完全逼近中国社会阶层结构的真实状况。

作为现代社会的一种形态，消费社会已经成为观察和理解社会变迁的一个重要视角。特别是近些年来，随着中国消费的崛起，在公共空间中不断出现有关消费升级还是降级的讨论议题，以及网络话语中频繁出现的各种消费“鄙视链”，其间所蕴含的消费分层与不平等，在重新认识中国社会阶层结构中具有不可忽视的意义。因而，当前在社会分层的拓展研究中，消费的社会分层已被视为最有前景的应用领域（李培林，2019：24）。

消费领域的分层状况不仅能够标识出个体生活水平的阶层差异，而且能够从结构化的角度刻画一个社会的基本结构形态。所谓“社会结构”，其基本含义就是指各个社会群体、社会集团之间稳定的、模式化的相互关系（李路路，2019：9）。而阶级或阶层结构一直以来是整个社会的核心结构。消费分层作为一种观察社会结构的视角，除了能够在数量上呈现各个阶层的规模差异之外，也能够在本质上体现出消费阶层的社会关系及其特征，因而更有助于我们理解消费社会中的不平等状况。不过，尽管它是一种“结构化”或“模式化”的形态，但并不意味着其内在的阶层结构就是固定不变的，与此相反，在消费升级日益明显的趋势下，不同时期的消费分层结构形态也是一个动态变迁的过程。本章力图通过对中国家庭追踪调查（CFPS）数据的分析，考察中国城乡家庭消费分层结构形态的演变。

二、数据、方法与模型

考察一个社会的阶层结构形态有很多种方式，不过，社会学在分析社会结构的时候，常常使用结构图形的方法（李强，2019：18）。正如前面已经提到的，很多学者使用“金字塔型”“倒丁字型”“土字型”“圭字型”“类纺锤型”“橄榄型”等非常形象生动的概念来概括社会阶层结构的特征。因此，本章同样将尝试通过 CFPS 2014、2016、2018 三个年度的数据，更加直观地用图形的形式呈现变迁中的中国家庭消费分层结构形态，并从城乡、区域等维度进行比较分析。CFPS 是由北京大学中国社会科学调查中心（ISSS）实施的一项具有全国代表性的大型追踪调查项目，其调查内容包括家庭消费生活的诸多方面，调查样本覆盖全国 25 个省、自治区、直辖市，调查数据能够很好地满足本章的研究需要①。基于结构形态的变迁比较，我们可以看到中国城乡家庭消费分层结构所发生的重大转型。

当然，要构造消费分层结构的图形，首先需要厘清的是消费分层的指标与类别。笔者在一篇已发表的文章中（这项研究的前期成果），详细探讨了消费分层的指标构成，并基于 CFPS 2016 数据，采用潜在类别模型（Latent Class Model），识别出了边缘型、负重型、新兴型和富奢型四种消费阶层。为了保持研究的延续性和可比较性，笔者将使用同一套消费分层指标，即消费结构、消费能力、消费质量和消费方式等四个维度（一级指标）的九个指标（二级指标）②，同样也将通过潜在类别模型来识别消费分层的数量和特征。

在模型选择过程中，分别从 1 类到 5 类设置类别变量，建构 5 个潜在类

① 有关“中国家庭追踪调查”项目的详细介绍，请见北京大学中国家庭追踪调查网站，http：//www. isss. pku. edu. cn/cfps/.

② 有关消费分层指标的建构原则、操作化过程以及消费分层各个类别的内涵与特征，请参见林晓珊《中国家庭消费分层的结构形态——基于 CFPS 2016 的潜在类别模型分析》（载《山东社会科学》2020 年第 3 期）一文。

别模型，然后根据 AIC 和 BIC 两项指数来判断模型拟合的效果，AIC 和 BIC 的取值越小，说明模型对数据的拟合度越好。如表 2－1 所示，在 CFPS 2014、2016、2018 三个年度的数据中，CFPS 2014 数据在设置 5 类的潜在类别模型运行中一直无法完成迭代，即模型无法拟合，4 类的拟合度是最好的；在 CFPS 2016 和 CFPS 2018 数据中，设置从 1 类到 5 类的潜在类别模型运行都有结果，通过比较可以发现，AIC 的取值虽然在 5 个类别数量的模型中是最小的，但 BIC 的取值却是在 4 个类别数量的模型中是最小的。综合考虑，4 个类别的模型更加稳定，也有利于本章对 CFPS 2014、2016、2018 三个数据库的模型统计结果进行连续性的比较，故此，本章最终选择了 4 个类别的模型，将消费分层分为四个等级。

表 2－1　不同类别数量的潜在类别模型的 AIC 和 BIC 取值

类别数量	CFPS 2014（N＝13 302）		CFPS 2016（N＝13 776）		CFPS 2018（N＝12 181）	
	AIC	BIC	AIC	BIC	AIC	BIC
1	123 984.5	124 051.9	130 937.2	131 005.0	115 359.3	115 425.9
2	120 077.5	120 219.9	126 481.6	126 624.7	109 619.6	109 760.3
3	119 145.7	119 363.1	125 559.5	125 777.9	108 726.7	108 941.5
4	118 322.3	118 614.6	124 976.1	125 269.8	108 170.0	108 458.9
5	—	—	124 932.2	125 301.3	108 097.8	108 460.8

基于此，本章通过不同潜在类别的边际概率来测算四个等级类别的消费分层各自占据的比重，并通过每个潜在类别中各个指标的边际预测均值来分析它们的阶层特征。表 2－2 列出了 CFPS 2014、2016、2018 三个年度数据潜在类别的边际概率和各个指标的边际预测均值。从中可以看出，总体而言，对 CFPS 三个年度数据的潜在类别模型分析得出的结论比较稳定，消费分层的类别差异都能明显地体现在不同年度中，因此，本章延续之前的研究，将对应的四个消费阶层分别命名为边缘消费阶层、负重消费阶层、新兴消费阶层和富奢消费阶层。从边缘型到负重型，再从新兴型到富奢型，这不仅仅是四种消费模式的差异，里面还存在明显的阶层等级差异，即这四个消费阶层在消费资源和服务的占有上呈现出由低到高的不平等状况，尤其是在消费结构、消费能力、消费质量和消费方式上表现出显著的阶层分化特征，这些特征有助于我们从消费层面来理解中国家庭消费中的不平等状况，也能够揭示出中国家庭消费分层结构形态的演变。

表 2-2　消费分层潜在类别的边际概率和边际预测均值

一级指标	二级指标	潜在类别的边际预测均值											
		CFPS 2014（N=13 302）				CFPS 2016（N=13 776）				CFPS 2018（N=12 181）			
		边缘消费阶层	负重消费阶层	新兴消费阶层	富奢消费阶层	边缘消费阶层	负重消费阶层	新兴消费阶层	富奢消费阶层	边缘消费阶层	负重消费阶层	新兴消费阶层	富奢消费阶层
消费结构	恩格尔系数	0.024 9	0.874 4	0.549 2	0.445 1	0.279 7	0.883 4	0.224 5	0.855 7	0.163 9	0.844 7	0.161 1	0.888 1
消费能力	汽车消费	0.021 6	0.074 1	0.366 7	0.803 8	0.004 7	0.140 5	0.180 1	0.640 8	0.003 4	0.147 3	0.278 2	0.648 3
	住房消费	0.086 3	0.249 8	0.251 0	1.000 0	0.078 5	0.310 6	0.104 6	0.320 8	0.075 4	0.243 5	0.107 9	0.280 9
	住房贷款	0.106 5	0.223 5	0.255 7	1.000 0	0.088 6	0.274 2	0.171 3	0.359 2	0.000 8	0.087 6	0.055 2	0.329 5
消费质量	文教娱乐	0.497 8	0.539 4	0.932 6	0.993 5	0.362 2	0.589 5	0.851 6	0.969 9	0.361 1	0.564 7	0.880 1	0.968 9
	医疗保健	0.858 6	0.910 6	0.914 6	0.899 3	0.871 2	0.939 3	0.859 6	0.951 6	0.838 5	0.926 1	0.848 1	0.943 9
消费方式	外出就餐	0.216 3	0.115 5	0.749 4	0.550 2	0.093 1	0.149 7	0.616 0	0.798 5	0.125 6	0.151 1	0.684 0	0.800 9
	网络购物	0.081 9	0.050 9	0.422 8	0.041 6	0.051 5	0.190 1	0.494 0	0.703 9	0.099 6	0.203 8	0.620 5	0.766 7
	宴会仪式	0.053 6	0.218 4	0.208 8	0.126 0	0.027 2	0.189 0	0.049 6	0.202 0	0.002 9	0.147 9	0.056 3	0.183 7
潜在类别的边际概率		0.421 4	0.296 6	0.231 6	0.050 3	0.334 1	0.278 6	0.262 8	0.124 4	0.220 7	0.337 7	0.231 6	0.210 1

三、家庭消费分层结构的演变

（一）全国家庭消费分层结构的演变

如图 2－1 所示，2014 年中国家庭消费分层的结构形态呈现出明显的阶梯状的金字塔型结构，即顶层占比非常小，从中部到底层比例依次递增，特别是底层占比非常大。具体地说，依据 CFPS 2014 的潜在类别模型分析结果，作为顶层的富奢消费阶层仅占 5％多一点，而作为底层的边缘消费阶层占比超过 42％，新兴消费阶层和负重消费阶层占比分别为 23.16％和 29.66％。这一结果与李春玲以家庭耐用品指数为依据所刻画的中国社会消费分层结构形态类似（李春玲，2007）。

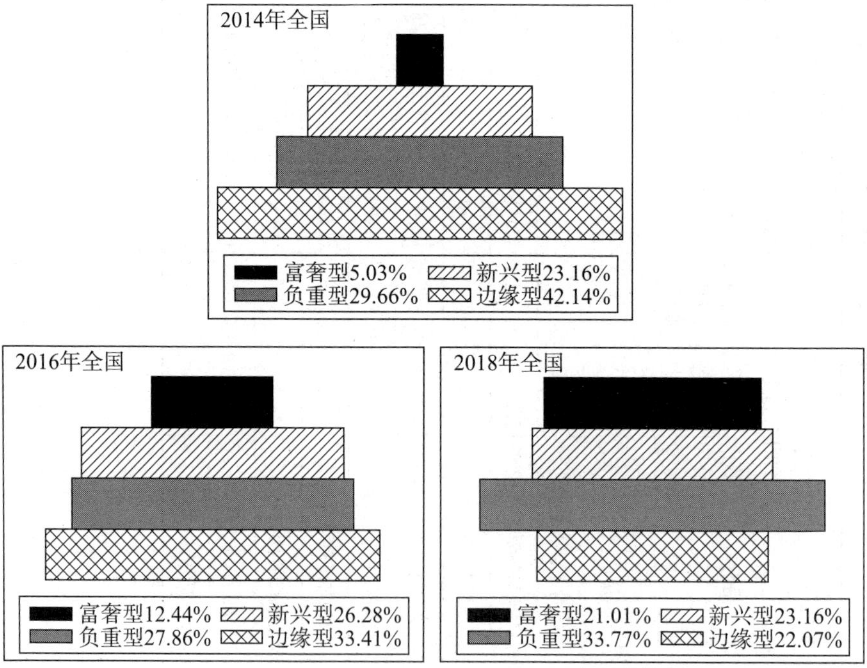

图 2－1　三个年度全国家庭消费分层结构形态演变

从各个消费阶层所占规模来看，相比 2014 年，2016 年有了比较大的变化。其中，非常明显的一个变化是富奢消费阶层的占比从 5%左右扩大到了 12%以上，而边缘消费阶层由 42%左右下降到了 33.41%。新兴消费阶层的规模也相对扩大了 3 个多百分点，而负重消费阶层的占比相对下降了近 2 个百分点，因而，在结构形态上，2016 年比 2014 年显得更加丰满一些。但是，从总体上来看，2016 年的家庭消费分层结构形态在外观上依然是一个阶梯状的金字塔型结构，即顶层占比相对较小，而中低阶层占比相对较大。这一形态特征与涂平、张春泥同样利用 CFPS 2016 数据、通过快速聚类方法对多项综合性指标进行分析所刻画的中国家庭消费分层结构形态有点类似（涂平 等，2019：18）。金字塔型的结构形态提醒我们注意，中国家庭消费分层的边界依然非常清晰，在消费阶层阶梯分布中，存在着明显的消费不平等，特别是边缘型和富奢型两个消费阶层在消费能力、消费质量和消费方式上的两极分化依然严峻。

到了 2018 年，我们可以发现，中国家庭消费分层结构形态已经发生了重大的变化，即由 2014 年瘦尖的金字塔型到 2016 年较为丰满的金字塔型，演变到 2018 年已形成两头相对较小、中间相对较大的橄榄型结构形态，当然，也可以更形象地说是上下扁平、中间突出的“腰鼓状”。具体地说，在 2018 年的中国家庭消费分层结构中，顶层和底层两端的差距有了非常大的收缩，富奢消费阶层的占比由 2016 年的一成多变成两成多了，边缘消费阶层的占比也由 2016 年的 1/3 降至 1/5 多了，即顶层不再是尖尖的锥型，底层也不再是最为庞大的群体，头尾两端的这两个阶层在规模上已经相差无几了，而新兴消费阶层的占比虽然略有下降，负重消费阶层的占比略有上升，但两者作为社会结构的中间部分，加起来接近 57%，不仅远远超过最底层的规模，而且比 2016 年的中间部分也有所扩大，因而呈现出类似橄榄型的形态特征。这些变化，在社会结构的变迁中具有重大意义。

在诸种社会结构形态中，“橄榄型”是具有非常深刻内涵的一种形态。可以说，在大多数学者的心目中，一种优化或者理想的社会结构形态就是橄榄型结构。李强认为，中国现代化转型的真正实现，从社会分层与社会结构的角度看，最为重要的标志就是中间阶层为主体的社会结构或者称橄榄型社会结构的形成（李强，2019：19）。这不仅是各个阶层在数量和规模上的优化，而且也体现了一个社会在阶层结构上的稳定性和资源分配上的公平性，以及各个消费阶层之间从分化到融合的过程。尽管消费分层的结构不同于职业阶层或收入阶层的结构形态，但是，消费分层结构呈现出从金字塔型到橄榄型的形态变迁，依然是中国家庭消费升级和贫富差距缩小的一个有力证据，也是通向共同富裕和美好生活的必经之路。也可以说，橄榄型消费分层结构的形成，在中国从生产者社会向消费者社会的转型过程中，是对整个社会分层结构极为深刻的现代化改造。

（二）城乡家庭消费分层结构的演变

在从金字塔型到橄榄型的消费分层结构演变过程中，中国家庭消费分层的巨大差异性又突出地表现在城乡分割之上。由于城乡之间在市场化、城镇化和现代化等发展程度上的差异，造成城乡消费市场的发育程度、消费水平的提升状况和消费观念的更新速度等方面存在巨大鸿沟，使消费不平等在城乡之间表现得尤为突出。林毅夫等人的研究指出，包括市场化和经济开放等经济转型因素以及政府干预等在内的因素，均导致中国城乡消费差距的扩大（林毅夫 等，2009：10）。李实等人的研究也指出，城乡间的不平等对中国整体的消费不平等影响很大（李实 等，2013：128）。考察城乡之间的消费不平等，有助于更深刻地理解中国家庭的消费分层。

从图 2-2 来看，2014 年乡村家庭消费分层结构形态与前文分析的 2014 年全国的形态类似，都是顶部呈尖锥状的金字塔型结构；城镇家庭消费分层结构形态在顶层和底层两端也与此类似，但值得注意的是，城镇边缘消费阶层所占比例高于乡村和全国。总体上看，城镇家庭消费分层结构形态不像乡村和全国那样呈金字塔型，而是呈现出“主”字型。城镇新兴消费阶层占比更大，这意味着城镇家庭在消费升级上具有更强的能力和趋势。两者比较，可以明显看到中国城乡之间消费不平等的状况以及消费分层结构的多样性。因此，当我们在说整体上中国社会的消费分层时，绝不能忽略城镇和乡村两个完全不一样的消费分层结构形态。

2016 年的城乡消费分层结构形态与 2014 年的有点类似，城乡之间依然呈现两种截然不同的形态。首先，从城镇和乡村各自内部来看，城镇家庭消费分层呈现出“士”字型，即顶层（富奢型）规模最小（17.25%），中上阶层（新兴型）占比超过了三分之一（34.08%），是城镇规模最大的消费阶层，底层次之（29.08%），中下阶层（负重型）的规模（19.59%）介于中上和底层之间。而乡村家庭消费分层还是阶梯状的金字塔型结构，顶层的富奢消费阶层占比仅为 7.49%，边缘消费阶层和负重消费阶层两者所占比例相差不是很大（分别为 37.90%和 36.36%），但两者合计将近四分之三，它们共同构成了乡村庞大的中低消费群体，因而乡村家庭消费分层也可以看作是底部加厚的“土”字型，即顶层呈锥型，而底层太大，这是城乡消费分层结构的最大差别。其次，从城乡之间横向比较来看，城镇富奢和新兴消费阶层占比分别是乡村的 2.3 倍和 1.9 倍，而乡村负重和边缘消费阶层占比分别是城镇的 1.9 倍和 1.3 倍，也就是说，城镇家庭处于消费阶层上半部分的多，乡村家庭处于消费阶层下半部分的多，这说明城乡之间的消费差距还是比较大。再次，从 2014 和 2016 两个年度纵向比较来看，一个明显的变化是，乡村家庭中富奢和新兴消费阶层所占比例都有所上升，而负重和边缘消费阶层所占比例都略有下降，说明乡村家庭也在经历较为显著的消费升级。城镇家庭消费分层结构形态与 2014 年相比，变化最为突出的就是底层的边缘消费阶层的规模大幅度缩小，而顶层的富奢消费阶层的规模则迅速扩大，新兴消费阶层比 2014 年的规模也有较大的扩展。这些变化趋势都说明，城乡家庭消费正在经历一场较大的变革，消费分层结构形态正在发生重构。

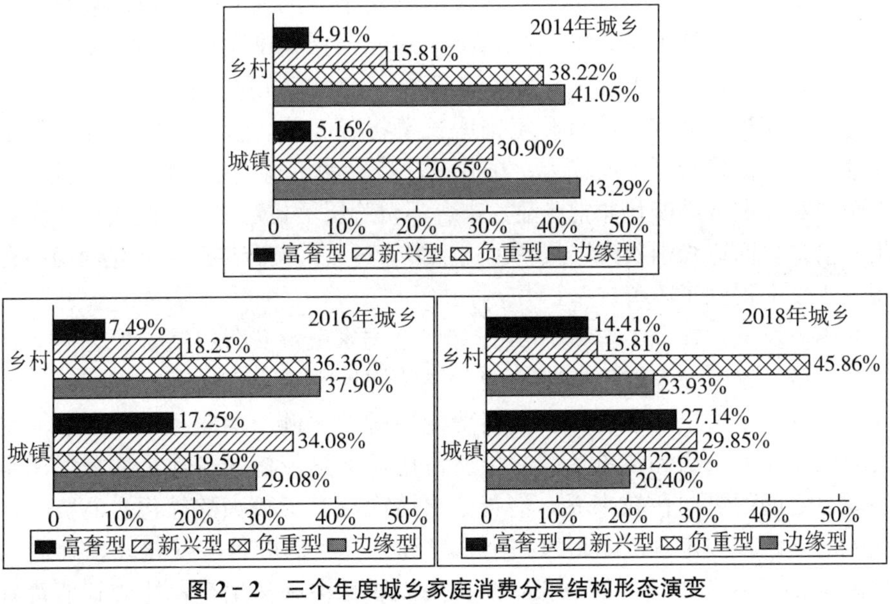

图 2-2　三个年度城乡家庭消费分层结构形态演变

消费分层结构的这一变化趋势在2018年的数据分析结果中可以更好地展现。首先，在城镇内部，各阶层的占比均在二成至三成之间，从规模数量上看差距不是很大，在整体结构形态上，呈上部偏大的橄榄型；在乡村内部，各个阶层之间的差异还是比较大，其中规模最大的是负重消费阶层，占比高达45.86%，而规模最小的依然是富奢消费阶层（14.41%），略低于新兴消费阶层（15.81%），因此在整体结构形态上更像以往城市中的“士”字型。其次，从城乡之间的横向比较来看，城镇家庭中富奢和新兴消费阶层所占比例分别都接近于乡村家庭的2倍，而乡村家庭中边缘和负重消费阶层所占比例都高于城镇家庭，尤其是负重消费阶层的占比，乡村是城镇的2倍多。这一比较结果说明，城乡之间还是存在明显的消费差距，城镇家庭处于整个分层结构上半部分的比例远远高于乡村，再一次证明了城镇家庭比乡村家庭拥有更高的消费能力和消费质量，以及更优越的消费结构和更现代的消费方式。再次，从历年城乡消费分层结构形态的纵向变化来比较，可以明显地看到这种结构上的巨大变化，即乡村家庭消费分层结构不再是像往年那样呈现金字塔型结构，而是呈现出上面短、中下长的“壬”字型结构。同样，城镇家庭消费分层结构不再是以往的“主”字型或“士”字型，而是接近于一个上宽下窄的橄榄型结构了，或像一个收口、敛腹、平底的钵形体。具体来说，从2014年到2018年的5年间，在乡村，底层的边缘消费阶层所占比例出现了大规模的下降，2018年几乎只有2014年的一半多一点，而顶层的富奢消费阶层则增长了将近2倍，新兴消费阶层变化不大，但负重消费阶层扩展较大；在城镇，新兴和负重消费阶层变化也不大，但顶层和底层两端变化非常明显：富奢消费阶层增长迅速，在过去5年增长了4倍多，而边缘消费阶层减少了一半多。过去消费分层两极分化的局面在很大程度上得到了改善。

由上可见，在2014—2018年，如同全国家庭消费分层结构形态的变化一样，城镇家庭和乡村家庭在消费分层结构形态上也经历了巨大变迁，处于消费社会中上层的富奢和新兴消费阶层所占比例增加较多，而处于消费社会中低层的边缘和负重消费阶层所占比例下降较多，不管是从全国还是从城乡之间的纵向比较来看，消费分层结构都有了较大的优化，消费阶层之间的差距在一定程度上得以缩小。消费分层结构的这些变化，在理论和实践上都具有非常重要的意义，从中可以看见中国从生产者社会到消费者社会转型过程中阶层结构的巨大变迁，其背后既有消费升级的巨大推动力，也有迈向现代化社会的过程中日益增强的阶层流动性和不断提升的生活机遇，尤其是消费底层（边缘消费阶层）数量的大大减少和消费顶层（富奢消费阶层）规模的扩展，充分反映了整个社会消费生活水平的大幅度提高。

（三）不同区域城乡家庭消费分层结构的演变

当前，我国社会的主要矛盾已经变成人民日益增长的美好生活需要和不平衡不充分的发展之间的矛盾。在这个主要矛盾中，“不平衡”的发展不仅是指城乡之间的不平衡，还包括区域之间的不平衡。尽管区域发展差距是大多数国家普遍存在的一个现象，但对中国这样一个幅员辽阔的发展中国家来说，区域之间的不平衡表现得特别突出，并且已经成为制约我国经济社会全面均衡发展的一个重要因素。有研究指出，近些年来，由于新技术革命、全球分工格局的深度调整和产业数字化转型等多重因素的影响，我国区域之间的不平衡呈现出不断加重的趋势，发展不平衡的特征随之出现了更复杂的变化。而由于经济发展、收入水平、福利覆盖面和消费升级动力机制上的巨大差距，区域之间的消费不平等也不可避免地被扩大了。如果进一步将区域和城乡结合起来分析，还可以发现更详细的消费分层差异。

在表 2 - 3 中可以看到，2014 年边缘消费阶层占比最多的是在东北城镇，超过总数的一半多（52.85%），是富奢消费阶层的 16.6 倍，最少的是在东北乡村，占 37.00%，但也已达到富奢消费阶层的 14.3 倍；负重消费阶层占比最多的也是在东北乡村，占 47.19%，是富奢消费阶层的 18.3 倍，最少的是在东部城镇，为 16.93%，但东北城镇也只有 18.35%。由此可以看出，相比其他区域，东北地区的城乡差距是最大的，而且不管是城镇还是乡村，顶层和底层的两极分化现象都非常严峻。新兴消费阶层占比最高的是在东部城镇，超过 1/3，最少的是在东北乡村，占 13.23%；富奢消费阶层在东部城镇和乡村的占比差异不大，但都略低于中部城镇和乡村，占比最多的是在西部城镇，为 8.46%，最少的还是在东北乡村，仅 2.58%。因此，相比较而言，负重型最少而新兴型最多的东部城镇，可以说是消费发展水平最高的区域。

表 2-3　2014 年全国各区域城乡家庭消费阶层分布情况

（%，N=13 302）

消费阶层		东部地区		中部地区		西部地区		东北地区		全国	
		城镇	乡村	城镇	乡村	城镇	乡村	城镇	乡村	城镇	乡村
边缘型		44.58	48.83	37.42	40.27	38.17	36.71	52.85	37.00	43.29	41.05
负重型		16.93	32.01	26.03	38.11	24.15	40.14	18.35	47.19	20.65	38.22
新兴型		33.90	14.42	31.49	16.84	29.21	17.15	25.61	13.23	30.90	15.81
富奢型		4.60	4.74	5.06	4.78	8.46	6.00	3.18	2.58	5.16	4.91
总计	N	2 546	1 921	1 502	1 716	1 205	2 332	1 226	854	6 479	6 823
	%	100	100	100	100	100	100	100	100	100	100

在 2018 年，各个区域的城乡家庭消费分层结构形态相较之前已经发生了更为明显的变化。从表 2-4 中可以看到，新兴消费阶层占比最大的是在东部城镇，负重消费阶层占比最小的也是在东部城镇，表明东部城镇家庭消费升级的潜力最大。但是，边缘消费阶层占比最大的已经从 2014 年的东北城镇变成东部乡村了，且从边缘消费阶层的城乡比重来看，东部城乡差异远大于其他三个区域，这是非常值得注意的一个新变化，说明东部地区的家庭虽然总体上在消费分层结构中处于更高位置，但城乡之间依然还存在较大的差距，这一点与已有经济学研究中的结论是一致的，即东部地区内部的消费极化程度最强（陆地　等，2018：86）。因此，在消费水平发展越是快的地区，我们越是要注意其内部城乡消费差距变化的情况。此外，非常需要重视的是，负重消费阶层占比最大的是在东北乡村，而新兴消费阶层和富奢消费阶层占比最小的也都在东北乡村，这一点应该引起更多的关注。特别是在全国家庭消费分层结构不断优化、总体向好的情况下，东北乡村地区在消费发展上的萎缩和消费升级上的乏力，难以填补城乡之间巨大的消费鸿沟，各个消费阶层之间有着悬殊的差距，消费不平等的问题依然十分严峻，成为全国区域经济社会发展不均衡的突出表现。

表 2-4　2018 年全国各区域城乡家庭消费阶层分布情况

（%，N=12 181）

消费阶层	东部地区		中部地区		西部地区		东北地区		全国	
	城镇	乡村	城镇	乡村	城镇	乡村	城镇	乡村	城镇	乡村
边缘型	21.23	30.99	16.99	21.90	15.93	18.92	28.53	27.93	20.40	23.93

续表

消费阶层		东部地区		中部地区		西部地区		东北地区		全国	
		城镇	乡村	城镇	乡村	城镇	乡村	城镇	乡村	城镇	乡村
负重型		17.14	36.81	26.43	46.75	29.23	49.00	21.93	52.90	22.62	45.86
新兴型		33.59	18.67	25.59	15.40	28.40	15.99	28.72	10.55	29.85	15.81
富奢型		28.04	13.52	30.98	15.96	26.45	16.09	20.82	8.62	27.14	14.41
总计	N	2 468	1 494	1 430	1 429	1 331	2 151	1 076	777	6 305	5 851
	%	100	100	100	100	100	100	100	100	100	100

四、结论与讨论

综上所述，通过三个年度数据的比较，本章发现：首先，在2014—2018年，中国家庭消费分层结构发生了重大变化，总体上已经从瘦尖的金字塔型转向上下两头小、中间两层大的扁平橄榄型结构形态，在分层结构上有了很大的优化，反映了中国家庭持续的消费升级和整体上日渐缩小的消费差距，表明中国正在经历一场意义重大的消费分层结构转型。其次，城镇家庭和乡村家庭在消费分层结构形态上呈现出不一样的特征，说明城乡之间还存在一定程度上的消费差距和消费不平等，但从变迁的视角来看，不管是城镇还是乡村，随着消费升级步伐的加快，消费阶层之间的差距在一定程度上得以缩小，富奢和新兴消费阶层所占比例增加较多，而边缘和负重消费阶层所占比例下降较快，说明消费阶层向上流动的可能性变大。再次，由于区域经济社会发展的不均衡，我国东、中、西和东北四个不同区域之间的消费分层结构形态也呈现出不一样的特征。结合城乡和区域的交互分类来看，东部城镇家庭消费最富活力，而东北乡村家庭消费增长乏力。特别需要引起注意的，一是在东部地区消费升级的同时，城乡之间的差距并没有大幅度缩小，二是东北乡村中庞大的消费底层家庭，迫切需要更进一步的消费升级，缩小各阶层的消费差距，减少消费不平等。

作为社会分层结构的一种形态，消费分层的本质是消费不平等。由于消费资源配置方式等制度性因素的影响，任何一个社会都存在着一定的消费分层现象，只是其中不平等的程度会有差异。在一个消费不平等程度越高的社会中，必然存在着更为严重的消费阶层分化乃至固化等问题，而消费阶层越是固化，越是反映出一个社会的封闭和资源配置的不公。如同社会分层与流动研究中的基本观点一样，只有缩小阶层之间的消费差距、打破消费阶层的固化状况，让更多边缘消费阶层摆脱贫困生活的境地，也让更多的家庭和个人通过自致性因素实现消费阶层的向上流动，看得到美好生活的希望，才是一个开放的、现代化的社会所应具有的时代特征。

中国自20世纪70年代末以来所开启的制度变迁与市场转型，将绝大多数家庭从一个消费水平低、消费差距小和消费均衡度强的社会，推向了一个消费水平快速提高、消费差距迅速扩大和消费不平等程度急剧增长的社会，消费的阶层分化成为社会阶层结构分化的一个突出方面。有关家庭消费的制度安排犹如一把双刃剑：一方面，它赋予消费者更多的消费自主权，极大地提升了整个社会的消费水平与生活质量，改善了居民消费环境和消费结构，越来越多的消费底层实现了向上的阶层流动；而另一方面，在市场化的转型过程中它又难以抑制消费差距的扩大和消费阶层的分化，致使消费不平等成为一种制度化和结构化问题。即便当前的消费分层结构形态已经呈现橄榄型，也不意味着消费不平等的趋势就停止向前了。事实上，前面的研究也揭示了，城乡之间、区域之间的消费差距依然较大，消费不平等还普遍存在于社会结构之中。我国当前的消费相关政策、收入分配机制、社会保障政策、公共服务的制度安排等仍然存在较大的政策优化空间，消费资源配置过程中的市场化和再分配机制等因素都有可能打破均衡化的消费分层结构，使消费阶层出现新的分化的可能。而且，由于消费不平等在加剧社会和政治危机方面的潜在破坏性影响（陈志武，2016：60－61），对国家来说，如何避免消费不平等的反弹与恶化，进一步优化消费分层结构，使其继续朝向均衡化发展，既是促进经济发展、提升社会福祉的一项重要工作，也是维护社会稳定的一项重要工作。或者，也可以说，避免消费阶层走向固化，让更多的消费底层家庭实现消费阶层的向上流动，不仅具有扩大内需、拉动经济增长的功效，而且也具有维护社会稳定的功能。

当然，要实现这些功能，并不是一件容易的事情。从制度变迁与消费行为的制度嵌入性来看，在当下依然处于急遽市场转型的中国，要让更多边缘消费阶层和负重消费阶层实现向上流动，还需要依靠更多制度层面的保障（特别是乡村地区和东北地区更加需要制度的保障与推动）。学界不少研究已经就完善社会保障体系、改善基础设施和公共服务、保障社会公平公正等方面提出了一系列制度改革的建议。这些建议对于缩小城乡消费差距、降低消费不平等有着重要的意义，本章对此不再赘述，下面主要侧重于从消费阶层流动的动力机制、主体构成和基础保障三个方面，阐述通过消费升级的制度驱动、收入分配结构的制度调整和集体消费的制度设计等来有效促进城乡消费阶层的流动。

首先，从消费阶层流动的动力机制来说，需要通过制度驱动消费升级，进而通过消费升级来促进消费阶层向上流动。

在前面内容中，本章讨论了在城乡、区域之间，由于各个消费阶层在消费升级的速度和能力上的差异，以及一些外在约束性力量的影响，消费升级有可能进一步拉大消费阶层之间的距离，产生新的分化，增大城乡和区域之间消费不平等的趋势（特别是东部地区内部的城乡差异，相对来说比其他地区的城乡差异还要大）。这恰恰是我们需要通过更多的制度保障和政策引导去避免发生的问题，进而回到通过消费升级来促进消费阶层向上流动的轨道上来。过去我们一直把消费升级看作是一个经济问题，侧重于其在拉动经济增长方面的功效，而忽略了消费升级在消费分层结构调整中的作用。事实上，消费升级是一个典型的社会乃至政治问题：一般而言，消费升级是人们消费生活的范围扩展和品质提升，以及消费方式的革新，但现代意义上的消费升级已经不再停留在单个物品的更新换代上，而是一个对日常生活的系统化改造（林晓珊，2017：113）。通过消费升级，有助于改善生活境遇，提升生活品质，进而有助于个体或家庭提升其在消费分层结构中的位置。通过2014、2016、2018年的数据比较，可以看到，随着消费分层结构的优化，消费升级方面的指标都有明显的上升。例如，汽车消费和住房消费都是近些年来消费升级的重要和热点内容，“有房有车”也是身份地位的重要象征，从消费与身份认同的角度来看，促进汽车和住房的消费升级，对家庭和个体的主观阶层地位认同有着积极的意义。可以说，消费升级是通向日常生活现代化的一条快速车道，它在一定程度上打破了社会阶层的界限，实现了日常消费的民主化；对于新兴的中产阶层来说，消费升级不仅仅是物质生活的丰富和改善，也是他们社会身份和阶层地位向上流动的最直接见证（林晓珊，2017：113）。而且，消费升级不仅有助于提升个体或家庭在消费分层结构中的位置，还有助于国家兑现美好生活的承诺，有助于提升居民的社会认同感和对经济与社会发展的信心。因此，持续推进消费升级，不仅具有经济上的意义，而且具有重要的社会和政治意义，是阶层流动和社会开放性的重要体现。

但是，从整个消费市场来看，我国在过去很长的一段时间内面临着城乡居民消费疲软、需求不旺的市场局面，消费作为拉动经济增长的“三驾马车”之一，直到近些年来才发挥“压舱石”的作用。而在这一过程中，国家推出的一系列扩大内需、促进消费的制度举措与激励政策，越来越成为推动消费升级的路径依赖。从消费产业引导政策到培育新的消费增长点，从优化消费环境到补齐消费领域基础设施的短板，消费升级的背后都离不开一系列的制度安排和政策刺激，制度的延续和创新是驱动消费升级的重要力量。可以预见，在将来，推动消费升级将更加依赖于家庭消费的制度安排。2020 年 1 月底以来，为了应对新冠疫情对居民消费生活带来的重大破坏性影响，国家发展改革委等 23 个部门联合印发了《关于促进消费扩容提质加快形成强大国内市场的实施意见》，提出了一揽子计划来刺激消费增长，消费升级就是其中的一个硬举措。在当前社会风险增大的背景下，国家在制度层面的驱动将成为消费升级的巨大推力。

其次，从消费阶层流动的主体构成来看，需要通过制度调整收入分配结构，进而通过扩大中等收入群体规模来优化消费分层结构。

消费升级在很大程度上取决于家庭所拥有的财富状况或收入水平，收入不平等对消费不平等的影响在经济学中也已经得到大量的验证。因而，改善消费分层结构形态，首先需要调整的就是收入分配结构，只有扩大中等收入群体的规模，消费分层结构形态的中间部分才能突出。市场转型以来，我国城乡居民的收入结构日趋多元化，与之相伴的是收入差距的扩大和收入不平等的恶化，特别是初次收入分配两极分化的趋势使收入分配扭曲问题日益凸显。这些问题典型地体现在城乡、区域以及行业间的收入差距扩大上，尤其是一些垄断行业的高收入阶层与其他一些行业的低收入阶层形成明显对比。谢宇等人利用中国家庭追踪调查（CFPS）等六组相互独立且具有全国代表性的调查数据，重新测算了中国家庭收入基尼系数，其中有五组调查数据测算的结果一致表明，中国家庭收入基尼系数处于 0.53～0.55 区间（Xie et al.，2014）。这意味着我国居民贫富差距和收入不平等问题依然严重。近些年来，作为消费主力军的中等收入群体规模虽然有所增长，但总体上仍然占比不高、规模不大。与其他一些国家相比，也显得规模较小。例如，根据 2015 年的数据，中等收入群体在中国占

38.2%，但在俄罗斯占 56.5%，在巴西占 43.9%，均高于中国。扩大中等收入群体，建设“橄榄型”分配格局，在这方面中国还面临着很多挑战（李培林，2019：23）。

深化收入分配制度改革，是缩小收入差距、降低收入不平等、扩大中等收入群体规模的必然选择。2017 年，党的十九大报告中指出了当前我国城乡区域发展和收入分配差距依然较大等问题，并提出了“扩大中等收入群体，增加低收入者收入，调节过高收入”，“履行好政府再分配调节职能，加快推进基本公共服务均等化，缩小收入分配差距”等目标。在 2018 年我国消费分层结构中，富奢消费阶层的占比已经比 2016 年增加了一倍多，边缘消费阶层的占比也有了较大幅度的下降，消费顶层和消费底层的两端差距有很大的收缩，而且，作为中间部分的新兴消费阶层和负重消费阶层的总体占比也比 2016 年有所扩大。这是消费分层结构形态近些年中发生的非常明显的变化。2019 年，党的十九届四中全会再次明确提出了“增加劳动者特别是一线劳动者劳动报酬，提高劳动报酬在初次分配中的比重”，“鼓励勤劳致富，保护合法收入，增加低收入者收入，扩大中等收入群体，调节过高收入，清理规范隐性收入，取缔非法收入”等目标。这些制度导向将发挥重要的调节功能，对于扩大中等收入群体、优化消费分层结构能够起到积极推动的作用。

再次，从消费阶层流动的基础保障来看，需要通过完善集体消费的制度设计，进而通过改善边缘消费阶层的境遇来缩小乡村消费底层的比例。

一般而言，消费资源的供给主要有两个来源：一是个人凭借市场能力从商品市场上购买而来满足私人消费需要的产品，如个人或家庭的吃、穿、用等日常消费品；二是由公共部门通过再分配的方式提供的满足公共需要的产品，如基础教育、公共交通、卫生保健、保障性住房和城市基础设施等等。前者为私人消费，后者为集体消费。消费不仅是私人的事情，在现代社会，集体消费已经变得越来越重要了。不管是在西方发达的福利国家，还是像我国这样的发展中国家，集体消费作为一项福利制度安排，在维系城市社会运行、构建美好生活中发挥着越来越突出的作用（林晓珊，2018：55）。而边缘消费阶层之所以处于消费阶层的底层，除了因为缺乏市场能力之外，还有一个重要的原因是缺乏集体消费的制度保障。边缘消费阶层在获取集体消费资源上的能力不足和机会匮乏，同样限制了他们的消费阶层流动。例如，保障性住房对底层群体来说是一种重要的集体消费品，但对他们来说，要获得申请保障性住房的资格往往非常艰难，而缺乏保障性住房，将会进一步恶化他们的生活境遇，降低他们的平均消费倾向。同样，在基础教育、医疗保障等方面，对乡村底层群体来说也存在着类似的问题。因此，构建完善的住房保障体系、医疗保障体系，提供充足的基础教育等公共产品，对于重塑消费分层结构具有非常重要的意义。

作为一种公共产品，集体消费品的获得往往是以一定的制度性身份为前提的，如体制内人员和体制外人员、城镇户口和农村户口，以及职称或职务等级等身份差异。在制度性身份的庇护下，有些人可以享有更多的消费资源，而另外一些人则被排斥在外。制度身份的区隔已成为市场因素之外导致消费分层的又一个重要因素（林晓珊 等，2014：13）。有研究同样指出，在集体消费制度转型过程中，以单位和身份为依托，再分配精英的优势地位依赖于私有产权制度和市场交换制度、通过“集体消费的特权化”获得“超市场福利”等过程而得以维系（赵卫华，2018：107）。因此，要打破这种不平等的结构，最迫切需要的是改变或调整既有的制度性身份的区隔，对集体消费的覆盖范围、获取资格、福利功能等进行更为全面的顶层制度设计，让更多的边缘消费阶层能够有机会获得集体消费品，弥补私人消费方面的不足，改善消费生活的境遇，促进消费阶层地位的向上流动，最终实现消费分层结构的均衡化。

消费分层总是基于特定制度情境下的一种社会分层形态。不同于西方国家消费分层的社会文化情境，中国自20世纪70年代末以来所发生的剧烈市场转型与社会结构分化，成为塑造中国消费分层结构形态特征的最重要的制度情境。因而，考察中国消费分层的逻辑，需要从中国的制度变迁过程中去寻找。再分配体制与市场经济体制作为两种不同的资源配置方式，对消费分层结构的重塑产生了极其深远的影响，也可以说，消费分层即是制度变迁的结果。而随着消费分层与消费不平等的发展，如何缩小城乡和区域之间的消费差距、优化消费分层结构、促进消费阶层流动，亟须从制度层面上提供保障。因而，在最后这一部分中，本章聚焦于消费升级的制度驱动、收入分配结构的制度调整和集体消费的制度设计三个方面，对促进消费阶层流动和实现城乡、区域消费分层结构均衡化的制度保障进行探讨。整体而言，我们需要回到消费分层的制度逻辑中来，才能更为深刻地理解消费分层的结构形态变迁。

参考文献

陈志武，2016. 与贫富差距相比，消费不平等更能加剧社会和政治动荡的危机. 中国慈善家（6）.

贺雪峰，2017. 中国是倒丁字型社会结构吗. 学术界（3）.

李春玲，2007. 当代中国社会的消费分层. 中山大学学报（社会科学版）（4）.

李春玲，2019. 我国阶级阶层研究 70 年：反思、突破与创新. 江苏社会科学（6）.

李路路，2019. 中国社会结构分析范式的变迁. 探索与争鸣（6）.

李路路，石磊，朱斌，2018. 固化还是流动?：当代中国阶层结构变迁四十年. 社会学研究（6）.

李培林，2019. 改革开放四十年我国阶级阶层的变化. 中国社会科学评价（1）.

李强，2005. “丁字型”社会结构与“结构紧张”. 社会学研究（2）.

李强，2019. 当代中国社会分层. 北京：生活·读书·新知三联书店.

李实，佐藤宏，史泰丽，2013. 中国收入差距变动分析：中国居民收入分配研究Ⅳ. 北京：人民出版社.

林晓珊，2017. 增长中的不平等：从消费升级到消费分层. 浙江学刊（3）.

林晓珊，2018. 集体消费与美好生活：“需要”的结构转型与城市治理. 中国社会科学评价（1）.

林晓珊，张翼，2014. 制度变迁与消费分层：消费不平等的一个分析视角. 兰州大学学报（社会科学版）（1）.

林毅夫，陈斌开，2009. 重工业优先发展战略与城乡消费不平等：来自中国的证据. 浙江社会科学（4）.

刘欣，2018. 协调机制、支配结构与收入分配：中国转型社会的阶层结构. 社会学研究（1）.

陆地，孙巍，2018. 城镇家庭消费区域不平衡的度量及分析：基于收入空间分布变迁 RIF 回归的实证. 数量经济研究（9）.

陆学艺，2002. 当代中国社会阶层结构研究报告. 北京：社会科学文献出版社.

陆学艺，2010. 当代中国社会结构. 北京：社会科学文献出版社.

孙立平，2003. 断裂：20 世纪 90 年代以来的中国社会. 北京：社会科学文献出版社.

涂平，张春泥，2019. 第 3 章：消费模式//谢宇，张晓波，涂平 . 中国民生发展报告 2018—2019. 北京：社会科学文献出版社.

张海东，2019. 新社会阶层的结构化、组织化及发展趋势 . 江海学刊 (5).

赵卫华，2018. 集体消费制度渐进式转型及其社会后果分析 . 人文杂志 (5).

Xie Y，Zhou X，2014. Income inequality in today's China. Proceedings of the national academy of sciences，111 (19)：6928 - 6933.

第三章　中产阶层日常生活中的饮食消费变迁

随着经济快速增长、居民收入水平提高，中国的消费迅速崛起。以肉类消费为例，近二十年来中国的肉类消费增长迅速，居民膳食中最重要的猪肉消费增量尤其显著（Shimokawa et al.，2015；OECD/FAO，2019；杨志海 等，2018）。然而，消费增长引发了一些环境后果。就牲畜家禽等肉类消费而言，其对于生态系统产生诸多负面影响，导致过高的氮和磷盈余、土地和水资源的污染、温室效应气体的排放以及陆地和水生生物多样性的破坏等（Neo et al.，2017；Shimokawa et al.，2015；Stoll-Kleemann et al.，2017）。

已有研究认为，随着城市化的推进、人们生活的日益富足以及消费者偏好的不断“西化”，肉类消费将会上涨（Anderson et al.，2011；Cao et al.，2013；Li et al.，2013；Pingali，2007；Zhou et al.，2012）；中国食品消费模式经历了显著变化，包括动物蛋白占比上升、城市高收入消费者购买的动物制品绝对数量上涨（Garnett et al.，2014；Liu et al.，2009；Ma et al.，2006）；在城市地区，导致肉类摄入总量上涨的一个原因是外出就餐（Ma et al.，2006；Min et al.，2015）。

当前关于中国肉类消费的研究倾向量化和预测，将肉类消费置于社会文化或宏观经济动态的框架之中，而缺乏对市民日常生活中存在和已经发生的转型的关注（例如 Liu et al.，2016），同时也无视日常消费的动态

(Gregson et al.，2015；McEwen et al.，2015)。针对中国消费、日常生活和城市生活的相关问题，研究建议也应当设置更加深刻具体的研究议程(Jayne et al.，2014；王宁，2017)。

本研究旨在深化中国城市可持续性转型实践方面的研究，并试图将中国人日常生活的经验观察与更广泛的探讨中国的环境可持续问题和城市化进程的理论相联系（Caprotti et al.，2017；Liu et al.，2016；Liu，2017a，2017b；Wan，2016；Zhang，2016）。本研究重点关注中国中产阶层日常生活中的肉类消费，及其如何为家庭、工作、学校和社会生活中的社会的、物质的和制度性的动态所塑造。后文将揭示，随着健康与饮食交融概念的出现，人们逐渐有意识地减少肉食摄入或者改变肉食摄入的模式。本研究将探索肉类消费复杂的动态变化，以及在正式的饮食结构（比如工作和学校）中转变肉类消费（或不消费）如何更加困难，并且在多代人组成的家庭中如何协调肉类消费（另见 Liu，2017a）。

本研究的结构是，首先将简要介绍中国历史上和当代的肉类消费发展状况，将肉、饮食与人们的社会地位与社会性联系在一起，并且描述肉类消费模式在时间和空间上的变化，以及这些变化如何在当代背景下体现；然后将阐述已有研究如何理解食品消费和肉类消费，并形成一个由供给、社会文化习俗和生活方式构成的分析框架；接着将阐述研究方法；第四部分是核心内容，考察肉类消费如何在既定的供给系统和社会生活中进行以及塑造该过程的关键因素（Fine et al.，1993；Spaargaren，2003）；最后一部分将讨论研究发现的意义，尤其是研究日常生活的重要性，有助于更加富有想象力地理解中国城市的可持续消费。

一、中国肉类和饮食消费的发展

历史上，“肉”在中国社会中扮演了重要的社会和政治角色，食品消费按照社会阶层被分为不同等级。各朝代统治民族关于肉的偏好和等级象征不同，也会影响普通人对于猪肉、牛肉、羊肉和其他肉类及海产品的消费(徐海荣，1999)。直至明朝，伴随经济改善和农业产量增长，肉类消费越来越大众化，肉类逐渐失去了“等级地位”(Klein，2013，2016；Watson，

2014；徐海荣，1999）。由于文化偏好、社会经济条件和极其多样的自然资源相互交织，中国从未有过单一、同质化的饮食文化（徐海荣，1999）。尽管如此，猪肉和鸡肉在大部分地区都能够买到，牛肉和羊肉在中国北方和西北地区更为普遍，海产品则在沿海地区消费量较高（Garnett et al.，2014）。

有关肉类和吃肉的传统多种多样，也和中国的医学与宗教哲学存在联系。比如，传统中药将肉类视为防治"血虚"的膳食来源。肉类与传统中药之间的联系也随着时间在改变，但是传统中医体系塑造了近代中国社会的健康营养观念（Zhan，2009）。在历史上的不同时期，佛教也影响了中国人"不吃肉"的饮食（Simoons，1991），而在当代城市地区，佛教修行和佛教素食餐厅又有了小规模兴起（Klein，2016）。

中国肉食普及在经济层面有重要意义。无论过去还是现在，"受贫困所迫"的素食主义或半素食主义现象在底层社会经济群体中一直都很常见，而且是粮食短缺时期（例如自然灾害）的一个特征（Klein，2016；Watson，2014）。1982 年中国人均食肉量为 13 千克/年，牛肉因为比较稀缺，被称为"百万富翁肉"（Osnos，2015）；而在过去的 30 年间，随着人们收入的增长，饮食发生了翻天覆地的变化（Osnos，2015；Ma et al.，2006）。

近 20 年来，与发达国家消费量比较稳定相比，中国的肉类消费增长迅速。根据 OECD 和联合国粮食及农业组织数据，如图 3－1 所示，就牛肉人均消费量而言，美国和巴西最高，其次是日本，而中国的牛肉消费量很低；但是中国由于基数低，2020 年人均牛肉消费量达到 1990 年的 6 倍多，增长速度是四个国家中最快的。作为中国膳食中最重要的肉类，猪肉的消费增长速度更为显著，从 1990 年人均消费 14.96 千克，增长到 2014 年的 32.72 千克，之后呈下降态势，2020 年为 22.72 千克。

国家统计局数据也显示，20 世纪 90 年代以来我国城镇居民在肉类消费的数量和支出上均呈增长趋势，其中猪肉的消费量最高，但肉类占食品消费支出份额比较稳定。如图 3－2 和图 3－3 所示，在不同类型的肉类产品中，城镇居民家庭人均全年购买猪肉的数量最高，并且从 90 年代至 2012 年呈不断增长的趋势。1996 年城镇居民家庭人均全年购买猪肉 17.1 千克，虽然经历过几次波动，2012 年达到人均 21.2 千克。2013 年开始，国家统计局将猪肉、牛羊肉合并统计，2013 年城镇居民人均肉类消费 28.5 千克，此后

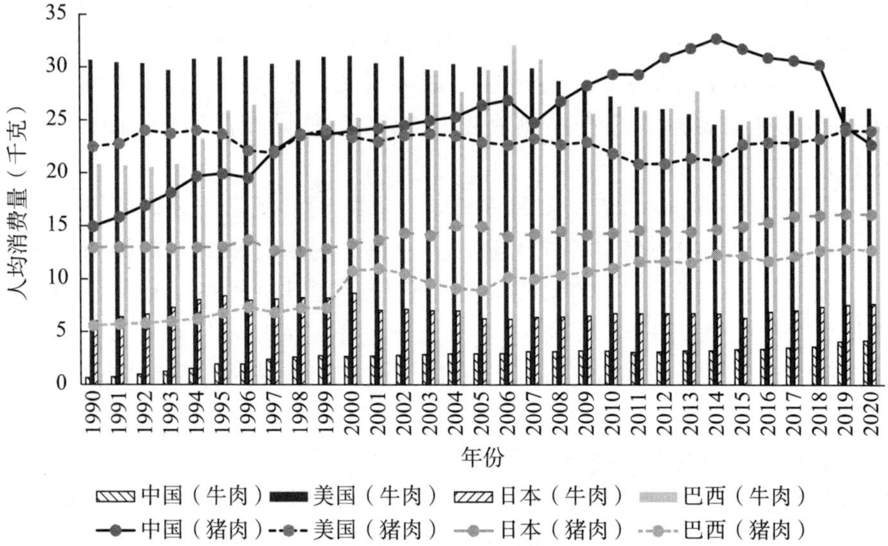

图 3-1　中国、美国、日本、巴西的猪肉和牛肉人均消费量（1990—2020 年）

资料来源：https://data.oecd.org/agroutput/meat-consumption.htm. 最后检索时间：2022 年 5 月 20 日。

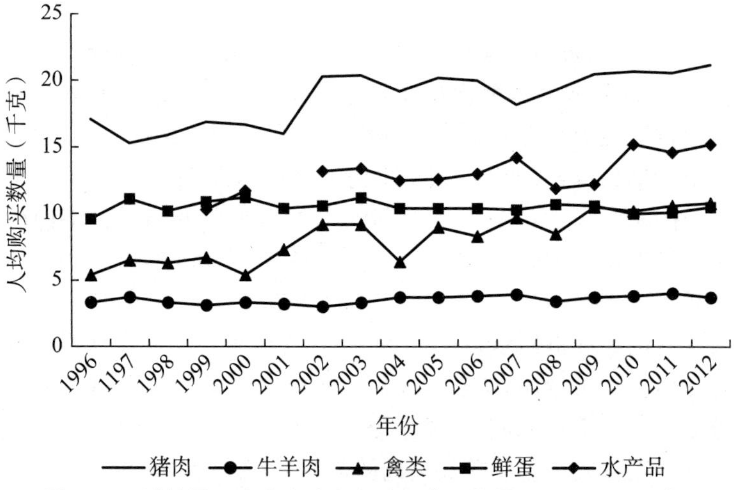

图 3-2　城镇居民家庭人均全年购买食品数量（1996—2012 年）

资料来源：http://data.stats.gov.cn/easyquery.htm? cn=C01. 最后检索时间：2020 年 2 月 24 日。

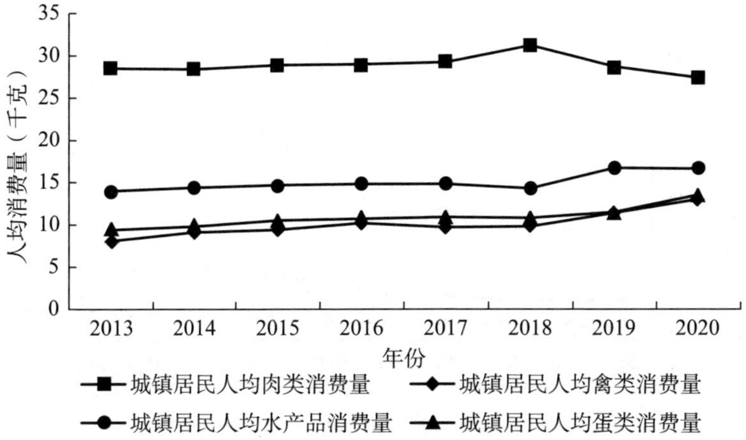

图 3-3　城镇居民人均全年食品消费量（2013—2020 年）

资料来源：https://data.stats.gov.cn/easyquery.htm? cn=C01. 最后检索时间：2022 年 5 月 20 日。

呈先上升后下降的态势，2020 年为 27.4 千克。其他肉类产品中，水产品和禽类的购买数量增长趋势显著，水产品的人均消费量从 1999 年的 10.3 千克增长到 2020 年的 16.6 千克，而禽类的人均消费量从 1996 年的 5.4 千克增长到 2020 年的 13.0 千克。鲜蛋的城镇居民家庭人均全年购买数量比较稳定，1996—2015 年间保持在人均 10 千克左右，但近年来持续上升，2020 年达到 13.5 千克。

从消费支出来看，在 2002—2012 年间，城镇居民家庭的肉禽及相关制品的支出呈显著上升趋势，如图 3-4 所示，2002 年人均相关消费现金支出为 455.1 元，2012 年增长到 1 183.6 元。而总体上的人均食品消费现金支出也呈显著上升趋势，如图 3-5 和图 3-6 所示，2002 年为 2 271.8 元，2012 年增长至 6 040.9 元，2020 年增长至 7 881 元①，并且肉禽及相关制品所占支出在 2002—2012 十年间基本稳定保持在 20%左右②。城镇家庭对于蛋类和水产品的消费支出也呈增长趋势，但支出金额相对较小。

① 2013—2020 年食品支出统计口径为“食品烟酒支出”，2013 年之前的统计口径为“食品消费现金支出”。

② 根据国家统计局数据，2012 年以后未公布肉禽、蛋类和水产品的消费支出数据，因此该比例计算基于 2002—2012 年之间的数据。

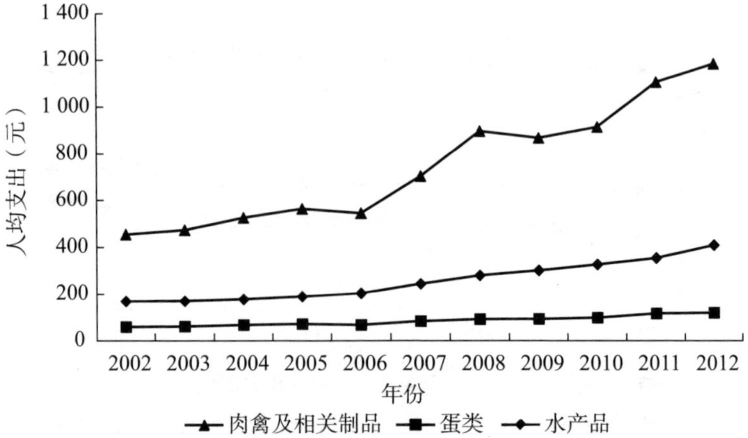

图 3-4　城镇居民家庭人均食品消费现金支出（2002—2012 年）

资料来源：同图 3-2。

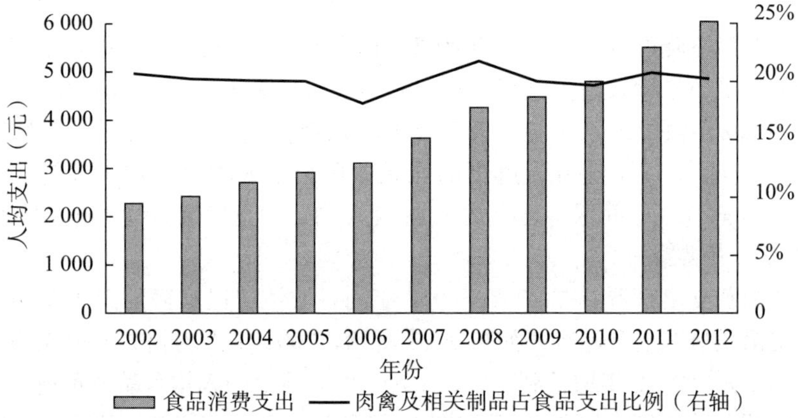

图 3-5　城镇居民家庭人均食品消费现金支出及肉禽制品所占比例（2002—2012 年）

资料来源：同图 3-2。

肉类消费的变化不仅受到个体消费偏好的影响，还应当放置在食品供给体系中理解。20 世纪 90 年代以来城镇居民的用餐模式也在发生变化，深刻反映了我国城市生活方式和食品供给体系的变迁。根据对中国健康与营养调查 1991—2011 年的数据分析，在家用餐仍然是城市居民最重要的用餐模式，但城市中公共和商业空间的食品供给占比逐渐增加，这在 Ma et al.(2006) 的研究中也有类似的发现。如图 3-7 所示，1991—2011 年间，城镇

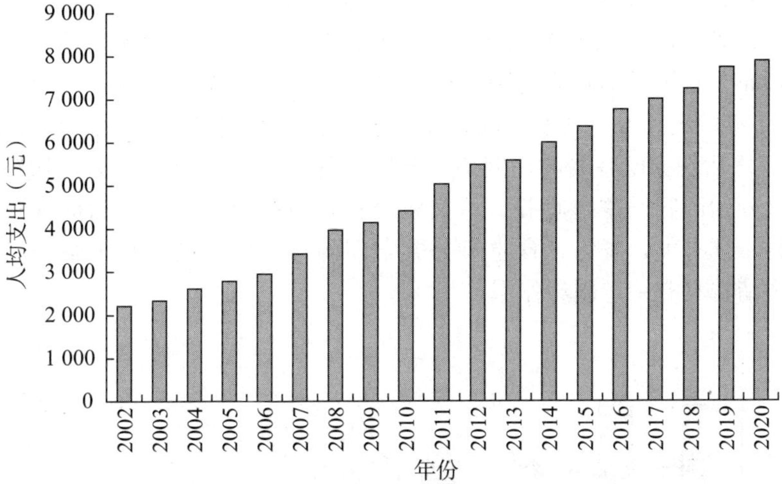

图 3－6　城镇居民人均食品烟酒支出（2002—2020 年）

资料来源：同图 3－3。

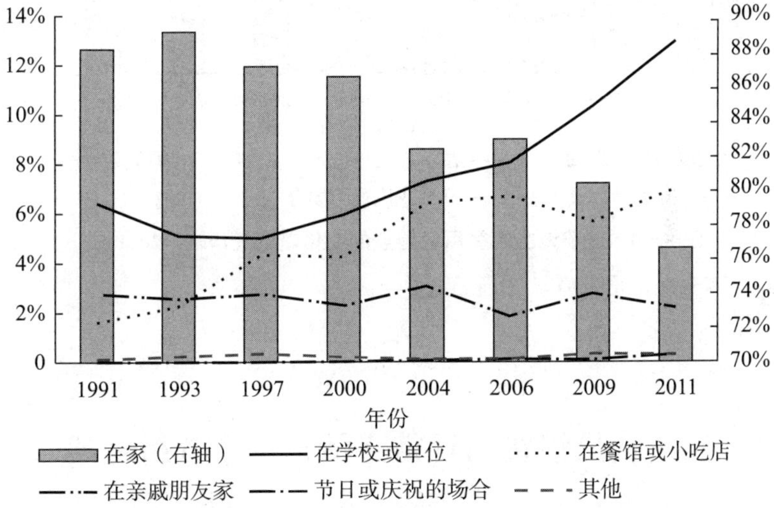

图 3－7　城镇地区午餐用餐地点的变化趋势（1991—2011 年）

资料来源：中国健康与营养调查 1991—2011 年。

居民在家吃午餐的比例从约 88％下降到约 77％，而在学校或单位、在餐馆或小吃店吃午餐的比例显著上升，分别从 1991 年的约 6％和约 2％上升到

2011 年的约 13%和约 7%。图 3－8 所示的城镇居民晚餐用餐地点的变化也呈类似趋势，在家吃晚餐的比例从 1991 年的约 95%下降到 2011 年的约 93%，而在餐馆或小吃店吃晚餐的比例显著上升，从 1991 年的约 1%上升到 2011 年的约 4%。只不过区别于午餐，晚餐的用餐地点稍微有些波动，1991 年之后在家吃晚餐的比例持续下降，到 2004 年的低点之后，城镇居民似乎又开始回归回家吃晚餐。后文将分析，与社会文化习俗和标准化供给体系的特征有关，餐馆、食堂等公共空间的食物供给模式对于中产阶层减少肉类消费具有一定制约作用。

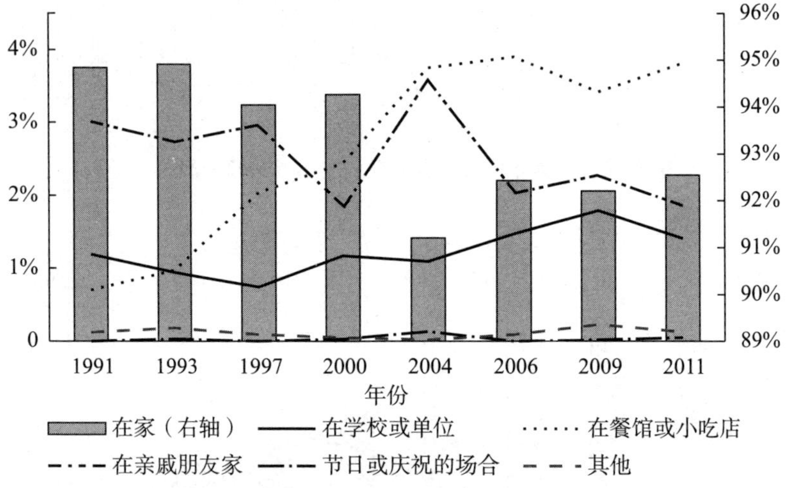

图 3－8　城镇地区晚餐用餐地点的变化趋势（1991—2011 年）

资料来源：同图 3－7。

二、食品消费与日常生活：一个分析框架

不同于已有研究从宏观经济动态或社会文化的框架出发，本研究强调从日常生活的视角来考察和理解肉类消费，试图捕捉人们生活中可能未大规模发生但已经存在并产生相当影响的消费转型。日常生活理论认为实践不仅由有意识的、反思性的行动构成，也由无意识的、建立在不言自明的知识上的常规（routines）构成（Halkier，2001），该理论暗含两层方法论

含义：一是通过研究松散的主体解释如何嵌入琐碎的实践和互动来理解消费；二是通过研究消费行为如何联结日常生活来理解社会结构和社会关系。不同于关注品位、地位消费的理论，日常生活理论强调普通消费的重要性，比如做饭、超市购物、水电煤气消费等。

在研究取暖、洗涤、烹饪等日常家庭消费实践时，Spaargaren et al.（2000）借鉴 Warde（1990）的研究，将生产—消费的循环过程操作化为生产、供给、获得和使用四部分。从结构主义的视角，供给系统和生活方式共同作用于家庭消费实践：供给系统包括公司、公用事业机构以及政府部门等为人类行动者开发商品和服务的机构，它们掌握规则和资源，建构社会实践的结构；生活方式不仅是日常生活中各种社会实践的整合，还指向个体认同的表达——行动者通过构建实践的某种具体的统一性来表达他想要成为什么（Spaargaren et al.，2000）。供给端提供消费的物质和基础设施，但也需要消费者认可是否适合他们的生活方式，并反过来推动技术创新。

除了消费的基础设施，Shove（2003）强调社会文化习俗，即使得人们符合“正常的”、“最低要求的”或者“普遍的”标准的常规，也是理解家庭消费的重要维度，这些标准与很多其他人共享，并且在一生中不断被“习得”，比如每周洗澡的次数不仅与一个人的工作性质或者活动量有关，也很大程度上被其所习惯的清洁标准所决定。

基于已有研究，本章试图构建一个立体的分析框架考察中国城市的肉类消费。生活方式视角关注审美、认同、符号等，属于消费的水平分析方法，但忽略了产品的“历史”，即生产—消费循环的具体组织中的起源这一背景，由此引出消费的垂直分析方法——供给系统视角（Spaargaren et al.，2000）。如果说生活方式视角相对侧重消费的个体性，供给系统视角关注消费的物质性，那么社会文化习俗则指向消费的社会性和制度性，即消费如何被长期形成的并处于动态中的社会文化背景以及既有的社会制度和政策所塑造。该分析框架强调，对于消费实践，应当在日常生活的动态、对日常生活的参与中进行理解。

出于自身健康、营养和养生等需求，中产阶层是积极反思并改变饮食消费模式的重要群体，他们吸收来自中国传统医学和西方医学的知识，采取多种策略消费安全、健康的食品，这种生活方式不同于中低阶层，更区别于肉类消费匮乏的贫困群体。本研究关心广泛的社会文化变迁中饮食消费的转变，因而重点关注中产阶层。

（一）食品消费与供给

我国的食品供给模式经历了结构性的转变，从主要在家吃饭、在单位或学校食堂吃饭到超市、餐馆、外卖、便利店等商业供给体系的兴起，再到近年间互联网零售模式蓬勃发展，这对于理解当代中国人的食品消费非常重要。从供给模式来看，食品消费大体可以分为在家吃饭和外出吃饭。Warde et al.（2000）提出外出吃饭主要有三种供给模式：商业—零售供给、机构餐饮供给以及招待朋友或家人的集体供给。以英国为例，典型的商业—零售供给包括餐馆、快餐和外卖、酒店、酒吧等；机构餐饮供给指工厂、办公室、医院、学校等在其食堂或餐厅提供食物的模式，以是否为本机构成员而非支付能力作为供给标准；集体供给基于互惠的原则，主要形式是宴请朋友或家人，通常在节日、生日等庆祝场合，当在酒店或餐馆宴请时，集体供给则与商业供给结合起来。

无论在家吃饭还是在外吃饭，超市、便利店和购物中心是当代中国人日常饮食的主要商业供给。据统计，在中国最大的八个城市中，菜市场的交易量在1996—2005年间下降了50%～54%，而几乎在同时期，上海的便利店数量增加了将近250%（弗伦奇　等，2012）。超市和便利店不仅改变了人们的购物方式，更重要的是提供预包装、预加工的方便食品，使得人们的膳食选择逐渐被这些速冻和方便食品所制约，倾向高脂肪、高糖和高盐的食品而远离新鲜水果和蔬菜（弗伦奇　等，2012）。

超市在食品供给中的重要性不断提升，同时小摊贩和菜市场这种相对非正规的供给模式受到了压力（靳明　等，2015），这种压力主要来自人们对于食物污染变质的经验和食品安全风险的观念，这对消费者信任产生了很大影响（Gong et al.，2012；Jia et al.，2013），比如食品故意掺假后流入市场（例如2008年“毒奶粉”事件），此外人们也逐渐意识到农业生产过程中食品的化学负载过高的问题。尽管曝光度最高的几起健康和安全事件都发生在超市的供应链中（Jackson，2015），但是消费者的反应并非放弃超市的供给模式，而是要求提供监管更加严格、标准化程度更高的零售环境，这是消费者对肉类等食品维持信任的基础。中国中产阶层特别担心食品质量安全问题，甚至对此非常焦虑（Gong et al.，2012；Klein，2009），这种感觉已经对人们的购物和饮食习惯产生了影响，带来的变化在我们的访谈中也有所体现。

基于肉类消费的研究需要，本章重点关注当代中国人日常饮食中的三种供给模式。一是家庭供给，由个体或家人在家烹饪，责任和感情是主要机制；二是商业供给，以市场交换为主要机制，例如餐馆、便利店、快餐和外卖等；三是机构供给，以满足机构成员的工作和生活需求为主要机制，例如单位食堂、学校食堂等。后文将依据该框架对供给系统转变过程中的肉类消费进行比较系统的分析。

（二）食品消费与社会文化习俗

肉类产量和消费量是中国现代性步伐的显著标志（Schneider，2017）。肉类消费上涨是中国经济和社会快速转型的特征：伴随收入的上涨和消费市场的繁荣，获取国产和进口肉制品更加便利，“吃肉”作为庆祝以及繁荣的文化和社会意义不断加深（Klein，2016；Watson，2014）。例如在一个关于昆明的饮食研究中，肉类从短缺向富足的饮食转变在当地人对于从贫困迈向富足的叙事中有重要作用（Klein，2016）。历史上，肉通常是稀少且奢侈的食物，在庆祝和社交场合使用；但是当代社会对于肉的获取越来越方便，人们在更频繁的肉类产品消费中显示出了更强烈的享受感和权力感（Klein，2016）。

在英国社会背景中，肉也被期待出现在特定的社交餐桌上，但是吃什么肉、如何烹饪肉在不同社交场合以及不同的供给模式中具有差异，暗含着关于肉的社会文化习俗。调查显示（Warde et al.，2000），一顿外出的正餐中，牛肉是最受欢迎的食物，在餐馆吃饭、家庭聚会或者朋友聚会的场合出现的比例都很高；“一顿正经的饭”通常包括肉和两种蔬菜，家庭聚会和特殊庆祝场合通常期待这样的膳食安排；各种类型的烤肉在家庭请客中尤其普遍，而意面和咖喱经常出现在商业供给和集体供给中，并且咖喱这种略带快餐性质的饮食更可能出现在朋友之间而不是家庭聚会中。

社会政策和公共倡议等制度安排是塑造社会文化习俗的重要力量。在2014—2016年间，中国政府发布了两套新的膳食指南，强调人们适度摄入肉类，保持全面的膳食结构，并鼓励人们广泛摄入谷物、水果和蔬菜。《中国食物与营养发展纲要（2014—2020年）》将每人每年肉类消费指标设定为29公斤（截至2020年）。国家卫生计生委疾控局发布的《中国居民膳食指南（2016）》建议适量摄入畜禽肉类，每周摄入量在280克至525克之间。虽然发布指南这种方式只是提供通用的健康建议（而非对健康或环境的直接干预），但获得了西方媒体和气候运动支持者的欢呼，他们认为“中国肉类消费减半计划”为环境带来了积极效益（Milman et al.，2016）。事实上，国务院和国家卫生计生委的这些健康建议并不意味着政府对于降低肉类消费的直接干预，但在日常社会进程中，肉类在膳食中的角色正在转变，我们的研究发现也反映了这一点。

近些年，中国政府将干预和改变的目标锁定在外出饮食和请客方面，并已做出了多项积极举措。例如“光盘行动”强调减少食物浪费，鼓励人们在餐厅适量点菜，或者点菜过多时将剩余餐食打包带回家。这种政策干预的矛头并未直接指向肉类消费，但该干预是中国政府规范和塑造人们外出就餐实践的案例，鼓励适度、节俭的餐馆消费，使得可能造成浪费的食物重新被利用。类似这样的政策使得节俭和适度的饮食实践合法化并得到推崇，这塑造了更宏观范围内与食品消费相关的社会习俗（Zhang，2016）。

（三）中产阶层生活方式与食品消费

肉类消费具有一定的阶层差异，收入较高、接受过高等教育群体的肉类消费模式正在发生一些变化。根据国家统计局数据，1995—2010年间，高收入群体的肉禽类消费份额呈逐渐递减的趋势，从0.371 5下降至0.350 6，并且相对于其他收入群体，高收入群体的肉禽类需求收入弹性最小，说明收入的增长仅增加较少的肉禽需求量（梁凡 等，2013）。就禽肉消费而言也是类似趋势，2009年城镇最高收入户禽肉人均消费量是最低收入户消费量的2.02倍，但是城镇家庭大致呈现出禽肉需求弹性随收入增长而减小的态势（陈琼 等，2012）。侯哲等（2012）的调查识别出了肉类消费的稳定群、已减少群和将减少群三种类型，三类消费者都不同程度减少了猪肉的消费。已减少群和将减少群的受教育水平更高、收入更高或者更可能居住在大城市；已减少群消费转变的主要原因是健康和控制体重。此外，中产阶层肉类消费模式的转变也体现为对高质量肉类的偏好，低收入者对高热量、高脂肪的肉类产品需求旺盛，高收入者则出于对自身健康的关注而对高蛋白、低脂肪类的优质畜产品偏爱有加（夏晓平 等，2011）。

当代中国中产阶层采取各种策略旨在获得安全和健康的食品，追求健康、减肥、美容的消费动机成为中产阶层生活方式的重要特征（弗伦奇 等，2012）。中国城市新兴中产阶层已经融入了老一代人所不能或不愿接受的新的生活方式，他们使用医疗保健服务、健康教育服务并注重膳食选择，更加关注体重增加、肥胖和饮食等问题（弗伦奇 等，2012）。为了应对食品安全焦虑，中产消费者在主流食品系统内采取一系列策略，包括减少外出就餐和高风险食品购买、挑选相对安全的食品、选择信任的品牌以及从制度信任回归人际信任，这些消费策略实质上使一部分国家公共责任转移到消费者个体身上（刘飞，2014）。

无论出于食品安全焦虑还是追求健康的动机，中产阶层更偏好有机食品和绿色食品。北京、上海、广州的调查显示，71%的中产阶层经常去大型超市购买食材、75%的中产阶层经常食用绿色食品、38%的中产阶层经常食用进口品牌的食品，而分别只有56%、60%和16%的中低阶层进行这些消费（朱迪，2017）。除了在正式的商业渠道购买认证的有机食品和绿色食品外，城市中产消费者也通过自发组织购买非官方认证的本地农产品、无公害食品和有机食品，比如北京有机农夫市集，还有以共同购买的形式组成消费健康食品的团体（帅满，2013）。

三、研究方法

“阶级”概念的形成主要源自雇佣关系，雇佣关系显示了人在劳动力市场中的权力和地位（Saunders，1990）。但是在中国背景下，学者认为使用更加综合的指标来定义“中产阶层”更为合理（李培林 等，2008）。与英美等发达国家相比，中国中产阶层的多元特征（例如职业、教育和收入）并没有那么一致（李春玲，2009）。在概念上，中国中产阶层指的是生活相对富足、具有一定职业声望和受教育程度的人群。在实证层面，中产阶层主要包括具有一定管理权限或专业技术的群体，以及一部分收入较高或职业地位较高的普通白领（比如办事人员、商业服务业人员等）。此外，考虑到饮食消费的特征，本研究以家庭为分析单位定义中产阶层，因为个人的资源和社会地位通常很大程度上取决于其家庭，并且饮食的供给与消费也通常以家庭为结构单位。因此，本研究中的中产阶层本质上指的是中产阶层家庭成员，测量指标是“户主”或者说家庭“话事人”的社会阶层。

研究方法是个案深度访谈，分别于 2016 年和 2018 年在北京和上海进行。在定性分析中，本研究关注日常生活实践以及食品和肉的社会和文化含义，同时考察中国背景下城镇居民对于食品供给体系的认知和经验。2016 年的访谈聚焦具体的肉类消费，包括日常生活中的肉类消费模式、对自己和家庭肉类消费变化的思考以及对减少吃肉相关政策或倡议的了解；2018 年的访谈在中产阶层消费模式的框架内，关注更广泛的饮食消费及其如何被商业供给系统和社会文化习俗所塑造，包括食品安全问题、日常饮食模式如何与家庭责任相交叉、饮食消费的代际差异以及生活方式对饮食的影响。

访谈对象由笔者借助关系网络招募，在追求个案典型性的同时力图在性别、年龄等个体特征和户主社会经济地位、有无子女、居住模式等家庭特征上具有差异性。2016 年访谈了 9 名中产阶层成员，其中男性 4 名、女性 5 名，年龄范围在 28 至 58 岁之间。2018 年的田野调查中有 12 个访谈案例重点关注了食品消费，其中男性 5 名、女性 7 名，年龄范围在 28 至 53 岁之间。访谈对象不仅均来自中产家庭，自身也大都从事典型的中产职业，包括教授、会计、IT 从业者、企业中高级管理人员、私营企业主等，案例中还包括了来自中产家庭的自由职业者和全职主妇，他们的时间安排和食品供给模式区别于朝九晚五的上班族，对于肉类消费有着重要影响。

半结构式访谈持续一至一个半小时左右。在向被访者介绍研究时，我们通常邀请他们参加关于饮食消费或者中产消费的研究，并没有特别提到这是一个关于吃肉的研究，事实上我们在招募被访者时也没有特意寻找减少吃肉或者不吃肉的人。但是田野调查结果显示，大多数访谈对象认为自己和家庭成员已经在膳食中不同程度地减少肉类，他们大都正在减少或者试图减少肉食摄入，还有两位被访者自认为是素食主义者，反映了减少吃肉的倾向在城市中产阶层中的重要性。

四、中国城市肉类消费的日常经验

访谈中，被访者对于什么是“肉”有着不同的见解，有些人认为肉是所有动物的肉（包括鱼、虾等水产品及昆虫），而有些人则将肉（牛肉、猪肉、鸡肉、羊肉、鸭肉）和海鲜区别开来。无论如何定义“肉”，动物蛋白都被视为几乎不可替代且至关重要的营养来源，这要归结于中国饮食对动物蛋白和脂肪的传统观念。

根据访谈，中产阶层肉类消费模式主要从两个维度来理解。一个是数量维度，大多数被访者希望或已经减少吃肉的数量，尤其是引起健康问题的红肉和食品安全问题较突出的肉类，少部分被访者仍强调口味从而在吃肉的数量上变化不大。肉类在饮食中占据重要地位与减少吃肉具有合法性的观念并存，形成一种混合健康文化，这是理解中产阶层肉类消费的关键。

另一个是质量维度，大多数被访者都在提升肉类消费的质量，这种变化一方面受到供给模式改变的影响，随着菜市场、流动肉摊的减少，人们更多从超市或品牌供应商那里购买肉类，从而质量更有保证；另一方面出于健康或者抵御食品安全风险的需要，并且随着肉类消费数量的减少，人们也更可能负担得起肉类消费质量的提高。

依据本研究的分析框架，下文将分为三部分进行分析：第一部分研究不同供给模式如何影响食品消费的类型、质量和便利性；第二部分考察吃肉如何暗含在与饮食同时进行的不同实践中（例如社交、庆祝和照顾家人），以反映社会习俗如何塑造肉类消费；第三部分探索如何通过肉类摄取或改变肉类摄取模式达到追求营养、健康和美容等目的，以反映生活方式及其代际差异如何影响肉类消费。可以看到，虽然健康、减肥等因素驱动中产阶层减少吃肉，但是供给模式和社会文化设置对减少吃肉的实践仍起到一定的制约作用。

（一）供给系统转变过程中的肉类消费

在中国社会，肉类供给与消费和与吃肉相关的文化意义之间的关系正在发生转变，城市环境中，吃肉随着物质的、社会的和制度的安排而发生变化（Ma et al.，2006），这种文化意义的弱化突出体现在肉类饮食的家庭供给中。如下面与石先生①的访谈所述，烹饪起来简单方便是家庭供给中“吃肉”的核心问题。

① 为遵守保密性和匿名性的研究伦理，被访者的姓氏均为化名。

因为我觉得肉嘛，本来就是日常生活肯定要吃的东西，猪牛羊这些肉吃得比较频繁，因为这些东西比较容易购买、储存。海鲜不太好储存，包括鱼类，这种产品你也不太好收拾，没法回家直接切成片，搁嘴里直接就可以吃了，所以说可能还是猪牛羊这些东西在日常生活中涉及比较多吧。

（28岁，国有银行会计，居住在北京，与妻子同住，无子女）

尽管这位被访者主张肉类在饮食中非常重要，但具有启发性的是，他强调实际烹饪操作和肉质特点会影响膳食中的肉类选择，而并非只强调文化意义（后者在分析中国人吃肉的问题时经常被提到）。在石先生解释家中购买不同肉类的原因时，很重要的一点就是肉类购买、储存和烹调（尤其是清洗和烹饪的过程）的便捷性。

访谈中，普通家庭烹饪用的肉类大多是从超市中购买，而对于收入相对较高的几位被访者，则是由较高端的有机食品供应商递送。超市或其他零售商的在线订购是相对较新的供给模式，正逐渐被城市中产消费者所采用，并用于购买多种多样的产品（Clemes et al.，2014）。尽管在线购买因便捷性而受到青睐，但通常超市仍被视为最方便安全的城市食品供给模式，特别对肉类来说更是如此。

家庭供给之外，城市供给系统的转变主要体现在：一是相对于家庭供给，食品的商业供给显著增加，在外就餐比例上升；二是正规的、连锁的餐厅和快餐店在商业供给中逐渐占主导地位，预加工食品和标准化食品大量涌现。这些转变对于人们的肉类消费具有重要意义。根据访谈，上班族和学生群体在工作日比较普遍的用餐模式是，购买商业和所在机构（例如餐厅、小餐馆、外卖摊位、单位和学校食堂）烹饪的餐食，大多数时候作为午饭，有时候也被用来当作晚饭、早饭或者零食。31岁的倪女士描述了一顿普通午餐的场景，详细介绍了同事之间如何分享荤菜和素菜："我们午餐会吃米饭和炒菜，因为我们几个同事一起吃，会混着点四到五个荤菜和素菜。"

虽然白天在公共空间吃饭一直都在城市居民的饮食安排中占重要地位，但是城市居民的吃饭地点选择发生了一些变化，这在一些访谈中有所体现。被访者指出，除了在餐厅吃饭，现在餐厅和小摊位也能外卖新鲜烹饪的食物，以供消费者拿回工作地点食用。互联网平台提供的送餐服务对此作出了贡献，"美团""饿了么"这样的平台将餐厅和消费者连接起来。这些平台的用户对于服务体验的描述是更加“高效”，能够节省金钱和时间，访谈中单身和无子女的家庭经常使用这种用餐模式。但是，其中的一些外卖服务（特别是不知名餐厅提供的服务）也伴随着质量较低的问题。外卖餐饮的质量在 2016 年和 2017 年已经成为媒体监督的关注点，主要由于食品安全问题。被访者也表达了对外卖餐饮中肉的质量和卫生程度的担忧，反映出人们对外卖餐食的营养健康价值和食品安全的预期较低。

虽然有几位被访者自称采取了“佛系”的态度，要么选择相信经常购买的食品或者经常购物的超市，要么放手让父母凭借生活经验选购食材，但大多数被访者都对当前供给体系下的食品安全问题有所了解并体现出不同程度的焦虑，“选择相信”或“放手”更多反映的是对食品安全的无力感。这种焦虑涉及子女的饮食和健康时更为显著。被访者采取的策略包括购买进口食品和减少外出吃饭。有个 10 岁女儿的唐先生通常从天猫进口商品专区或者京东海外渠道购买进口食品，主要出于“安全”的考虑，尤其牛奶都是买新西兰进口的。

服装设计师肖女士对餐馆、快餐店供应的食物质量非常担忧，基本上都是让两个孩子在家吃饭，认为这样可以保证吃到安全的肉类。

> 说实话，在外面吃东西，对我们家里人来说是最焦虑的，我们全家很少出去吃东西。像我儿子，一年最多吃三次肯德基。因为那个鸡都是速成鸡，不可以让他吃的，就是这样子。
>
> 出去旅游我们也会自制很多食品，路上带着，在保温箱里装好。在外面我们都是吃纯天然的，一些野生的鱼什么的。到每个地方我们都会去吃特产，这种食物都是可以的，都是人家自己种的，比较安全。自己做还是安全，你到餐馆里面，不是说这个餐馆消费多贵它就有多安全。
>
> （37 岁，服装设计师、私营企业主，居住在上海，与丈夫和两个儿子同住）

如上所述，正式的商业快餐或连锁餐厅大规模兴起并被更加频繁地使用，伴随市场规范，人们逐渐远离非正式的和小规模的街边小吃摊，从而促进提供符合标准的包装食品的“便利店”逐渐兴起。这些新型正式的商业供给模式对人们的肉类消费产生一定影响，尤其对于想要减少肉类摄入的人群有特别的影响。

转向更加符合标准、提前加工好的食品带来的后果之一是素食产品非常有限，为搭配一餐"可接受"的饭菜带来了限制。被访者提到外出就餐时素食菜肴种类有限，认为这是调整饮食习惯的一个制约因素。在新型正式的商业供给模式下，被访者指出吃到丰富多样的蔬菜或素食比较困难，特别是在外出应酬、与老人外出就餐时尤为明显。

对于那些希望避免或减少肉食的人，商业和机构餐饮服务的局限性有两方面重要影响。

第一，不可避免地限制了能够选择的菜肴。例如，一些被访者谈及餐厅、便利店或外卖店缺乏素食的选择。景女士是素食主义者，由于她是全职家庭主妇，经常在家吃饭，能够吃到素食。但其丈夫想转变为素食主义者就不那么容易了，由于上班，工作单位附近很难吃到全素食。

> 刚开始他吃肉边的菜，这样吃素坚持了蛮长时间，但后面好像实在不行。可能有时候一着急，他就在全家、7－11 这些地方解决中午饭，这些地方现在也卖快餐，他说基本上没有素的。有时候加班的话早饭、中午饭、晚饭全吃素包子，要不然也没有素食。
>
> （36 岁，全职主妇，居住在上海，与丈夫和儿子同住）

这种制约也在 Warde et al.（2000）对于英国商业供给的研究中被提到，在什么地方吃饭很大程度上决定了吃什么，人们对菜肴种类的选择受到餐馆类型的限制。比如，调查显示 82%的人在英式餐馆选择烤牛肉，而 76%的人在民族餐馆选择咖喱，这显示了"情境需求"（Warde et al.，1998）在商业供给中的重要性，本质上与商业供给的有限性有关。

第二，与素食菜肴相比，肉类通常被赋予了更高的地位——这在餐厅的菜单中非常明显。正如石先生所描述，肉类菜肴在餐厅菜单中通常拥有重要位置，从而不断强化素食菜肴处于次要位置的印象，这些素菜受到的关注度较低，给人留下不需要太多烹调技能、种类单调的印象。

> 你打开"大众点评"一看，推荐的饭馆前几名推荐菜都是肉菜，基本上没有素菜……你发现其实素菜的做法非常单一，白灼、蒜蓉，大概就是这么几种。

餐馆中肉类和非肉类菜肴的呈现位置强化了一个固有的观念，即在一顿好饭和外出用餐中，肉类应当占据核心位置。尽管被访者中的一些中产阶层成员已逐步将减少肉食或避免肉食作为具有合法性的膳食选择，但商业性的食品供给体系难以支持这些新理念，比如素食餐厅相对稀少，而且餐厅"推荐的都是肉菜"。当前，城市地区逐步采用标准化的食品供给体系，但是似乎反而限制了膳食选择——尤其对于减少吃肉的膳食偏好来讲。人们对于吃什么的期望和食品供给体系都在发生改变，但是在吃肉和减少吃肉的问题上，这些动态变化之间处于一种矛盾状态。

（二）社交、庆祝和照顾家人实践中的肉类消费

上文的讨论认为，城市变迁中的供给体系给人们的饮食方式带来影响，尤其是有限的选择范围对于吃肉和减少吃肉有重要影响。这与之前可持续消费领域的学术观点产生共鸣，强调现有的供给体系部分地通过塑造社会实践——这些社会实践构成了吃饭、工作和通勤等日常生活——对消费模式有重要影响（Spaargaren，2003；Southerton et al.，2004）。在此基础上，本研究丰富了食品供给（哪些是可以获得的、如何获得）的物质条件分析，并探索了围绕食品供给与消费的日常实践。下文考察与饮食同时进行的一些活动的显著性及其对肉类消费的影响，从中反映出社会文化习俗的作用机制，即：在何种情境下肉食是被人们所期待的，在何种情境下减少吃肉是可以接受的。访谈反映出三种活动对于饮食的塑造尤为重要，分别为与朋友社交、特殊场合庆祝活动和照顾家人。

与他人一起用餐会对"吃什么"以及"如何吃"产生影响。社交场合和用餐者之间的关系影响了吃肉受到重视的程度，这种独特的习俗也可解释吃什么的倾向，以及减少肉食（对于那些关注此问题的人）是否恰当。在访谈中，被访者频繁提到庆祝场合应当有肉菜，而没有肉菜则会显得很突兀，甚至不合时宜，这与好客、尊重和彰显富贵的习俗有关，也与吃肉相关的文化象征有着共鸣。梁先生表达了饮食的社会属性：

> 聚会啊，或者有什么喜庆的事，通常中国人会把肉作为一种比较高档的食物。然后就是请客时，包括在家里请客，出于尊重、对人好一点，也会多做点肉菜……肉菜也相对贵一些，表示富贵和好客。
>
> （35 岁，公务员，居住在北京，与父母同住，无子女）

这段引用借助肉食广泛的象征意义，解释了社交和庆祝场合有必要提供肉菜的普遍看法。与他人用餐的实际经验也影响着不吃肉是否可以被接

受。朱女士在与朋友和家人用餐时注意到这一点：

> 跟朋友聚餐，跟家人聚餐，以及节假日聚餐的时候，特别难做到少吃肉，特别难拒绝。因为那个气氛比较好，喜庆，心情比较好。聚餐的时候，餐桌上肯定要有肉，所以就有点难以拒绝这种肉的诱惑。
> （47 岁，会计，居住在北京，与丈夫同住，有子女）

朱女士的观点表现了肉食与快乐、喜庆甚至是“诱惑”有着广泛联系——都是物质情境中的情感体验，这些感觉是在与他人一同用餐时产生的。这些场合的重要性以及它们在维系关系时所扮演的角色，不仅为肉食附加了社会价值，还营造了供给和消费的积极体验。肉食的象征意义和文化价值的结合，外加实际生活中的重要性，强烈地让吃肉在被访者的饮食实践中占有稳定的地位。不过，在人们对于健康和营养二者关系的理解发生转变时，减少或避免吃肉作为一种积极的饮食选择开始出现。

在中国，半素食主义或全素食主义传统上都与宗教要求或贫困存在联系（Klein，2016；Watson，2014）。但是我们的几位被访者更多表示，选择吃素或积极减少肉类消费更多出于健康考虑，与全素食主义对照来看，减少肉食的经历也能表明广泛的社会和家庭发展动态。石先生正在减少肉食，他的观点反映了一个常见的困境——社交场合尤其是与长辈共同进餐时，减少吃肉带来的尴尬。

> 跟家里人吃饭，好比大家聚在一起，炒一堆素菜，你可能觉得没什么，但是对于长辈来说，这样不行，他们会觉得，这是一个聚会，你炒萝卜炒土豆，算怎么回事啊？跟朋友也是，你可能觉得，我要吃健康饮食，我得吃素，但是朋友可能不这样认为。

在上述访谈中，“长辈”被视为维持在饮食社交场合“要吃肉”预期的重要力量。这种家中几代人都出席的场合，被认为必须要维持某种标准，这些标准规定了与饮食规范有关的哪些行为是恰当的。长辈出席的社交场合通常交织着一种关怀伦理，由于历史的原因，被访者的父母长辈大都经历过物质匮乏时代，对他们来说吃肉是一种“心理需求”（另见 Klein，2016），因此肉食的供给代表对身体和心理的关心。但在一些情况下，这种动力机制会发生改变。正如梁先生讲道：

> 现在同学聚会的时候，如果我能做主选择点什么菜，我会尽量选

荤素搭配或者素的。如果在大家能接受的情况下，我不太会用绝对的肉菜来迎客。

在梁先生描述的这个例子中，他没有一味地认为应当妥协自己减少肉食的意愿——当然，值得注意的是，他所描述的是和朋友同学这些同辈人一起用餐的情况。尽管为家人（特别是长辈）做饭的传统行为可能需要稳定地供给肉菜，但迹象表明在其他社交场合这种传统可能正在改变。

此外，在营养和社会习俗的意义上，喂养子女的责任也强调肉食的重要性。41岁的国企行政人员尹女士认为肉类对于身体发育中的青少年而言必不可少，因此会在日常饮食中给儿子适当补充肉类。服装设计师肖女士认为高质量的牛肉对于孩子的成长发育非常重要，在“一天一块牛排”的饮食安排下，儿子的身体非常壮实。

尽管有些被访者表示他们能够迈过上几代人“迷恋”肉食这道坎，并且能够塑造饮食和养育子女方面的不同实践，但喂养责任和更广泛的社会习俗可能存在冲突。正如素食主义者景女士的案例：

访谈者：您觉得自己这方面（素食）的知识完全可以让他营养均衡?

景女士：对。但是也不能完全控制，因为在学校，你也不能有特例嘛。

景女士提到的“特例”既指的是在学校这样的制度环境中很难获得全素的餐食，也包括来自其他学生的社会预期会让孩子在同辈压力下选择吃肉。虽然景女士对无肉饮食充满信心并认为无肉饮食能够保证孩子的健康，但是她对于挑战社会习俗带来的风险更为谨慎。可见，当涉及照顾长辈和子女的家庭责任时，减少肉食在一定程度上会受到相关社会文化设置的制约。围绕健康和营养的话语也在照顾他人以及照顾自己的语境中被广泛提到，下文将对此进行研究。

（三）饮食与健康的交融：一种混合健康文化

已有研究显示，对于健康、营养、美容和身材的追求是中产阶层生活方式的重要特征，其饮食消费模式显著地被这种生活方式所塑造。被访者们提到了中国传统的食物多样性、食物均衡和身心协调等知识以及西方有关营养健康的知识，强调通过膳食安排来达到健康、养生和保持身材的目的，这也是他们减少吃肉的主要动机。具体实践中，传统的、被老一代人广泛接受的认为肉食非常重要的理念与减少吃肉、转变饮食模式的理念产生了张力，形成了一种“混合健康文化”，这是理解中产阶层肉类消费的关键。

被访者们表达了一系列关于营养和膳食健康的不同观点，首先是健康饮食和食物多样性之间的联系。这与中医哲学强调要食用多种类型的食物来保持精力（气）有关。58 岁的大学教授郭先生说他饮食中采用的策略是“坚持食物多样化……有点肉，有点豆子，有点米，有点粗粮”。47 岁的朱女士说“饮食健康就应该是谷物、水果蔬菜、肉、蛋，这些都不可缺少”。

对于减少吃肉的被访者来说，肉类蛋白也被视为饮食中不可替代的一部分。这与对健康的内生性理解有关，即不同形式的蛋白质对于身体有不同的营养功效。例如郭先生说道：

> 人体对于各种植物蛋白和动物蛋白的吸收性等等，可能还是不一样……一种是动物蛋白，一种是植物蛋白，它们的作用应该不太一样。

这种关于肉类蛋白在身体维持中具有不可替代作用的观点并不表示每顿饭都要有肉。饮食多样性的关键是每天或每周肉食和其他食物相对平衡。例如倪女士讲到她在努力减肥时会减少吃肉，和食用红肉相比，她更倾向于用白肉替代红肉，而且在尝试“慢慢地把肉替换成一些蔬菜”。尽管出于健康考虑努力减少吃肉，但她认为健康饮食仍需要有肉，如果有一天没有肉，那么第二天需要进行补充。

> 我的想法是，我想吃什么，就说明我身体里缺什么，那我就去吃，就去补充它。如果今天我不想吃（肉），那我可以一天都不吃（肉）。

与倪女士类似，一些女性被访者减少吃肉的主要动机是减肥和美容。对于自由职业者陆女士而言，成为素食主义者的主要原因是宗教信仰，但也有出于健康和美容的原因。她认为素食饮食能让她更加健康，有助于改善皮肤，让身体变得更轻松。

> 吃了素食以后，我最明显的变化就是脸上的痘痘没了。我以前发痘痘很厉害，后来我吃了素食，痘痘真的没有了。而且人会觉得比较轻盈、轻松。

(38 岁，自由职业者，居住在上海，与丈夫和父亲同住，无子女)

金融企业高管王女士和丈夫在逐渐“减少食量”，晚餐一般是荤素搭配，清淡为主，“喝个粥，点个青菜，这种茶餐厅反正都很简单，点个荤菜，随便吃吃……”这种饮食模式主要出于健康和身材的考虑，但区别于陆女士，王女士并没有拒绝肉食，而是强调荤素搭配，反映出她更认可食物均衡的健康理念。

> 我们年纪也稍微有点大了，新陈代谢比以前慢了，所以尽量少吃一点，胃口会小一点。但是有时候，比如应酬，没办法，如果吃得多的话，第二天还会有意克制一下，让自己少吃一点，或者清个肠，或者第二天吃一天苹果。
>
> (37 岁，企业高管，居住在上海，与丈夫同住，无子女)

同样在压力较大的金融行业工作的胡先生也在减少吃肉，但并非出于减肥或美容的动机。他特意提到中午通常吃素食，晚上荤素搭配，目的是“这样下午比较精神”。这种保持精力和头脑清醒的诉求存在于很大一部分生活节奏紧张的上班族之中，调整饮食模式则是常用的手段。

在谈到饮食和肉在维持身心健康方面发挥的作用时，一些被访者援引了养生原则并借用了多种中国传统的健康观念。养生即一系列围绕修身养性的哲学理念，目的是达到身心健康和长寿。传统意义上养生与道家思想联系在一起，当代也被用来描述结合了中国传统健康观念（广义上的身心健康）和有关身体健康的科学理解的一种理念。这里的关键因素是饮食以及我们通过运动和睡眠对待身体的方式（Farquhar et al.，2005)。

对于“健康饮食”，也有几位被访者引用了国际上的观点，特别是红肉和高脂肪的影响。IT 从业者李先生的父亲得了心脑血管疾病，他认为与家乡的饮食习惯有关，“我们那边喜欢油非常重的食物，特别还是猪油，饮食习惯也不太好”。

相比之下，被访者几乎并不知道政府出台的膳食指南中近期对肉类摄入所作的调整建议。被访者获取科学的健康信息的途径包括阅读相关书籍、与朋友聊天以及社交媒体。然而，这些途径并不总是直接整合了不同哲学和科学传统下的健康观念，正如梁先生在思考吃肉的相对益处时指出：

> 我觉得人是杂食动物……就都应该吃点肉，但是肉应该少吃一点，对环境好，对身体也好。有的人说不吃肉食身体可能缺一些东西，缺

乏合理的平衡，可能也会消瘦。我同事就是吃素的，他身体就比较虚弱，可能还得了什么病吧，有人就说跟他长期吃素有关。我没有尝试过长期吃素。我还是比较认同联合国还是世界卫生组织的那个膳食金字塔标准，最底层是主食，我还是比较能吃主食的……我觉得红肉比白肉更容易发胖，不容易排出，堆积在身体里容易产生毒素。

梁先生比较了与吃肉相关的不同甚至似乎有些矛盾的观点，包括全素食主义、对于健康和多样化饮食的传统理念、对环境的影响，以及国际健康营养标准。在梁先生的叙述中，很重要的一点是他如何使用传统中医中关于健康身体的概念（即精神或心灵与身体、排泄、堆积、毒素的整合）来解释“健康”，这有别于西方科学将健康与吃肉相联系的方式（例如肥胖和体重增加、血脂、胆固醇）。

被访者普遍提到了与吃肉相关（胆固醇、血脂、脂肪肝）的西方医学知识，这些知识是从国际健康与营养的研究中了解到的。另外，比较普遍提及的是他们对于食品安全问题的担忧——食品系统中的故意污染以及工业化农业生产过程中的化学污染，促使被访者采取一些策略转变饮食模式，包括减少高风险肉类的消费、提升肉类消费的质量乃至减少外出吃饭等。

由访谈可见，饮食多样性的传统观念、食品安全带来的忧虑，还有与饮食相关的国际医学知识交织在一起，都能用来证实减少吃肉、转变饮食模式实践的合理性；但被访者并不是完全排斥肉食，他们同时提高购买肉类产品的质量，这在前文的访谈分析中可以看出。在食品安全问题和科学健康知识的影响下，传统意义上认为吃肉对于健康非常重要的观念正在发生转变，从而使得改变吃肉相关的实践具有合法性。这反映了当代中国日常生活中出现的健康理念有广泛的混合性（Zhan，2009），例如 Dombroski（2015）研究了传统中国和西方科学的健康理念如何交织在多代家庭对于儿童养育实践的伦理之中。

根据访谈，向半素食主义或全素食主义靠拢不仅面临自身健康或子女健康方面的焦虑，还有代际差异带来的焦虑，这涉及现代中国家庭以及健康和照料方面的代际性。“孝顺”是儒家传统的家庭观念，也反映在当代中国家庭生活中。这些多代人之间的互动不仅体现在庆祝场合或吃饭时的社会交往中（如上节所述），也体现在日常接触中——当几代人分担家庭照料责任和家务时，对于健康和营养的观念会发生碰撞。

对于肉食在日常健康饮食中所扮演的角色，与父母同住的梁先生讨论了几代人之间的区别。“我妈还挺爱吃肉，她小时候挨过饿，所以对肉的渴望还是挺强烈的，如果不吃肉的话，她会觉得身体虚弱，这可能是她自己的一个意识。”他指出，“我不是特别赞同，但是我可以理解，因为她确实是经过那个食物匮乏的年代，是从那时候过来的。”

与肉食和传统相关的混合健康文化共存于这些更为传统的社会价值观以及家庭、照料、尊重与责任等实践之中。许多被访者在为自己（以及为子女）探索关于吃肉的新的社会含义时处于不断变化的状态，这些社会属性涉及健康、安全和环境。虽然一定数量的被访者意识到了消费与环境的关系，比如外卖餐盒对环境的污染、垃圾回收系统的不完善等，但很少有人意识到吃肉与环境的关系或者在减少吃肉的动机中考虑到了环境影响。本研究认为，混合健康文化在中国中产阶层中的出现与食品消费相关，而且正在改变肉食在饮食中的角色。但是当几代人一同用餐时，改变与肉食消费相关的健康含义和营养习惯则可能被视为不恰当，因为这个改变与孝顺和照顾父母/老人相矛盾，同时也带来了要为家庭成员提供替代饮食选择的操作层面的挑战。健康含义的混合性可以看成是新出现的，而且在多代家庭的饮食生活中需要经常协商。这证实了 Liu（2017a）的观察，即“食品知识不是一代人传给另一代人……而是一直都在更新”，在中国城市多代家庭的饮食活动中不断被协调。

五、研究结论：中国城市可持续发展转型的日常实践

在中国中产阶层采用新形式的自我修养和对健康关注（包括采用养生的方式）的背景下，减少吃肉正在渐渐取得合法性。在社会文化习俗方面，社交和庆祝场景下的饮食模式正在转变，吃肉或说以肉菜为主的饮食渐渐被动摇，并更多地在同辈朋友的社交中被接受。此外，不同于老一代人对肉食的“迷恋”，中产阶层的自我照料和子女养育实践更强调安全、健康的饮食搭配。在生活方式方面，中产阶层的饮食模式很大程度上被健康、美容、减肥的动机所塑造，出现了一种混合健康文化——虽然有时会有冲突，但中产阶层吸取中西方的饮食健康知识，逐渐认可减少吃肉、转变膳食安排的健康理念，从而增强了减少肉食的合理性。

与此同时，在协调人际关系以及工作、在外和家中等日常情境里饮食所面临的社会的和物质的复杂性，阻碍了人们减少吃肉。在多代家庭和其他社交情境中，吃肉仍是“恰当的行为”，并且肉在健康营养方面的作用仍被普遍认可。一系列不同的文化价值观和习俗（例如孝顺和出于健康考虑的饮食多样性需要）被作为应当继续吃肉的依据。供给系统发生的变化，比如正式餐厅的兴起、商店中方便食品的增加、送餐平台的发展以及越来越多的外出就餐，巩固了吃肉在被访者饮食中的核心地位。

总的来讲，我们的分析强调了食品供给的实践性和物质性的特征（不仅仅是文化象征）如何塑造日常饮食中的吃肉和为减少肉食的持续努力，这是对相关研究的贡献。访谈显示，吃肉的日常实践正在发生转变，反映了社会和文化价值观的改变以及关于健康的日常实践——而不是对政府推出的健康或环保宣传活动的直接回应。已有研究通常认为，在中国的饮食模式中，长期以来形成的关于吃肉的文化象征将持续存在，在中产阶层规模持续扩大的情况下将推动肉产品消费无限增长，但是本研究的发现并不支持这种结论。当然，本研究并非想要说明或者验证有多大规模的中产阶层正在减少吃肉，而是通过考察中产阶层的日常饮食经验，试图说明肉类消费的多种动态，其中，减少吃肉的消费倾向变得显著起来。

本研究的发现有三方面的意义。首先，与中国中产阶层消费相关的讨论，对于理解肉类消费很重要，但又不能完全解释肉类消费。本研究认为，关于可持续性转型和城市转型的现有研究低估了伴随收入和教育水平增长而形成的文化变迁的力量。中产阶层不再仅关注炫耀性消费，而是逐渐通过改善生活方式和产品质量来表达（例如 Zhang，2008；朱迪，2013）。中国中产阶层的这些特征和欲望正在发生变化。

尽管肉的生产和消费曾经是中国现代性进步的标志（Schneider，2017），但是中产阶层被访者在日常饮食中减少吃肉以及提高肉类消费的质量，暗含了自我照料和膳食健康的多元伦理，也体现了对现代性的不同理解——被访者已经超越了认为丰盛的肉类膳食象征营养丰富、生活富足的阶段，而将健康、美容、身材乃至精神信仰作为生活的追求。我们的访谈显示，中国人和肉之间的关系不是固定的，而是能够反映文化习俗的动态发展，既会受到内在交叉的社会物质动态（包括家庭生活的、城市变化的和供给系统转变的）的推动，也会受到其牵制。因此，中国中产阶层混合健康观念的出现，部分地瓦解了肉在中国饮食中的历史象征意义，也动摇了肉在解释中国城市化和经济发展进程中的象征性地位。

其次，本研究对中国背景下干预肉类消费的边界有一定启示。研究显示，我们可以探索如何利用新出现的混合健康观念，去强化中产阶层对于减少吃肉的认同和青睐。因此，对于可持续食品转型的讨论不能只关注环境可持续性，而是需要联系到更广泛的文化变迁过程，例如本研究所讨论的中产阶层消费者的营养健康实践正在发生的变化。

在中国背景下，如果希望在城市推广减少肉食，另一个可能干预的空间是正式的食品供给体系，包括商业供给和机构供给，例如工作单位食堂、学校食堂、餐厅和餐饮服务部门。主要是因为，中国城市地区外出就餐模式越来越显著，且被访者表示外出就餐时减少肉类消费较为困难，在这种情况下，对正式的食品供给体系进行干预尤为重要。推广措施包括增加素食的选择，同时从食材、味道、菜式等方面提高素食的质量，满足想要减少肉食的消费需求，也能增强人们对素食的关注。餐饮服务行业最近做出一些有影响的调整并取得了成功，例如“光盘行动”应对的是食品浪费问题。在中国背景下应对与肉类消费相关的健康与环境可持续问题时，我们需要进一步探索利益相关者的责任分配问题，质疑那种只强调消费者责任的观点（Barnett et al.，2010；Evans et al.，2017）。

最后，我们的研究强化了与可持续性转型相关的日常生活研究，这在国际可持续消费研究中受到越来越多的关注（Geels et al.，2015），但在中国背景下讨论得比较少（Liu et al.，2016）。对中国可持续性转型治理的研究倾向于强调中国政府对于公民的权威性的简单观点。以交通为例，政府通过限制城市地区私家车牌和行驶时间来减少空气污染，体现了政治权力如何影响日常行为朝向可持续性转型。国际媒体、政策和研究机构可能会参照此模式，认为国家能够使用与环境和资源治理中其他领域相似的方式，去影响人们吃肉的习惯和行为（Liu et al.，2008）。但事实是，中国政府虽然可能有机会规范正式的食品供给体系（例如工作单位食堂、学校食堂和餐厅），但对于普通日常生活行为的影响仍相对有限，尤其是对于家中的食品消费。

针对如何改变日常实践以支持可持续消费转型的探讨，不能仅依赖于正式制度或政治权威，而是需要认识到更广泛的日常实践动态，这些动态由供给体系、物质文化、生活方式以及塑造日常生活的更广泛的文化习俗、社会动态、人际关系和责任义务共同构成。未来需要更多明确关注消费资源（食物、水、能源、衣物、废料等）的日常实践研究，从而能够反映中国已有的日常生活实践的多样性和自主性。

参考文献

陈琼，吕新业，王济，2012. 我国禽肉消费及影响因素分析．农业技术经济（5).

弗伦奇，格莱博，2012. 富态：腰围改变中国．杭州：浙江大学出版社.

侯哲，胡卫中，2012. 经济发达地区的肉类消费趋势研究．中国畜牧杂志（24).

靳明，杨波，赵敏，等，2015. 食品安全事件的溢出效应与消费替代行为研究：以乳制品系列安全事件为例．财经论丛（12).

李春玲，2009. 比较视野下的中产阶级形成：过程、影响以及社会经济后果．北京：社会科学文献出版社.

李培林，张翼，2008. 中国中产阶级的规模、认同和社会态度．社会（2).

梁凡，陆迁，同海梅，等，2013. 我国城镇居民食品消费结构变化的动态分析，消费经济（3).

刘飞，2014. 食品安全的风险感知与消费策略．华南农业大学学报（社会科学版）(3).

帅满，2013. 安全食品的信任建构机制：以 H 市“菜团”为例．社会学研究（3).

王宁，2017. 社会学本土化议题：争辩、症结与出路. 社会学研究（5).

夏晓平，李秉龙，2011. 我国城镇居民畜产品消费问题分析：基于收入差距与粮食安全视角．晋阳学刊（2).

徐海荣，1999. 中国饮食史. 6 版. 北京：华夏出版社.

杨志海，刘灵芝，王雅鹏，2018. 城乡居民肉类消费及其结构演化的差异、原因与趋势．中国食物与营养（1).

朱迪，2013. 品味与物质欲望：当代中产阶层的消费模式．北京：社会科学文献出版社.

朱迪，2017. 从强调教育到强调供给：都市中间阶层可持续消费的研究框架及实证分析．江海学刊（4).

Anderson S，Bieroth C，Tucker G，et al.，2011. Chinese beef consumption trends: implications for future trading partners. Kansas State University. http://www.agmanager.info/livestock-meat/marketing-extension-bulletins/trade-and-demand/chinese-beef-consumption-trends.

Barnett C, Cloke P, Clarke N, et al., 2010. Globalizing responsibility: the political rationalities of ethical consumption. Wiley-Blackwell.

Cao L J, Tian W M, Wang J M, et al., 2013. Recent food consumption trends in China and trade implications to 2020. Australasian agribusiness review, 21: 15-44.

Caprotti F, Cowley R, 2017. Interrogating urban experiments. Urban geography, 38 (9): 1441-1450.

Clemes M D, Gan C, Zhang J L, 2014. An empirical analysis of online shopping adoption in Beijing, China. Journal of retailing and consumer services, 21 (3): 364-375.

Dombroski K, 2015. Multiplying possibilities: a post development approach to hygiene and sanitation in Northwest China. Asia Pacific viewpoint, 56 (3): 321-334.

Evans D, Welch D, Swaffield J, 2017. Constructing and mobilizing "the consumer": responsibility, consumption and the politics of sustainability. Environment and planning A, 49 (6): 1396-1412.

Farquhar J, Zhang Q C, 2005. Biopolitical Beijing: pleasure, sovereignty, and self-cultivation in China's capital. Cultural anthropology, 20 (3): 303-327.

Fine B, Leopold E, 1993. The world of consumption. London, New York: Routledge.

Garnett T, Wilkes A, 2014. Appetite for change: social, economic and environmental transformation in China's food system. http://www.fcrn.org.uk/fcrn/publications/appetite-for-change.

Geels F W, McMeekin A, Mylan J, et al., 2015. A critical appraisal of sustainable consumption and production research: the reformist, revolutionary and reconfiguration positions. Global environmental change, 34: 1-12.

Gong Q, Jackson P, 2012. Consuming anxiety? Parenting practices in China after the infant formula scandal. Food, culture & society, 15 (4):

557－578.

Gregson N，Ferdous R，2015. Making space for ethical consumption in the Global South. Geoforum，67：244－255.

Halkier B，2001. Routinisation or reflexivity? consumers and normative claims for environmental consideration//Gronow J，Warde A. Ordinary consumption. New York：Routledge.

Jackson P，2015. Anxious appetites：food and consumer culture. London：Bloomsbury.

Jayne M，Leung H H，2014. Embodying Chinese urbanism：towards a research agenda. Area，46（3）：256－267.

Jia C H，Jukes D，2013. The national food safety control system of China：a systematic review. Food control，32（1）：236－245.

Klein J A，2009. Creating ethical food consumers? Promoting organic foods in urban Southwest China. Social anthropology，17（1）：74－89.

Klein J A，2013. Everyday approaches to food safety in Kunming. The China quarterly，214：376－393.

Klein J A，2016. Buddhist vegetarian restaurants and the changing meanings of meat in urban China. Ethnos：journal of anthropology，82（2）：252－276.

Li G L，Zhao Y，Cui S H，2013. Effects of urbanization on arable land requirements in China：based on food consumption patterns. Food security，5（3）：439－449.

Liu C，2017a. Family-based food practices and their intergenerational geographies in contemporary Guangzhou，China. Transactions of the institute of British geographers，42（4）：572－583.

Liu C，2017b. Food practices，gendered intimacy and family life in contemporary Guangzhou. Gender，place & culture：a journal of feminist geography，24（1）：97－107.

Liu H B，Parton K A，Zhou Z Y，et al.，2009. At-home meat consumption in China：an empirical study. The Australian journal of agricultural and resource economics，53（4）：485－501.

Liu J G，Yang H，Savenije H H G，2008. China's move to higher-meat diet hits water security. Nature，454（24）：397.

Liu W L，Oosterveer P，Spaargaren G，2016. Promoting sustainable consumption in China：a conceptual framework and research review. Journal of cleaner production，134：13－21.

Ma H Y，Huang J K，Fuller F，et al.，2006. Getting rich and eating out：consumption of food away from home in urban China. Canadian journal of agricultural economics，54（1）：101－119.

McEwen C，Hughes A，Bek D，2015. Theorising middle class consumption from the Global South：a study of everyday ethics in South Africa's Western Cape. Geoforum，67：233－243.

Milman O，Leavenworth Stuart，2016. China's plan to cut meat consumption by 50% cheered by climate campaigners. https://www. theguardian. com/world/2016/jun/20/chinas-meat-consumption-climate-change.

Min S，Bai J F，Seale J，et al.，2015. Demographics，societal aging，and meat consumption in China. Journal of integrative agriculture，14（6）：995－1007.

Neo H，Emel J，2017. Geographies of meat：politics，economy and culture. Routledge.

OECD/FAO，2019. OECD-FAO agricultural outlook（edition 2018）. OECD agriculture statistics（database）. http：//iffiz391f4815d8064db7sxouvk5b5ox0v6f9x. ffyb. libproxy. ruc. edu. cn/10. 1787/d4bae583－en.

Osnos E，2015. Age of ambition：chasing fortune，truth and faith in the New China. Farrar，Straus and Giroux/PanMacmillan.

Pingali P，2007. Westernization of Asian diets and the transformation of food systems：implications for research and policy. Food policy，32（3）：281－298.

Saunders P，1990. Social class and stratification. London：Routledge.

Schneider M，2017. Wasting the rural：meat，manure，and the politics of agro-industralization in contemporary China. Geoforum，78：89－97.

Shimokawa，Satoru，2015. Sustainable meat consumption in China. Journal of integrative agriculture，14（6）：1023－1032.

Shove E，2003. Comfort，cleanliness and convenience：the social organization of normality. Oxford: Berg.

Simoons F J, 1991. Food in China: a cultural and historical inquiry. Florida: CRC Press.

Southerton D, Chappells H, Vliet B V, 2004. Sustainable consumption: the implications of changing infrastructures of provision. Cheltenham: Edward Elgar Publishing.

Spaargaren G, 2003. Sustainable consumption: a theoretical and environmental policy perspective. Society and natural resources, 16 (8): 687 – 701.

Spaargaren G, Vliet B V, 2000. Lifestyles, consumption and the environment: the ecological modernization of domestic consumption. Environmental politics, 9 (1): 50 – 76.

Stoll-Kleemann S, Schmidt U J, 2017. Reducing meat consumption in developed and transition countries to counter climate change and biodiversity loss: a review of influence factors. Regional environmental change, 17 (5): 1261 – 1277.

Wan X Y, 2016. Governmentalities in everyday practices: the dynamic of urban neighbourhood governance in China. Urban studies, 53 (11): 2330 – 2346.

Warde A, 1990. Introduction to sociology of consumption. Sociology, 24 (1): 1 – 4.

Warde A, Martens L, 1998. A sociological approach to food choice: the case of eating out//Murcott A. The nation's diet. London: Longman.

Warde A, Martens L, 2000. Eating out: social differentiation, consumption and pleasure. Cambridge: Cambridge University Press.

Watson J L, 2014. Meat: a cultural biography in (South) China//Klein A J, Murcott A. Food consumption in global perspective: essays in the anthropology of food in honour of jack goody. New York: Palgrave Macmillan.

Zhan M, 2009. Other-worldly: making Chinese medicine through transnational frames. Durham: Duke University Press.

Zhang D F, 2016. From thrift to sustainability: the changing table manners of Shanghai's food leftovers//Sahakian M, Saloma C, Erkman S. Food consumption in the city: practices and patterns in urban Asia and the

Pacific. Routledge.

Zhang L，2008. Private homes，distinct lifestyles：performing a new middle class//Privatising China：socialism from afar. Ithaca，NY：Cornell University Press.

Zhou Z Y，Tian W M，Wang J M，et al.，2012. Food consumption trends in China. Report submitted to the Australian government department of agriculture，fisheries and forestry. http：//www. agriculture. gov. au/sitecollectiondocuments/agriculture-food/food/publications/food-consumption-trends-in-china/food-consumption-trends-in-china-v2. Pdf.

第四章　新冠疫情下的居民生活韧性分析

一、背景

2020年以来，新冠疫情流行给世界经济社会发展带来巨大冲击。新冠疫情可以说是一个全方位的压力测试，对各国政治、经济、文化、制度和社会进行了全方面的检测。疫情最先在中国武汉暴发并向全国蔓延，中国在没有任何准备的情况下突然进入抗疫前线，压力尤其大。“在抗疫形势最严峻的时候，经济社会发展不少方面一度按下‘暂停键’，但群众生活没有受到太大影响，社会秩序总体正常，这从根本上得益于新中国成立以来特别是改革开放以来长期积累的综合国力，得益于危急时刻能够最大限度运用我们的综合国力。”（习近平，2020）

随着疫情的发展，此起彼伏的疫情给我国经济发展和居民生活都带来了巨大的影响，疫情导致的经济暂停和大规模、长时间隔离对于居民生活是一个严峻考验。疫情的反复给各地生产、生活带来非常大的压力，中小企业生存困难，失业率上升，中低阶层的收入受到的影响比较大，但总体来看，居民生活相对稳定，没有出现大的问题。

我国居民收入水平总体还不高，但城乡居民生活却表现出非常强的抗压能力。这与我国的社会制度、社会结构以及人们的生活方式特点是分不开的。人们的“日常生活是各种社会活动与社会制度结构的最深层次连接处，是一切文化现象的共同基础”（刘怀玉，2006：43）。我国居民生活在抗疫过程中所表现出来的这种韧性特点是各种宏观制度、结构和微观行为后果的最集中体现，透过居民生活，洞悉这一社会韧性背后的制度机制及行为逻辑，是本研究的目标。

二、社会韧性的相关研究

“韧性”原本是物理学的概念，“抵御能力、吸收能力与恢复能力”被认为是韧性系统的三个基本特征。20 世纪 70 年代初，加拿大生态系统学家 Holling 将韧性应用到生态系统学，用于描述生态系统面对外部自然或人为要素变化时所具有的持久性或可塑性（Holling，1973）。20 世纪 90 年代以来，学者对韧性的研究逐渐从自然生态学向人类生态学延展（邵亦文 等，2015）。韧性用于人类社会各方面的分析，其分析范围逐渐扩展到心理学、区域经济学及抗灾减灾等领域，心理韧性、城市韧性、经济韧性等概念越来越多地被使用。20 世纪末，“韧性”概念被引入社会学领域，社会韧性的研究在最近 20 年得到迅速发展（Saja et al.，2019）。

（一）国外社会韧性的相关研究

Adger 于 2000 年最早提出了社会韧性（social resilience）的概念，此后，社会因素对韧性的影响开始受到关注。社会韧性不再仅仅关注个人因素，而是着眼于更为宏观的层面，社会结构、权力关系、社会资本、组织以及文化因素等被纳入了研究的范围（Alexander，2013）。Adger 认为“社会韧性是指群体或社区应对经济、政治或环境（例如自然灾害、经济危机等）等外部压力和干扰的能力”（Adger，2000）。社会韧性与社会脆弱性呈负相关，而社会脆弱性又与弱势群体密切相关，包括在性别、年龄、种族、身体状况、阶层等方面处于弱势的人群，他们更容易遭遇风险，从灾难中恢复的能力也偏低（Gallopín，2006）。

对于社会韧性的来源，有以下几个视角：一是从资本视角研究社会韧性，如Mayunga用五种资本，即社会资本、经济资本、物质资本（physical capital）、人力资本以及自然资本（natural capital）来衡量社区灾害韧性（Mayunga，2007）；也有学者从社会资本角度研究社会韧性，把社会资本划分为社会支持、社会参与和社会纽带三个部分（Sherrieb et al.，2010）。二是从社会结构视角研究韧性，强调人口特质、家庭情况、社区功能、社会阶层分布等内容（Kwok et al.，2016）。三是从认知视角研究社会韧性，认为人与人、人与组织之间的沟通和信任程度会影响公众对于风险的认知和态度，自由讨论灾害的社会环境有助于提升社会韧性（Paton，2008）。四是多视角综合进行社会韧性研究，有学者从社会、经济、社区、机构、住房/基础设施以及环境六大方面衡量社会韧性（Cutter et al.，2014）；也有学者提出更加综合性的“5S”分析框架，即从社会结构、社会资本、社会机制/能力、社会公平和社会信仰五个方面衡量社会韧性（Saja et al.，2018）。

（二）国内社会韧性的相关研究

最近几年，国内学者也开始关注社会韧性。王思斌从我国国家领导人关于中国经济具有很强韧性的论断出发，于2016年首次提出并界定了社会韧性的概念，他认为社会韧性“是社会结构中具有的，在遭遇破坏性力量时所显现的，维持社会整合、促进社会有效运行的特质”，“它指的是社会的结构性、各部分之间的连接性，是社会结构在遭遇冲击和破坏时不致于解组和崩溃，而是继续维系结构和发展的力量与特性”（王思斌，2016）。这个定义不同于国外社会韧性的“能力说”，更加强调社会结构的稳定性，可以称之为“结构说”。2020年他进一步用社会韧性分析贫困问题，构建了一个贫困群体的经济—社会韧性建构模型，把贫困分为经济贫困、社会贫困、文化贫困和救助缺失四个方面，对应经济韧性、社会韧性、心理韧性和持续政策四个方面，认为社会韧性建构要形成稳定的社会支持（王思斌，2020）。但这个模型还只是理论分析模型，并没有进行相应的实证研究。其他还有一些关于社会韧性及城市韧性的研究，则基本上沿袭了社会韧性的“能力说”，如赵方杜等认为“社会韧性可以看作是社会系统面对外界不确定性或干扰时恢复平衡状态的能力”（赵方杜 等，2018）。然而，国内社会韧性研究时间短，还处于概念解析层面，并没有形成具体的、可操作化的指标体系。

综上，国外社会韧性研究主要针对社区或区域社会如何提升应对各种自然风险的能力，对人的生活本身关注不够；国内社会韧性研究起源于本土问题，关注脆弱群体的生活风险，但处于起步阶段，研究不够深入。风险之所以是风险，是因为它们对人的生活构成了威胁，因此，研究风险治理，人们的生活状况不可不察。随着风险社会的来临，增强生活韧性对于个人安全、社会安全和国家风险治理来说都非常重要，因此，本章借鉴现有社会韧性的研究成果，以人的生活为研究对象，构建一个“生活韧性”的理论分析框架，分析居民生活脆弱性的原因及其韧性的来源，探索提升其韧性的途径。

三、生活韧性：一个理论分析框架

韧性是与脆弱性相对应的概念。与脆弱性相比，韧性是一个对现实更具积极建构意义的概念（Bogard，1989）。在社会系统中，“韧性”的概念更为复杂和分散。在不同的领域，韧性概念的界定和指标的具体内容也有所不同，但这个概念非常有价值之处在于它在理论和实践之间建立起了更加密切的关系（Bastaminia et al.，2017）。“生活韧性”是指个人或家庭生活在面临外部突发灾难时，保持正常或者持续下去的能力。它不仅是抵抗风险的能力，还包括恢复正常的能力，是个人生活和社会各方面结构和功能状况的综合体现，也是社会韧性的最终体现。本章把生活韧性的相关因素分为两大系统，即生活系统和支持系统，前者是生活的具体内容，后者是生活的支持因素，生活系统和支持系统的状况从不同方面反映生活韧性的状况。

生活系统是个体和家庭生活的基本内容，是韧性的对象化存在。随着家庭的生产功能被剥离以及生活的全面商品化，现代人的日常生活围绕消费被建构起来，消费成为日常生活的主要内容，生活系统的韧性就具体表现为生活消费维持的能力。生活系统是维持家庭和个人生存、发展的体系，由衣、食、住、行、用、医疗、教育、交通通信等物质消费和服务消费组成。生活系统的韧性表现为这些生活消费的正常维持，风险对生活系统的压力则表现为生活系统的各个方面或者某些方面受到影响。

支持系统是生活韧性的主要来源，它通过各种支持因素使生活系统在风险压力下保持弹性，在面临重大压力时不致断裂。如果压力过大或者支持力量不足，则生活系统就可能沿着某些风险点断裂，从而对生活造成灾难性的影响。这种压力可能来自自然风险或者社会风险。这个生活韧性的模型如图 4-1 所示。

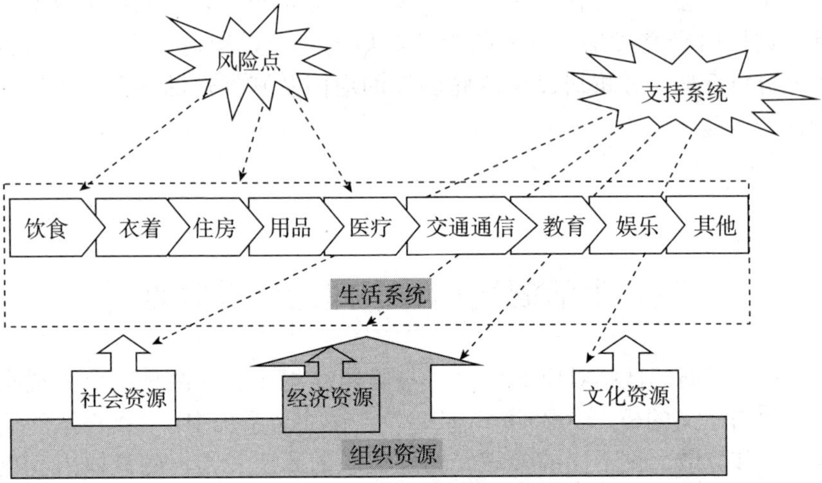

图 4-1　生活韧性逻辑示意图

生活系统保持韧性的决定性因素是支持系统，支持系统是生活系统抵御风险、不发生断裂的各种支持力量，是支持生活系统的各种资源。我们可以把支持系统划分为四种资源：经济资源、社会资源、文化资源和组织资源。其中组织资源、经济资源和文化资源借鉴了陆学艺先生在划分“十大阶层”时的资源分类（陆学艺，2018：7），但在概念内涵上有所差异。组织资源是更加具有普惠性和兜底性的体制资源及制度资源，体现了社会成员所处的体制地位及所能获得的制度支持和组织化的非正式支持。四类资源是个体和家庭所能获得的各种正式和非正式支持的总和，与个体或者家庭的资源禀赋、经济社会地位以及所处社会的特质有密切关系，它们共同维持生活系统的正常持续。在生活系统遭遇外部风险时，资源供给的失灵不可避免地会对居民生活造成冲击，这时不同资源的互相补充就非常重要。几种资源共同发挥作用，兼具灵活性和组织化，才能够更好地抵御风险。

经济资源是生活系统得以存在的物质基础。正如贝克所言，在风险社会，财富地位与风险密切相关，风险的分配逻辑和财富分配逻辑相反，财富地位不同，其生活韧性是不同的。收入、财产构成了财富地位的基本内容，是个人生活的基本经济资源。虽然社会学更加强调文化在消费决策中的重要性，但无疑经济收入作为消费的基础性决定因素很难改变。在这里，收入包括各类收入，如工资性、财产性、转移性等各种收入。财产则包括住房、储蓄和其他经营性资产。当不同群体之间的收入和财产差距巨大，特别是财产差距超越了收入差距，成为经济差距的最大来源时，情况则会发生变化，即经济资源是支持生活系统正常维持的基础，当收入受到外部冲击突然减少时，财产的差异将成为居民生活韧性的最重要影响因素。

社会资源包括社会资本，但比社会资本的内涵更广。社会资源包括对个人生活产生影响的社会关系网络以及其他社会结构力量，如强关系、弱关系以及其他非关系性社会支持。在传统社会，家庭、社区是个人生活的最大支持，这也是社会资本的基本形式。但是在现代城市社会，这些支持显著下降了。个人摆脱了传统社会中的稳定关系的束缚，但亲密关系的变革也减少了社会支持，"亲缘纽带虽然还很有影响，但这并不意味着亲缘关系仍然起着它在建构多数人的日常生活时曾经起到过的作用"（吉登斯，2000：104）。在我国现代化的进程中，社会结构的个体化越来越明显（闫云翔，2012：5），但是这并不说明中国社会走向了西方意义的个体化。研究表明，对于农民和农民工来说，家庭支持仍然是最主要的社会支持，老乡、朋友在其社会支持中也占有非常重要的地位。同时，现代社会组织和志愿服务的发展，也为社会提供了新的非关系性支持力量，这是城市社会中社会支持的重要方面。随着家庭的小型化，各种依托于社区的社会组织和志愿服务机构，在现代城市社会中的作用越来越重要。

社会资源还包括第三个重要资源，即个人生活所嵌入的更大范围的社会，它构成了个人生活的更大背景和结构性制约因素。在任何情况下，个人选择在结构上都会受到两个方面的制约：（1）可供选择的内容；（2）社会规则或准则下个人选择的等级次序和适当性（Bauman，1999）。这个更加宏观的社会结构决定了个体所能获得的社会资源和机会的多寡及可能性。社会的贫富分化程度、社会关系结构、社会歧视状况、社会信任状况等都会影响社会连接的可能性，从宏观上影响个体选择的机会结构。社区作为个体生活中的微观社会和生活共同体，其治理状况对于个人生活韧性的影响可以看作是宏观社会影响的缩影。在中国，农村社区、回迁房社区、单位社区、商品房社区中的社区治理状况和人际关系模式是不一样的，其对个人生活的影响也不同，因此，社区治理状况是影响个人生活韧性的社会资源的缩影。

文化资源包括教育程度和文化价值观两个方面。这里的文化资源更接近布迪厄所说的文化资本和惯习（Bourdieu，1984）。教育是布迪厄所说的文化资本，是塑造个人消费惯习的主要力量，它与家庭出身一起，对个人消费惯习的形成有重要影响。教育也人力资本的主要方面，是个人文化素养的重要指标。文化价值观一方面受教育和家庭的影响，另一方面也受社会影响。在中国社会急剧变迁的背景下，人们的文化价值观深受消费主义的影响，消费模式已经从量入为出的消费价值观转向超前消费的消费主义价值观。家庭出身和教育的影响固然重要，但是社会变迁的影响更大。消费主义价值观对年青一代影响更大，代际消费观念和消费模式差异突出（李春玲，2019）。文化主义的风险观认为，风险是心理认知的结果，风险文化的传播依靠实质意义上的社会价值和共享价值（Douglas et al.，1992），不同文化背景的社会群体对风险的认知不同（拉什，2002）。消费主义文化鼓励超前消费、过度消费，削弱了传统社会中个体对自我生活风险的意识和控制，对生活韧性有很大影响。

组织资源是指国家通过正式组织提供的制度性资源。国外社会韧性虽然没有组织资源的说法，但是对正式组织的支持也是非常关注的，如吉哈（Jha）把制度韧性看作城市韧性的一个重要维度。制度主义风险观认为现代社会风险是由不完善的社会结构和社会制度所导致，要通过制度改革来进行风险规避和风险治理，“政治—制度”是这种视角下风险治理的核心（赵方杜 等，2018）。组织资源是“行政组织资源和政治组织资源，主要指依据国家政权组织和党组织系统而拥有的支配社会资源的能力”（陆学艺，2018）。组织资源的多寡决定了个人的阶层地位，也影响个人的抗风险能力。国家相关组织机构作为制度制定者及执行者，对个人抵御风险能力的影响不容忽视。在中国，组织资源具有特殊的重要性，不同组织不仅在正式制度资源上有差异，在非正式制度资源上也有很大差异（赵卫华，2018）。本研究的组织资源指各种来自国家和其他正式组织的资源和机会，包括个人所能获得的各种正式和非正式支持。

整体来看，支持系统的资源和机会结构不同，个人的生活韧性也不同，面对同样的压力，生活系统出现危机的可能性也不同。如果支持系统的各个维度能够足够强，面对风险，生活系统也不会陷入危机；如果支持系统某些方面比较脆弱，在压力增加时发生断裂，但其他方面的支持如能迅速弥补，也不会导致生活系统的危机；如果支持系统沿着所有维度发生断裂，则可能导致生活系统的崩溃。支持系统发生断裂的纬度可以称为断裂带。

四、疫情之下居民生活韧性的实证分析

为了能够深入了解居民生活的韧性，本课题组在 2020 年 2 月中旬和 3 月中下旬，对疫情期间居民生活进行了两次网上问卷调查。第一次调查针对城镇居民，采取了滚雪球抽样的方法，通过微信和其他网络手段进行；第二次调查采取了配额抽样方法，分别找了三所不同类型的高校（211 院校、一般高校和高等职业学校），通过老师定向发动学生，让学生通过自己的熟人关系进行调查。两次调查分别搜集问卷 1 676 份和 1 011 份。调查以城镇非农就业人员为主，以春节前的职业为准，包括单位负责人、单位管理人员、专业技术人员、办事人员、商业人员、服务业人员、个体户、退休人员、自由职业人员、无业失业人员。第二次调查还包含了 7.3%的农民。因为调查中涉及的学生、退休人员和其他不就业人员要么本来就没有收入，要么有退休金且不受影响，所以不作分析，只分析春节前有工作的人群。在描述性统计部分，使用了两次调查的数据，因第二次调查增加了指标，数据更加完善，所以模型分析只使用了第二次调查数据。

（一）疫情期间居民生活面临的主要问题

疫情期间，居民生活受到很大影响，但是不同群体受到的影响是有差异的。如果把消费分为生存型、发展型和享受型消费，则一般来说，较高社会阶层的消费主要集中在享受型和发展型上，而较低社会阶层的消费主要集中在生存型上。据统计，疫情对外出旅游、在外就餐及各种文化娱乐服务等消费影响较大，这类消费主要是享受型消费，其影响较大的是较高

社会阶层。较低社会阶层的生活消费主要集中在基本消费上，消费受影响的程度反而小于较高社会阶层。部分较低社会阶层工作稳定性差，收入受疫情影响大，则可能影响到吃饭、居住等基本生活。因此，从理论上说，较高社会阶层和较低社会阶层面临的问题可能有所不同。然而，从调查来看，虽然不同社会阶层的生活水平不同、消费的重点不同，但是面临的问题却有共性特征。当被问及“生活中经济压力的主要来源是什么”时，除了部分人表示没有经济压力（两次调查分别占28.6%和24.2%）之外，其他人的回答排在第一位的是子女教育，第二位的是房租或者房贷，第三位的是吃饭。两次调查虽然抽样的方法不同，抽取的人群也不同，但反映的结果具有相似性，白领和蓝领在消费压力上也有相似性，具体如图4－2所示。

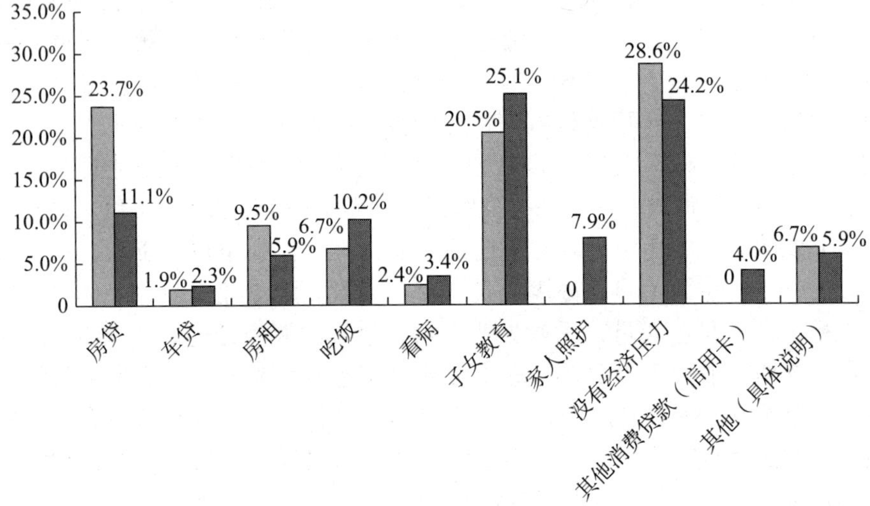

图4－2　目前生活中经济压力最大的消费项目

注：第一次调查中没有“家人照护”和“其他消费贷款（信用卡）”两项，第二次调查中增加了这两项。

调查显示，疫情期间，人们的生活虽然受到影响，但很少人陷入困境，即人们生活的抗风险能力整体较强。本研究将“多长时间不工作，你的生活会陷入困境?”作为测量生活韧性的指标，不工作生活会陷入困境的时间越长，表示居民的生活韧性越强，反之则越弱。两次调查的结果非常一致，如图 4－3 所示。

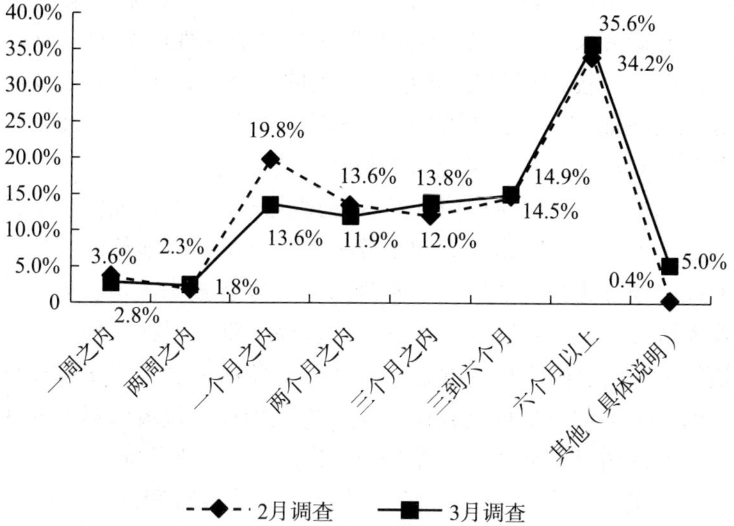

图 4－3　多长时间不工作生活会陷入困境

两次调查中都有 30％多的居民认为六个月以上不工作生活会陷入困境或者不工作也不会陷入困境①；有约 25.2％和 18.7％的居民认为一个月之内（包括一周之内、两周之内和一个月之内三种情况）不工作生活会陷入困境；无论是白领还是蓝领，都有 2％以上的人表示一周之内不工作生活会陷入困境；随着不工作时间的拉长，生活会陷入困境的比例也在不断增加。

（二）居民生活韧性的影响因素分析

根据上述生活韧性的支持系统及具体指标设定②，我们的基本假设是经济资源、文化资源、社会资源和组织资源都对生活韧性有重要影响，并以生活韧性支持系统的各项指标为自变量，以不工作生活可能陷入困境的时间长

① “六个月以上”选项包括了六个月以上不工作生活会陷入困境和不工作也不会陷入困境两种情况，这个问题答案的数值越高表示生活韧性越强。陷入困境的时间数值越高，其生活韧性也越强，如一个月会陷入困境者，其生活韧性强于两周甚至一周会陷入困境者。

② 由于疫情期间网络问卷调查的局限性，本研究理论分析框架中的概念的测量指标可能不够完善，这需要在以后的研究中改进。

短为因变量，建立线性回归分析模型，来分析不同因素对生活韧性的影响。

经济资源的指标是收入和住房。收入是本次疫情影响生活韧性的直接因素，由于本研究关注疫情期间收入变动对生活韧性的影响，所以把收入受影响程度既作为控制变量也作为外在变量来分析。而住房则包括有无自有住房和现居住面积。住房是居民经济资源的主要形式，既是财产，还是基本消费品（在城市，居住则是最昂贵的必需品）。

社会资源的指标是职业地位和社区治理状况。职业在现代社会是社会经济地位的综合体现，它既是收入的主要来源，也是社会地位的主要指标。我们把职业地位划分为单位负责人、管理人员、专业技术人员、办事人员、商业服务业人员、工人、农民，并将其作为定序变量直接纳入模型，职业地位越高数值越大。而社区治理状况是一个比较抽象的概念。鉴于疫情期间社区治理状况的一个很重要指标是社区卫生，这里用社区垃圾清运及时程度（从非常及时并消毒到很不及时，数值1～5）作为社区治理状况的指标。

文化资源的指标有两个，指标一是个人的受教育程度，指标二是消费价值观差异。消费价值观差异用年龄段代替，不同年龄段消费价值观显著不同。

组织资源的获得与个人在体制中的地位密切相关，不同单位、不同户籍类型的个人在居住地所能获得的组织资源是有差异的。体制内工作比体制外工作稳定，福利水平整体也较好。本地户籍与外地户籍相比得到地方政策保护的可能性更大，所以组织资源的具体指标则是个人春节前工作的单位类型以及户籍类型。此外，把性别、婚姻状况、家庭正在受教育的子女数作为控制变量，变量的基本情况如表 4 - 1 所示。

本研究的基本假设如下：

1. 经济资源假设

假设 1.1：有住房者比无住房者生活韧性更强。

假设 1.2：人均住房面积越大生活韧性越强。

2. 社会资源假设

假设 2.1：职业地位越高生活韧性越强。

假设 2.2：居住社区的治理状况越好生活韧性越强。

3. 文化资源假设

假设 3.1：受教育程度越高生活韧性越强。

假设 3.2：消费观念更加传统的老年人生活韧性高于年轻人。

表 4-1 主要变量的基本情况

项目		
性别（%）	男	59.6
	女	40.4
年龄（岁）	平均数	40.1
婚姻状况（%）	已婚	72.7
	其他	27.3
受教育程度（%）	初中及以下	23.8
	高中/中专/职高	20.2
	大专	17.1
	大学本科	24.2
	研究生及以上	14.7
有无自有住房（%）	有房	78.2
	无房	21.8
住房面积（平方米）	人均数	34.8
家庭正在受教育的子女数（%）	0	36.0
	1	43.6
	2	17.3
	3 及以上	3.1

项目		
收入受影响程度	平均数	3.0
职业（%）	单位负责人	5.3
	管理人员	12.9
	专业技术人员	15.6
	办事人员	21.1
	商业服务业人员	22.7
	工人	8.9
	农民	13.5
单位类型（%）	国有单位	25.2
	非国有单位	74.8
户籍类型（%）	本地城镇	48.4
	本地农村	36.0
	外地	15.6
垃圾清运情况（%）	非常及时并消毒	44.6
	非常及时	20.9
	比较及时	28.7
	不太及时	4.5
	很不及时	1.3

4. 组织资源假设

假设 4.1：体制内单位的人比体制外单位的人生活韧性更强。

假设 4.2：本地户籍者比外地户籍者生活韧性更强。

把性别、婚姻状况、家庭正在受教育的子女数①和收入受影响程度作为

① 把家庭正在受教育的子女数作为一个控制变量是因为两次调查都显示，教育是各个阶层都面临的最主要经济压力。说明有无孩子压力是不一样的，控制该变量可以更清晰地看到其他变量的影响。

控制变量，对调查资料进行多元回归分析，来分析疫情压力下居民生活韧性的影响因素（见表4-2）。模型1仅分析四种资源对生活韧性的影响，模型2增加了与个人家庭相关的三个控制变量，模型3进一步把收入受影响程度作为控制变量。

表4-2 居民生活韧性的实证分析模型

变量	模型1		模型2		模型3	
	B	标准误	B	标准误	B	标准误
（常数）	4.221	0.742	4.583	0.745	3.988	0.741
年龄组	0.273***	0.105	0.296**	0.122	0.227*	0.121
受教育程度	0.217**	0.098	0.170*	0.100	0.081	0.100
有无自有住房（有房=1）	0.204	0.229	0.295	0.232	0.340	0.227
人均住房面积	0.006**	0.003	0.005*	0.003	0.005*	0.003
职业	0.136**	0.067	0.134**	0.066	0.128*	0.065
垃圾清运情况	−0.186**	0.090	−0.172*	0.090	−0.169*	0.088
体制内外（国有单位=1）	0.328	0.207	0.284	0.206	0.098	0.206
户籍（本地城镇=1）	—	—	—	—	—	—
本地农村	−0.081	0.238	−0.055	0.236	−0.035	0.232
外地	−0.254	0.274	−0.271	0.272	−0.217	0.267
性别（男=1）	—	—	−0.427**	0.177	−0.326*	0.174
婚姻状况（已婚=1）	—	—	0.145	0.264	0.144	0.258
家庭正在受教育的子女数	—	—	−0.334**	0.130	−0.264**	0.128
收入受影响程度	—	—	—	—	0.330***	0.071
$N=501$	$R^2=0.111$		$R^2=0.131$		$R^2=0.168$	

注：*** $p<0.01$，** $p<0.05$，* $p<0.1$。

在模型1中，在0.05的显著性水平下，人均住房面积是显著的，受教育程度和代际差异非常显著，职业地位和社区治理状况也较显著，而组织资源则是不显著的。在模型 2 中加入了性别、婚姻状况和家庭正在受教育的子女数作为控制变量，则性别和家庭正在受教育的子女数是显著的，但是人均住房面积、受教育程度、社区治理状况等都不显著了，只有代际差异和职业地位是显著的。在模型 3 中，当进一步控制收入受影响程度的差异后，除了家庭正在受教育的子女数，上述影响显著的变量都不显著了。综合三个模型的统计结果，如果把收入受影响程度看作一个外在变量，就模型 1 和模型 2 来看居民生活韧性的影响机制，则可以得出如下结论：

首先，经济资源方面，居住房屋的产权影响不明显而面积影响明显。考虑到城镇本地居民住房自有率较高，而外来人口虽然租房但在家乡一般都有房，所以，面对疫情，即便在城镇没有住房，但在家乡有房也会增加其生活安全感。也就是说，住房自有率高，在很大程度上消解了住房产权带来的差异性影响，使得有房和无房对生活韧性的影响并不显著。而人均住房面积的影响却是显著的。人均住房面积既是一个体现居住质量的指标，也是一个体现经济能力的重要指标，居住质量越高，生活韧性越强。

其次，社会资源方面，在模型 1 中，职业地位和社区治理状况的影响都是显著的，即社会资源对生活韧性的影响很大。但是，当加入控制变量以后，只有职业地位是显著的，职业地位越高，生活韧性越强。其实，职业地位不仅是社会地位的体现，也是一个综合的社会经济地位的概念，职业地位高，社会声望、社会资源、经济收入等都会比较高。职业地位越高，生活韧性越强，这是符合预期假设的。

再次，文化资源方面，在文化资源变量中，模型 1 显示，受教育程度和年龄的影响都非常显著。受教育程度越高，生活韧性越强；年龄越大，生活韧性越强。在模型 2 中，当加入性别、婚姻状况和家庭正在受教育的子女数控制变量后，受教育程度的影响不显著了，只有年龄的影响是显著的，年龄越大，生活韧性越强，越是年轻者，越可能陷入生活困境。

最后，组织资源方面，影响不显著。一般认为，体制内就业稳定，福利好，受疫情影响小；城乡之间、本地人和外地人之间在制度福利上有很大不同，城镇居民社会保障和社会福利水平高于农民居民，本地人好于外地人，所以这些不同户籍之间的群体在生活韧性上也应该有差距。但从本调查看，在国有和非国有单位工作的被调查者在生活韧性上并不具有统计上的显著性，本地城镇、本地农村和外地户籍在生活韧性上也没有统计上的显著性。这完全推翻了最初的假设。

对于以上统计结果，我们将结合现实作进一步解释和分析：

首先，居民生活压力的影响因家庭情况而异，压力最大的是子女教育负担。模型3说明，居民生活压力加大的确是由于疫情带来的收入变动引起的，但是除了收入变化，家庭正在受教育的子女数是一个重要影响因素。从调查来看，居民生活最大的风险点是教育，然后是房贷及房租和吃饭等问题。随着收入压力的增大，这些风险点有可能导致生活系统断裂。但综合模型1、模型2和模型3的结果，就生活系统而言，学龄子女的教育支出压力是影响生活韧性的最重要因素，控制该因素后，支持系统中只有职业地位和年龄两个维度是显著的。职业地位是经济社会地位的综合体现，是一个综合的影响因素。年龄表面来看是一个代际问题，其实是一个与消费文化密切相关的问题，越是年轻者，其生活越脆弱，这种生活韧性差异与代际消费生活方式的变化有密切关系。改革开放以来，我国在消费文化方面已经完成了一场静悄悄的革命，代际消费方式发生了显著的变化。"50后""60后""70后"在消费观念上还比较传统，而超前消费、贷款消费在年青一代已经非常流行，"月光族""月欠族""负翁""隐贫族""新贫族"等，几乎都是年轻群体。访谈发现，一些老年人收入不高，生活节俭，会尽可能储蓄，面对疫情的突然袭击，也能够保持既有的生活状态；而一些年轻人则因为消费贷款，收入中断或者减少后生活一下子陷入困境。当消费水平相对于收入水平来说较高时，生活风险增加，生活韧性大大下降，这种消费主义主导的生活方式所蕴含的风险值得我们警惕。

其次，体制因素在统计上不显著，需要作进一步分析。不同体制地位的人虽然在生活韧性上没有显著差别，但是其收入受疫情的影响却存在显著差异。利用上述四类资源对收入受影响程度进行回归分析显示，国有与非国有单位对收入影响的差异是非常显著的，说明体制因素对收入和对生活的影响机制是不同的。体制与生活韧性没有统计上的因果关系，并不足以表明它们之间的真实关系。统计不显著，一种情况是二者的确没有关系，另一种情况则可能是体制具有无差别的影响，即体制对不同群体的生活的影响是均衡的，导致体制影响在统计上没有差别。因此，体制的影响还要结合现实作进一步分析。体制因素在本研究中包括单位类型和户籍类型两个变量。先看单位类型。随着我国社会保障制度的覆盖面不断扩大及基本公共服务的均等化，养老、医疗、低保等社会保障制度的体制差异越来越小，体制内外的福利差异也越来越小，这可能是导致体制资源对生活韧性影响在统计上不显著的原因。再看户籍类型。本研究中本地农民、外地人（主要是农民工）与本地城镇居民在生活韧性方面并没有显著的统计差别，这与我们的预期不同。众所周知，我国城乡二元结构最重要的表现就是城镇户籍和农村户籍对居民生活机会的深刻影响，这种影响长期以来受到学者们的持续关注。但是近年来，一个显著的变化就是农民不愿意将户籍农转非了，这背后的一个原因是城乡户籍的福利差异在变化。特别是乡村振兴、精准扶贫改善了农民生活，也给农民工提供了更多的选择。农民工虽然在城市工作和生活不稳定，有较大风险，但却不是无产者，农村的土地和住房以及基本的生活保障，都增强了他们应对城市生活风险的能力。疫情初期武汉“封城”就像一个社会实验，凸显了这种城乡关系在农民工生活中的重要性。武汉“封城”以后，在政府、民间组织和社会各界的共同努力下，城镇居民的基本生活并没有受到大的影响，但是回不了家的农民工，生活却遇到了大问题。他们在当地没有住房、没有收入来源，又没有被纳入当地政府的救助体系内，生活一下子陷入没有东西吃、没有地方住的困境。之后，在志愿者和媒体的帮助下，这个群体得到了湖北省新冠肺炎疫情防控指挥部的及时援助，指挥部发布通告，对因离鄂通道管控滞留在湖北、生活存在困难的外地人员，由当地政府及有关方面提供救助服务[①]。这从一个侧面说明，在很多大城市，灾难发生后之所以没有无家可归人员，是因为很多低收入的外来人口，与农村的家庭保持着互相支持的关系，工作和收入没有之后，他们还能够回到农村。这种独特的城镇化模式及城乡关系，降低了工业化、城镇化带来的风险，使农民工在城乡之间进退都有一定的空间，特别是乡村振兴、精准扶贫的实施，对农民的生活支持是非常强的，因此，组织资源的潜在支持和兜底作用是不容忽视的。

（三）居民生活韧性的潜在支持系统

上述模型从数量关系上验证了各种资源对居民生活韧性的影响，但一些深层次的社会结构因素并没有被完全揭示出来。疫情虽然给一部分群体

---

① 湖北：对滞留在鄂外地人员提供救助服务.（2020－02－25）. http://society.people.com.cn/n1/2020/0225/c1008－31603934.html.

带来了困难，但是从整个社会看，疫情中极少有人因此陷入衣食无着的困境。特别是没有像西方社会一样出现大量无家可归者、接受社会救济者。究其原因，当个人真正面临疫情困境时，社会资源和组织资源发挥了关键性的作用。在调查中，当被问及“如果陷入困境（如没钱吃饭或者住宿）你怎么办”时，向家人（62.0%）、朋友（12.6%）、所在地政府相关部门（14.9%）求助是三个主要救济渠道。其中，向家人和朋友求助的占比达到74.6%，是主要救济渠道（见图4-4）。

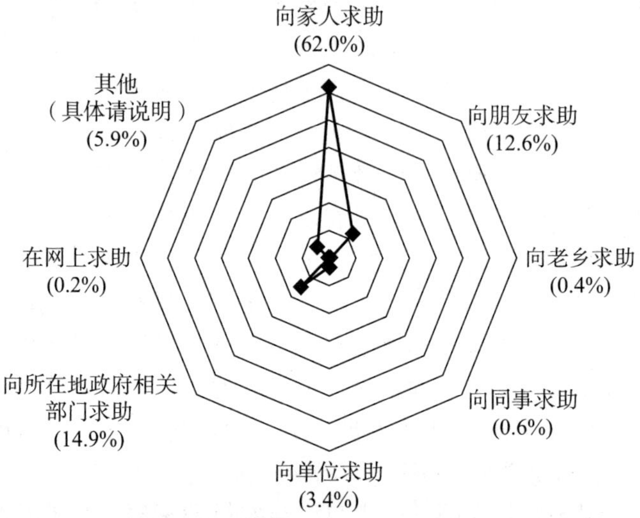

图4-4 如果陷入困境（如没钱吃饭或者住宿）你怎么办

社会的非正式支持在风险社会中的重要性是不容忽视的。家庭是个人最主要的求助渠道。以城市化、市场化和工业化为主要特点的中国现代化进程并没有完全消解中国传统的家庭关系。家庭一方面是有直接血缘关系的父母子女关系，另一方面又有旁系血亲和姻亲等关系。在中国的现代化转型过程中，虽然也出现了个体化的趋势，但是父母与成年子女之间、兄弟姐妹之间仍然有紧密的经济联系关系。一方面在城市打工的子女从经济上回馈父母和家庭的其他成员，另一方面他们虽然在城市漂泊，但也是有家可归的。城镇化、工业化带来的住房困难、失业风险都在这种家庭的“二元结构”中得到了缓解。在模型分析中，城镇居民、本地农村居民和外来人口在生活韧性上没有差别，与这种结构性支持有较大关系。此外，朋友也是社会支持的一个重要方面。中国社会是一个人情社会，这种因为关系亲疏而形成的灵活的社会支持系统依然发挥着重要作用。

政府的制度性保障是最重要的组织资源，其在个人生活困境中的支持作用也非常突出。疫情期间，笔者对云南、新疆、山西等一些农村地区曾经的调查对象做的微信访谈也印证了这一点。当被问及疫情对村民生活的影响时，调查对象反映，“政府扶贫做得比较好，家庭比较困难的会发米、面、油等”，“不会出现吃不上饭的情况”。疫情发生后，民政及相关政府部门及时关注低保群体的生活困难，无论在城市还是在农村，都确保了低收入家庭的基本生活不受影响。

反观欧美社会，虽然政府及时大范围发放生活费，但是疫情期间无家可归者仍然有较大幅度的增长。这与居民的消费生活方式、社会结构关系模式和社会治理方式都有很大关系，其中非常重要的一个区别是强社会关系对个人的支持。在中国，70%以上的人在面临困境时可以向家人和朋友求助。反观在个体主义价值观之下的欧美，无家可归者很多都缺乏来自家庭和朋友等强关系的支持，社会连接脆弱，虽然国家和社会机构的支持更强，但是并不能完全化解社会“原子化”带来的风险和问题。

五、结论与政策建议

（一）结论

新冠疫情的全球暴发及中国控制疫情的成功，让我们看到了中国社会的强大韧性，可以说，居民生活韧性既是社会韧性的体现，也是社会韧性的基础。本研究通过对居民生活韧性的理论分析和实证检验，得出以下结论：

第一，生活系统的风险点。就居民生活系统来看，当收入减少时，生活系统中压力比较大的方面是子女教育、房租、房贷和吃饭问题。这与教育负担重、住房压力大密切相关；此外，低收入群体基本生活脆弱，吃饭问题也是发生率比较高的问题，要重点关注。

第二，支持系统的特点。首先，经济、社会、文化、组织等四种资源都对个体或者家庭的生活韧性有显著影响，生活韧性是四种资源共同作用的结果。其次，经济、社会、文化和组织资源在作用机制上是互相补充的，兼具了组织化和灵活性的双重特点，对居民应对危机、维持正常生活起着不可或缺的作用。

当由于外部因素导致经济资源的支持作用发生断裂时，文化资源和社会资源的优势是能够弥补其不足的，如量入为出和节俭的消费模式，亲友和社会的支持等。当这些支持因素都出现问题时，组织资源则起到兜底作用。而在组织资源失灵的地方，其他资源的替代和补充则更加重要。各种资源的相互补充，形成了一个交错的支持网，使居民生活在面临较大压力时不致崩溃，具有较强的韧性。

第三，生活系统的脆弱点。目前居民生活韧性存在明显的弱点：一是较低社会阶层的生活脆弱，韧性不足；二是年轻人的生活韧性弱于年长者。虽然年轻人的生活压力大是比较普遍的现实，但是消费主义的影响也不容忽视。

（二）增强居民生活韧性的建议

增强生活韧性要从个体、家庭、社会和国家等不同层面综合考虑，以生活方式建构为基础，综合协调各种资源对生活系统进行支持，建议：

1. 从文化和制度上引导和构建健康可持续的生活方式

当今世界正处于百年未有之大变局中，中国文化和制度的变迁前所未有地剧烈。五千年的文明史给中国文化基因植入了防患于未然的忧患意识，这种忧患意识在个体生活层面表现为量入为出、生活保守的习惯。改革开放以来，消费主导的生活方式正在形成。这种生活方式既有好的方面，也有与生俱来的弊端，如：超前消费、过度消费会导致家庭积累不足，抗风险能力下降；消费主义也很容易异化为对人的控制手段，破坏人与人之间的关系，打破人与环境的平衡，是不可持续的。现代性的后果之一是文化和制度的断裂（吉登斯，2000），断裂之际也是文化涅槃之时，中国需要在消费文化上推陈出新，超越西方的消费主义。

当前消费不仅是经济增长的动力，也是满足人民美好生活需要的手段，同时它还关系到人与人的关系、人与自然的关系以及人的全面发展问题。因此我们建议，政府在鼓励消费的同时，也要防止过度消费导致的生活风险、社会风险以及环境风险。新时代要以新的文化价值观为指引，塑造一种新的具有中国特色的社会主义消费价值观。这种消费价值观既要超越传统，也要与消费主义保持距离，在满足人们美好生活需要的同时，能够促进经济发展、社会发展与环境可持续发展。

2. 强化家庭建设，防止个人“原子化”

家庭是社会的细胞，也是构成社会的基础。与西方个体主义文化不同，中国人非常重视家庭，家庭成员之间存在更加紧密的经济连接和社会连接，是个人生活的强大后盾。改革开放以来，中国的家庭关系出现了一定程度的个体化趋势，特别是独生子女一代，没有兄弟姐妹，结婚率也在下降，个人来自家庭的社会支持在弱化，这对生活韧性的影响是不容忽视的。社会个体化、“原子化”带来的孤独、无助会进一步放大风险带来的冲击和危害。因此，加强家庭建设，强化家庭成员的互助功能，防止社会个体化和“原子化”非常必要。

3. 建构以家庭为基础的社会政策

社会政策作为一种利益调控机制，对社会行为具有引导作用。社会政策是建立在个体主义之上还是建立在家庭主义之上，将会带来不同的社会结构后果。现在我国的一些社会政策也在鼓励承担家庭责任，如个人所得税申报中强调了抚养子女和赡养老人支出的税收减免，就是很好的引导；但是也有一些政策在强化个人主义，不利于家庭关系的稳定，如一些社会政策规定与家庭利益相悖，导致一些地方出现各种群体性的假离婚事件。因此，社会救助、住房政策、健康和福利服务等社会政策在制定和实施过程中纳入“家庭视角”是非常必要的（吕青，2013）。鉴于家庭关系对个人生活韧性的重要性，促进家庭关系和谐和家庭对个人的支持应该是社会政策调控的目标之一。

4. 充分发挥政府在生活方式构建中的作用

我国政府对社会的干预是积极的，对居民生活系统是深度卷入的，这是我国社会治理的一个显著特点。纵观历史，政府对生活系统的干预很多是非常直接的、强制性的，如新中国成立初期的扫盲运动、爱国卫生运动，之后的计划生育，再到现在的精准扶贫、厕所革命等，国家行动直达个人的日常生活。国家对生活方式的改造对改变中国的贫困也是非常有效的。这种社会治理方式与欧美国家建基于个体主义价值观之上的社会治理有很大不同，也很难找到理论上的认同。但是，这次疫情中西方国家应对方式的差别，让我们看到中国社会治理方式在危机干预中的高效性。进入消费社会以后，个人有了选择生活方式的自由，但是生活风险也在扩大，过度强调个人自由、反对国家干预并不一定导向美好生活。因此，构建适应新时代的具有中国特色的可持续的生活方式，政府的价值观引导和干预非常重要。

5. 以“人的生活”为核心推进相关制度建设

首先要在制度上遏制居民生活的过度商品化，像子女教育、住房这些涉及基本生存和基本发展的项目，要防止过度商品化，以减轻居民生活压力。对于教育，要不断加大投入，促进教育公平；对于住房，要坚持“房子是用来住的”这个基本原则。从制度上规范、保障居民的基本生活权益。其次在支持系统方面，要建设更加均衡的城乡关系，稳妥推进“人的城镇化”，走“以人为本”“以人的生活为本”的城镇化之路。对于农民和农民工等生活相对脆弱的较低社会阶层，除了促进就业、提升其就业质量和职业能力之外，还要通过推进城乡均衡发展，振兴乡村，把几亿人的生活空间建设好，给农民和农民工一个坚实稳定的后方，让他们进得去城市，回得了乡村，走渐进的、以其居留意愿为基础的城镇化之路。近年来，大力推进农民工市民化以扩大内需已经成为共识，但是考虑到农民工进城后的就业能力和经济能力都相对较弱，获得稳定的居所更难，所以在推进其市民化的过程中，不能强制割断他们与农村土地、住宅的联系，要控制市民化的生活风险，避免无生活根基的市民化。只有这样，才能降低城市化所带来的各种不确定风险的影响。

参考文献

吉登斯，2000. 现代性的后果. 南京：译林出版社.

拉什，2002. 风险社会与风险文化. 王武龙，译. 马克思主义与现实(4).

李春玲，2019. 改革开放的孩子们：中国新生代与中国发展新时代. 社会学研究 (3).

刘怀玉，2006. 现代性的平庸与神奇：列斐伏尔日常生活批判哲学的文本学解读. 北京：中央编译出版社.

陆学艺，2018. 当代中国社会阶层. 北京：社科文献出版社.

吕青，2013. 社会政策转向与中国家庭政策选择. 甘肃社会科学 (1).

邵亦文，徐江，2015. 城市韧性：基于国际文献综述的概念解析. 国际城市规划（2）.

王思斌，2016. 社会韧性与经济韧性的关系及建构．探索与争鸣（3）.

王思斌，2020. 后脱贫攻坚中贫困群体经济—社会韧性的建构．重庆工商大学学报（社会科学版）（1）.

习近平，2020. 在全国抗击新冠肺炎疫情表彰大会上的讲话．（2020－09－11）. https：//www. ccps. gov. cn/xxsxk/zyls/202009/t20200911_143334. shtml.

阎云翔，2012. 中国社会的个体化．上海：上海译文出版社.

赵方杜，石阳阳，2018. 社会韧性与风险治理．华东理工大学学报（社会科学版）（2）.

赵卫华，2018. 集体消费制度渐进式转型及其社会后果分析．人文杂志（4）.

Adger N，2000. Social and ecological resilience：are they related?. Progress in human geography，24（3）.

Alexander D E，2013. Resilience and disaster risk reduction 2013：an etymological journey. Natural hazards and earth system science，13（11）.

Bastaminia A，Rezaie M R，Dastoorpoor M，2017. Identification and evaluation of the components and factors affecting social and economic resilience in city of Rudbar，Iran. International journal of disaster risk reduction. http://dx. doi. org/10. 1016/j. ijdrr. 2017. 01. 02.

Bauman Z，1999. In search of politics. Stanford，C. A. ：Stanford University Press.

Bogard W C，1989. Bringing social theory to hazards research：conditions and consequences of the mitigation of environmental hazards. Sociological，32（2）.

Bourdieu P，1984. Distinction：a critigue of the judgment of taste. London：Routledge.

Cutter S L，Ash K D，Emrich C T，2014. The geographies of community disaster resilience. Global environmental change，29.

Douglas M，Wildavsky A，1992. Risk and culture. Berkeley：University of California Press.

Gallopín G C，2006. Linkages between vulnerability，resilience，and adaptive capacity. Global environmental change，16.

Holling C S，1973. Resilience and stability of ecological systems. Annual review of ecology and systematic, 4 (2).

Kwok A H, et al., 2016. What is "social resilience"? Perspectives of disaster researchers, emergency management practitioners, and policymakers in New Zealand. International journal of disaster risk reduction, 19.

Mayunga J S, 2007. Understanding and applying the concept of community disaster resilience: a capital-based approach. Summer academy for social vulnerability and resilience building, 1 (16).

Paton D, 2008. Risk communication and natural hazard mitigation: how trust influences its effectiveness. International journal of global environmental issues, 8 (1).

Saja A, et al., 2019. A critical review of social resilience assessment frameworks in disaster management. International journal of disaster risk reduction, 35 (2).

Saja A, Teo M, Goonetilleke A, et al., 2018. An inclusive and adaptive framework for measuring social resilience to disasters. International journal of disaster risk reduction, 28.

Sherrieb K, et al., 2010. Measuring capacities for community resilience. Social indicators research, 99 (2).

第五章　数字化转型与第二次消费革命

一、问题与视角：从制度到技术

如同在经济发展领域所取得的奇迹一样，中国市场化改革的成功使中国消费社会的崛起同样赢得了举世瞩目的关注。从 20 世纪 90 年代西方学者对中国城市消费革命的研究开始，到 21 世纪初西方一些市场调查机构发现“中国消费者不仅苏醒并站起来了，更重要的是，他们逐步富裕起来并开始消费了”（特纳，2006：1），再到十多年前西方学者惊讶地看到“时至今日，在中国乃至全球所面临的关键问题上中国消费者都是核心”（葛凯，2011：XXVII），特别是到近两年来，中国消费市场在新冠疫情期间的逆势反弹让西方媒体刮目相看。可以说，中国在消费领域所发生的一系列革命性变化都引起了国外学者们的广泛兴趣，他们试图透过持续增长的消费数据和不断扩大的消费市场背后那些有别于西方国家的制度因素，来寻找中国经济社会改革走向成功的密码。

毫无疑问，在中国从计划经济走向市场经济的转型过程中，来自多方面的力量共同驱动了中国消费社会的崛起，其中，制度转型堪称近四十年来中国市场化改革能够取得成功的根基。大量的研究正是从制度转型或制度变迁的视角来解释中国市场化改革中出现的各种经济、社会和文化现象，包括消费领域的一系列变迁。例如，以戴慧思（Deborah S. Davis）为代表的一些美国学者，正是从中国社会主义市场经济体制改革所导致的国家与社会的关系重塑这一视角，来探讨消费者自主性的兴起和城市消费革命的发生（戴慧思 等，2003）。在国内，以王宁为代表的一些社会学者，把国家和制度带回了消费研究的核心领域，极大地拓展了消费社会学的研究视野。王宁认为，“要研究消费变迁，就必须研究与消费相关的各种制度的变迁，而由于国家是制度转型的主要发起者，因此，要分析制度的变迁，就必须分析国家的行为”（王宁，2009：21）。他在详细梳理了西方消费社会学中的社会分层论、资本操纵论、浪漫伦理论和文化全球化论等几个主要的研究范式之后认为，这些范式对解释中国这样的转型国家的消费变迁具有很大的局限性，主要在于它们忽略了国家以及国家所主导的意识形态对消费的影响（王宁，2009：22）。而国家对消费的影响，主要体现在国家围绕城乡居民消费生活和劳动激励所做的制度安排及其转型。总体而言，国内外学者都已经普遍认识到，国家及其主导的制度转型是消费研究的关键变量，“制度嵌入性”也成为消费研究的一个重要分析范式（王宁，2014：10）。

承制度转型之惠，中国城乡居民摆脱了套在消费身上的道德枷锁和抑制消费的制度藩篱，鼓励消费的制度安排则让绝大多数中国人获得了空前的消费自主性，并开始走向以物质消费的增长为基础的富裕生活。戴慧思等人把中国市场化制度转型以来的消费变迁称为一场消费革命（戴慧思等，2003：3）。消费革命无疑已对城乡居民的日常生活产生了巨大影响，用“革命”一词来形容人们在私人消费领域和公共消费领域的颠覆性变革也是完全贴切的。伴随着中国市场化改革的进程，一波又一波的消费升级的确在非常广泛的意义上满足了人们消费生活的需要，改变了人们的消费观念，提升了整个社会的消费福祉，塑造了新的消费制度体系。因此，把改革开放以来的这场消费革命理解为由制度转型所驱动的消费革命，不管是在理论上还是在日常实践上都不为过。

迄今为止，我们依然在享受市场化转型所带来的制度红利。然而，结合近些年来中国在消费领域所涌现的一系列新模式和新形态，本章所秉持的一个核心观点是：在制度转型所驱动的消费革命进程尚未结束之际，一场新的由技术变革主导的数字化转型所驱动的消费革命已经到来，特别是以大数据、5G、区块链、云计算、人工智能等为代表的数字技术的爆炸式增长及其在日常消费生活中的普遍应用与推广，已经促使消费领域发生了系统性和根本性的变革，我们很难再把数字化转型过程中这一系列的消费新模式新形态仅仅看作是普通的消费升级。数字化转型的实质是数字技术与经济社会发展的高度结合，诚然，数字化转型的前提是一系列与技术创新相关的制度安排，但数字化转型所产生的溢出效应，已经在很大程度上突破了制度安排的框架，成为引领消费发展的一种新的革命性力量，而这些由数字化转型所引领的日常消费变革已不啻一场新的静悄悄的消费革命。借此观之，到目前为止，中国自市场化改革以来所发生的消费革命大致可以分为两个阶段：第一个阶段是20世纪70年代末至21世纪初期之间由制度转型所驱动的“第一次消费革命”；第二个阶段是近十多年来由数字化转型所驱动的“第二次消费革命”。第二次消费革命既是第一次消费革命的发展和延续，同时也有很多不同于第一次消费革命的内涵和特征。关于这两次消费革命的关联与差异，笔者已经在另外一篇相关文章中专门有过较为详细的讨论①，此不赘述。

相较于以往大量从制度转型或制度变迁的视角来理解中国消费变迁的文献来说，本章力图转向技术分析的视角，引入“技术嵌入性”作为分析范式，深入剖析数字化转型如何引领中国当下的第二次消费革命。当然，需要说明的是，本章强调现阶段数字技术对于消费变迁的巨大影响作用，但并不否认制度依然在消费领域所发生的根本性作用。相反，数字技术对消费领域的影响还将引发消费制度的系统性重塑，而经过重塑的制度依然是主导消费变迁的核心因素。但是，更需要厘清的是，在驱动消费革命的过程中，制度转型的逻辑不同于数字化转型的逻辑，本章的核心任务就是将分析范式由制度嵌入性转向技术嵌入性，并从技术的社会化和社会的技术化两个维度，揭示数字化转型驱动第二次消费革命背后的发生逻辑。

---

① 详见林晓珊《新型消费与数字化生活：消费革命的视角》一文，载《社会科学辑刊》2022年第1期。

二、分析范式：技术嵌入性

要解释数字化转型驱动第二次消费革命的内在逻辑，我们需要一个新的分析范式，那就是“技术嵌入性”。很显然，这一分析范式是受“制度嵌入性”的启发而提出的。尽管前文已经提及，本章的研究视角将从制度转向技术，但把握“制度嵌入性”的概念对于我们理解何为“技术嵌入性”大有裨益。所谓“制度嵌入性”，简单地说，就是行动者的能动性受到制度的约束和影响（王宁，2014：12）。它一方面承认行动者的理性或能动性，另一方面又强调这种理性或能动性是在一定的制度约束或制度框架之中的理性或能动性。当然，要更深入理解这一概念，首先需要理解何为“制度”以及何为“嵌入性”。事实上，对于这两个概念学界都有过大量的研究，相关著述汗牛充栋，不同观点之间的争议也是此起彼伏。择其要而言，所谓制度（institution），并没有统一的界定，但诺贝尔经济学奖得主道格拉斯·诺斯的定义得到了较为广泛的认同，在他看来，“制度”就是“一个社会的博弈规则，或者更规范一点说，它们是一些人为设计的、形塑人们互动关系的约束”（North，1990：1）。而所谓嵌入性（embeddedness），其实同样没有一个统一和明确的界定，格兰诺维特延续波兰尼的提法但又赋予其新的内涵，他的观点在当下比较有代表性，在他看来，嵌入性指的是经济行动、行动结果和制度都受到行动者的个人关系和关系的总体网络结构的影响（Granovertter，1990：89－112）。“制度”与“嵌入性”两者的叠加，道出了新制度主义的一个基本命题——“制度约束中的选择”，即行动者通过在约束中进行选择来追求自己的利益，这一制度嵌入性理论也成为社会学的新制度主义的研究纲领（Nee，1998：1－16）。

从波兰尼最早提出嵌入性的概念，到格兰诺维特和倪志伟等当代西方学者对嵌入性概念的重新阐释与运用，嵌入性概念已经被赋予更多的内涵，并延伸到更为广泛的领域。例如，有学者区分了四种类型的嵌入性：认知嵌入性、文化嵌入性、结构嵌入性、政治嵌入性（Zukin et al.，1990）。本章提出“技术嵌入性”的分析范式，亦是嵌入性概念的一个新的拓展应用。有了前面对制度嵌入性的基本了解，我们已不难理解何为技术嵌入性。参考制度嵌入性的概念界定，所谓“技术嵌入性”即是“行动者的能动性受到技术的约束和影响”。换句话说，作为行动者的我们既能够充分地运用现代技术进行理性选择，但是这一理性选择又是在技术条件或技术环境的约束之下作出的。

在制度与技术的连续统中，前者往往被视为“本”，后者被视为“末”。然而，在运行相对稳定的制度体系中，技术更新换代的速度远远快于制度本身，它所产生的影响力已完全不亚于制度。且不说“科学技术是第一生产力”的论断早已为实践所检验，观察现代技术对日常生活的革命性改造，就不难发现，技术特别是数字技术的爆炸式增长，已经深刻改变了人类社会。郑永年在对中国互联网的研究中指出，“信息技术的发展为社会变革和政治变革提供了一个坚实的基础”（郑永年，2014：55）。当下，技术已经构成了人类生活的基本环境，现代人的生活已须臾不可离开技术，甚至技术已经开始支配人类生活了。正如尼尔·波兹曼在互联网时代到来之前就预见到的，我们从工具时代走向了技术统治时代，又从技术统治时代走向了技术垄断时代。在他看来，技术垄断论就是“一切形式的文化生活都臣服于技艺和技术的统治”（波兹曼，2019：53）。波兹曼对技术垄断持批判态度，他严厉批评盲目的技术崇拜，痛陈技术垄断的严重后果。当然，技术对人类社会生活和文化、制度的影响并非都是负面的，但波兹曼对技术垄断的批判给我们的一个重要启发是，必须重新思考技术与人类社会的关系，特别是我们如何在充分享受技术红利的同时，又不屈从于技术的垄断与支配。由是观之，“技术嵌入性”正是一个能够有助于人们认清如何在“约束中进行选择”的分析范式。

若从概念本身来说，技术是实现目的的一种手段，它是一种装置、一种方法或一个流程（阿瑟，2018：28）。但从技术的社会维度来看，技术不仅仅是一种解决问题的效率工具，而且还是一种社会关系，其内在的复杂性恐怕不会低于制度，但它同制度一样都是改变社会的一种力量（包括对生产关系和社会关系的改变）。从历史演变来看，技术变迁的历史更不会短于制度变迁的历史，人类历史上曾出现并迭代升级过无数种形态的技术，包括那些具有颠覆性创新的技术。人类的世代不仅可以通过制度的差异来划分，也可以通过技术的颠覆性演进来划分。刘易斯·芒福德在《技术与文明》一书中就把人类社会划分为前技术（eotechnic）时代、旧技术（paleotechnic）时代和新技术（netechnic）时代（芒福德，2009）。新技术时代以降，人类社会已经从机械自动化时代迈向了人工智能时代，也有人把我们当下的时代称为“互联网时代”“大数据时代”“场景时代”“数字化时代”等等，命名这些时代的，正是改变当下和未来社会且具有重要颠覆性的“超级技术”（盖茨 等，2017）。而透过这些时代之名，我们可以看到，技术的内涵已经融入到社会的有机体之中，成为一个时代的灵魂。

法国当代最有影响的技术哲学家之一雅克·埃吕尔曾提出技术化社会（technological society）的理论，他认为，人本质上是一种技术性的存在，技术环境已经变得与自然环境、社会环境一样，成为我们做任何事情都要依赖的环境，我们生活在技术环境中不仅要适应技术的硬性规则，而且要适应技术社会，就像他所说的，“我们越前进到新世界，经济生活越依赖于技术发展”（Ellul，1964：153）。因此，从本质上说，技术嵌入性的分析范式所重点关注的还是技术与社会的关系问题：一方面，我们是如何适应和使用技术的；另一方面，技术又是如何改变我们的社会生活的。

在这里，有一个技术如何走向社会的过程，即技术的社会化；也有一个社会如何依赖技术的过程，即社会的技术化。前者是个体和社会能动性的体现，是技术的社会应用和传播过程，人们通过技术来实现自我的延伸，这又使得技术不再只是一个解决问题的效率工具，而且也是一种联结人与社会的关系的中介，从这一意义来说，技术的社会化过程也是一个“技术赋能”的过程。后者则是被动性的约束，也是技术对社会的渗透过程，人们愈加依赖技术，技术便愈加容易摆脱社会的控制，成为凌驾于社会之上的一种支配逻辑，这也正是波兹曼所批判的“技术垄断”。技术赋能和技术垄断看似走在技术改变社会的两极，但事实上，不管是技术的社会化，还是社会的技术化，这两个过程并不是像平行线一样永不相交，而是不断相互交叉在一起，在持续纠缠中改变着社会生活，这也是现代社会生活已经深深嵌入技术环境的铁证，“技术嵌入性”的范式正是因此而具备了理论分析的合法性（见图 5－1）。

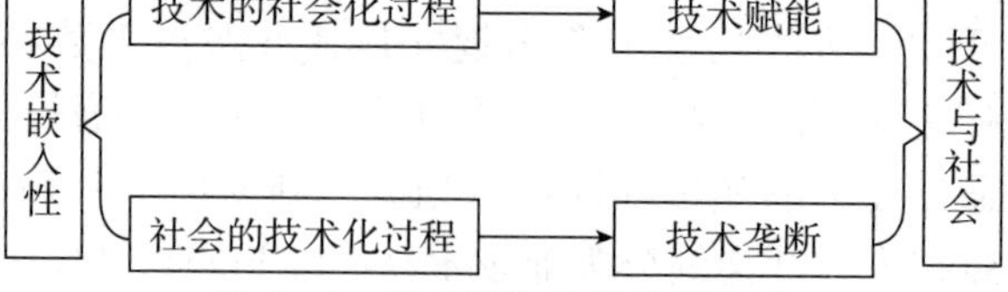

图 5－1　技术嵌入性的分析范式

三、数字化转型：技术赋能与消费革命的进程

技术革新与消费变迁之间存在密切的关联（Torpey，2000：749－769）。从全球消费革命发生的历史进程来看，西方国家的消费革命正是萌发于18世纪60年代以蒸汽机的发明和应用为代表的第一次工业革命时期（工业革命也因此被称为技术革命）。从工场手工业向机器大工业过渡的生产方式创造了大量的消费品，为消费革命的发生奠定了丰富的物质基础。19世纪末20世纪初，以电气能源为基础的第二次工业革命是现代消费革命的发动机，特别是20世纪早期以福特主义为代表的资本主义工业化大批量生产，既生产出了标准化、规模化和大众化的消费产品，也生产出了大量的具有购买能力和消费意愿的现代消费者，驱动消费革命在更广泛的社会阶层和社会空间中爆发，由此也塑造了现代消费社会的雏形。20世纪后半期，以电脑和网络为基础的知识信息革命，也被称为第三次工业革命，使消费革命席卷全球，消费主义的意识形态在全球范围内传播，消费全球化成为一个普遍现象。中国改革开放之后发生的第一次消费革命，与这一波消费全球化的浪潮有着千丝万缕的关系。当然，如前所述，中国改革开放后的第一次消费革命，主要是因为从计划经济到市场经济的制度转型解放了生产力，从抑制到鼓励的消费政策释放了人们被压制的消费需求，由此驱动了消费革命的发生，这与西方消费革命的历史进程有很大的差异，但是从时空维度上看，中国的第一次消费革命与20世纪80年代西方第三次工业革命推动的消费全球化浪潮有着高度重合。

21世纪初以来，以移动互联网、大数据、5G、人工智能、区块链、云计算、物联网等数字技术为基础的超链接革命，也被称为第四次工业革命（工业4.0），它推动了全球经济生产和社会生活等各个方面朝向数字化转型和发展，包括中国在内的许多国家为了顺应数字化转型的趋势，开始实施大规模的数字技术基础设施建设。根据《数字中国发展报告（2020年）》，我国已建成全球规模最大的光纤网络和4G网络，5G网络建设速度和规模位居全球第一，国家域名数量保持全球第一位，数字经济总量跃居世界第二，成为引领全球数字经济创新的重要策源地。2020年，我国数字经济核

心产业增加值占 GDP 比重达到 7.8%①。这些数据显示，“数字中国”建设取得了显著成效，中国正在以更快的速度迈向数字化转型的进程。

数字化转型不仅革新了传统的生产技术，改变了资源的配置方式和使用效率，重构了现代社会的经济形态和商业逻辑，使数字产业化规模持续增长和产业数字化进程提速升级，而且还以一种更加前所未有的力量，掀起了新一轮（第二次）消费革命。同第一次消费革命一样，第二次消费革命对日常生活也产生了广泛而深远的影响，但在驱动因素和消费形态上又有很大的不同，可以说是一次全新的系统性变革。相较于前面三次工业革命，第四次工业革命更具有颠覆性变革的特征，它以数字技术的运用为核心工具，实现了虚拟与现实、线上与线下的高度融合，由此催生了诸多迥异于传统线下接触式的消费新模式和消费新业态。2020 年 9 月，国务院办公厅在《关于以新业态新模式引领新型消费加快发展的意见》中，明确把以网络购物、移动支付、线上线下融合等新业态新模式为特征的消费形态称为新型消费。2022 年 4 月，国务院办公厅印发《关于进一步释放消费潜力促进消费持续恢复的意见》，再一次强调要“适应常态化疫情防控需要，促进新型消费，加快线上线下消费有机融合，扩大升级信息消费，培育壮大智慧产品和智慧零售、智慧旅游、智慧广电、智慧养老、智慧家政、数字文化、智能体育、‘互联网＋医疗健康’、‘互联网＋托育’、‘互联网＋家装’等消费新业态”。这些新型的消费业态正是本章所说的第二次消费革命的基本消费形态。

新型消费是数字化转型的产物。近些年来随着数字技术和数字经济的快速发展，新型消费也呈现出迅猛的发展势头，尤其是在新冠疫情暴发期间，新型消费凭借其独特的优势，不仅有效保障了城乡居民消费需要，而且迅速成为引领国内大循环的重要动力和经济增长的新引擎。当然，早在疫情发生之前，新型消费就已经出现了，只不过是疫情期间传统线下接触式消费的受挫进一步凸显了新型消费的重要性。而数字化转型作为一种强大的驱动力量和不可逆转的潮流，为消费者本身以及新型消费的崛起提供了全面的技术赋能，进而引发了第二次消费革命。

那么，技术赋能消费者的革命进程究竟是如何发生的？作为技术嵌入

① 国家互联网信息办公室发布《数字中国发展报告（2020 年）》. (2021-07-03) [2021-08-20]. http://www.gov.cn/xinwen/2021-07/03/content_5622668.htm.

性的重要一面，技术赋能也就是技术的社会化应用过程。这里的“技术”，主要是指以移动互联网、大数据、人工智能、区块链、云计算等为代表的新兴数字技术，它们已经被广泛运用到消费生活的各个领域之中，系统性地改变了现代社会的消费形态。恰如布雷恩·阿瑟所说的，“技术给我们带来了舒适的生活和无尽的财富，也成就了经济的繁荣。一句话，我们的世界因技术而改变”（阿瑟，2018：1）。这里的“赋能”，简单地说，就是技术在赋予了消费者新的能力、工具和信息的同时，激发了消费者作为行动主体的行动能力，也就是消费者自主性和能动性的增强。本章接下来将主要从创造新型消费工具、构建新型消费场景和培育新型消费文化等三个微观、中观和宏观的方面来讨论数字技术赋能如何引发新一轮消费革命。

首先，数字技术创造了新型消费工具。技术是一种生产力，是提高生产效率的一种工具。作为劳动资料的生产工具的变革，是人类社会不断向前发展的源泉和动力，马克思对此有过非常深刻的论述。他在《资本论》中指出：“各种经济时代的区别，不在于生产什么，而在于怎样生产，用什么劳动资料生产。劳动资料不仅是人类劳动力发展的测量器，而且是劳动借以进行的社会关系的指示器。”（马克思，1975：204）但遗憾的是，马克思并没有论述与生产工具相对应的消费工具。美国社会学家瑞泽尔弥补了这一遗憾，他在马克思生产工具理论的基础上，提出并阐发了消费工具（means of consumption）理论。他认为，消费工具是消费过程的中介，这与马克思的生产理论中生产工具所扮演的角色相同，并进一步把消费工具定义为“那些使人们作为消费者获取商品和服务、受控制和受剥削成为可能的事物”（瑞泽尔，2015：77），或者是“那些刺激和推动我们去消费那些无数物品和服务的设置或场合”（Ritzer，2001：164）。就像生产工具的革命提升了生产效率，进而推动了工业革命一样，消费工具的改进也是提高消费效率促进消费革命的一个重要动力机制。从第一次工业革命到第四次工业革命，不仅总有与生产工具变革相适应的消费工具变革，而且新的消费工具的迭代升级总是在不断淘汰旧的落后的消费工具。例如，购物中心、超级商场取代了集市，信用卡、移动支付取代了现金交易，网络购物、网络直播等线上消费模式改变了线下接触式交易的模式。很显然，第四次工业革命创造了更多与数字技术密切相关的新型消费工具，如购物网站、共享平台、应用程序、在线直播、移动支付等等，这些新型消费工具的革命性变化赋予了消费者更大的能动性，极大提升了消费效率，成为新一轮消费革命发生的源泉和动力。

其次，数字技术构建了新型消费场景。场景是社会生活研究的重要分析单元，其最初的含义大致就是社会学家欧文·戈夫曼所说的“在建筑物或房舍的有形界限内有组织的社会生活”（戈夫曼，2008：1）。的确，数字化转型之前，日常消费生活的场景通常局限于集市、商铺、超级市场、购物中心、影院、咖啡厅、公园等传统的物理空间之中，这些物理场景今天依然在发挥重要作用。但是，随着移动设备、智能终端、可穿戴设备、仿真虚拟现实等技术的发展，新型消费场景开始呈弥散式、全覆盖式的增长，它们突破了物理空间的局限，成为全天候环绕在消费者身边触手可及的数字生活世界。一个又一个网络消费场景链接不仅将消费的空间无限延伸，而且能够触发消费者沉浸式的体验，如社交、购物、短视频、公众号和游戏等应用程序内往往包含着丰富的应用场景。这些场景已经融入大多数人的生活，成为人们连接世界的一种方式，使人际关系变得具有高度的连通性（connectivity）（Ollier-Malaterre et al.，2019：425－447）。那么，这些场景是如何形成的呢？《即将到来的场景时代》一书指出，构成场景的正是移动设备、社交媒体、大数据、传感器和定位系统这五种技术力量，也被称为“场景五力”，它们的快速普及降低了价格，降价反过来又促成了更高的普及率，这意味着每天都有越来越多的人掌握着五种技术力量，同时几乎所有的企业都会调整发展路线将场景纳入其策略（斯考伯 等，2014：11）。其中，移动设备是获取互联网力量的关键，也是体验场景超级风暴的载体；社交媒体是个双向通道，能够明确人们的喜好、所处的位置以及所寻求的目标；大数据能够让人们更加快速、便捷地获得搜索结果；传感器可以通过模仿人类的五官感觉来理解人们的需要并带来个性化的收益；定位系统则是构成场景的核心要素，恰如“无定位，不场景”所预示的，定位系统（移动地图）是场景时代最具有战略意义的一类程序。这五种技术所构造的消费场景正在颠覆传统的消费空间概念，赋予消费者新的空间感知和消费兴趣点，同时把消费者带入丰富多元的应用场景之中，由此打开了第二次消费革命中最吸引人的画卷，这也是它不同于第一次消费革命的精彩之处。

再次，数字技术培育了新型消费文化。文化是实践的产物，消费文化也就是消费实践的产物，有什么样的消费实践就会催生出什么样的消费文化。在其内涵上，消费文化既是消费心理、消费观念、消费习惯和消费价值取向等经济社会文化因素的总和，也是一种表达或隐含某种社会意义与价值规范的符号体系。消费文化一旦形成，便具有较强的稳定性和引导性。从第一次工业革命到第四次工业革命，技术的迅猛发展加速了消费文化与技术的融合，使技术成为消费文化的载体，消费文化成为技术的灵魂，消费文化也因此具有明显的技术时代特征。数字化转型的过程，不仅是一场技术上的革新，而且也是一场思维和认知上的革新，数字技术的发展运用与认知思维的变化必然培育出一套与数字化时代相协调的新型消费文化。那么，相对于传统消费文化而言，新型消费文化的核心是什么？从表层的消费心理来看，新型消费文化的一个明显特征是类似于柯林·坎贝尔很多年前就提到的"求新的渴望"（坎贝尔，2003：272），也就是对新奇的或革新的技术的偏爱，对数字技术的消费成为一种新的社会时尚。但是，从深层次的价值观念来看，新型消费文化的核心在于通过技术赋能而形成的分享观念。分享观念自古有之，但分享经济的兴起却是近十多年来的事情，其基础在于信息技术革命所孵化的数字化在线平台的广泛应用，这些平台使商品使用权的分享成为可能，如源于硅谷的 Airbnb（爱彼迎）和 Uber（优步），在中国流行的共享单车、共享汽车、共享民宿，等等。分享经济之所以能够在短时间内风靡全球，一个重要的原因是，人们渐渐意识到分享不仅仅是一种协同消费的商业模式，而且还会带来许多积极影响（当然，分享经济模式也不可避免地存在很多负面的影响），包括社会方面的和环保方面的可持续发展，并最终促成消费观念的巨大改变，即促使消费者从追求"占有的文化"转向与他人"分享使用权"的文化，在这个意义上，"消费将变成一种真正对人类发展有积极意义的过程，而不是狭隘的基于个人主义的自私行为"（博茨曼 等，2015：226－227）。这恰恰也是第二次消费革命发生的一个重要文化基础。

四、数字生活世界：技术垄断与算法支配

数字化转型开启了一次重大的时代转型，新一轮的消费革命成为这个时代最为壮观的场面，它以席卷线下与线上之势，向人类生活的各个领域全面推进与渗透，几乎重构了现代社会的日常消费生活。必须承认，我们

从数字化转型所驱动的消费革命中获益匪浅，甚至不亚于40多年前制度转型所带来的福祉。同制度转型一样，数字技术降低了交易成本，增强了消费者的获得感，但比制度转型走得更远的是，数字技术搭建的购物平台和消费场景，构建了一个全景式的数字生活世界，让消费者可以与全世界更紧密地联系在一起。如果说制度转型打开了套在消费者身上的那些抑制消费的枷锁，让消费者拥有了更多的消费自由和消费自主性，那么，数字化转型可以说是为消费者插上了飞翔的翅膀，赋予了消费者更强的消费能动性，在更广阔的数字生活世界中体验物质丰裕和文化丰盛的美好生活。这一幕的确已经发生了，如果数字化转型能够沿着人类理性的想法一直发展下去，那么实现美好生活的愿景也不会遥远。然而，这恐怕只是人类对数字化转型一厢情愿的期待。

从技术嵌入性的视角来看，我们在从数字化转型过程中获得技术赋能的同时，也加深了对技术的依赖。新型消费工具成为不可或缺的生活工具，新型消费场景成为不可逃离的生活空间，新型消费文化亦成为无法忽视的意义来源。数字技术已经构成了人类生活的一个客观环境，在这样的数字生活世界中，我们所有的选择看似自由，但实际上又都受到技术的约束，甚至技术的垄断性地位已经开始支配着我们的选择。布雷恩·阿瑟在讨论我们应该如何看待技术时指出，“技术追求的是要世界去配合它，而不是要它去配合世界”（阿瑟，2018：238）。这不免令人担忧，因为，自韦伯对人类工具理性后果的悲观主义预示以来，现代性的“铁笼”就一直是现代社会的一个巨大阴影，而技术的发展无疑加剧了工具理性逻辑的蔓延。在日益强大的工具理性面前，价值理性的确变得愈加难以伸张。就此而言，数字化转型究竟会把人类未来生活带向何方并非一个容易回答的问题。就像波兹曼在《技术垄断》一书中所坚定认为的，“在技术变革中，谁也不可能预先就谋划好成为赢家。……许多人认为他们看得清清楚楚，新技术会把我们引向何方，然而无一例外，难以预料的后果却横亘在他们的路上”（波兹曼，2019：13）。

事实上，数字技术对人类生活的全面渗透，早已引起了人们的警觉。很多年以前，哈贝马斯的“系统—生活世界”理论已经发出警告：在现代社会，系统有着侵入和破坏生活世界的倾向，即“生活世界的殖民化”（colonization of the life world）。这一殖民化的过程，破坏了系统与生活世界的平衡，弱化了生活世界的社会整合功能，并产生各种病态现象，如社会陷入对物质生产与消费的过度重视，消费主义、拜金主义随着工具理性的极度膨胀而泛滥，等等。尽管哈贝马斯所讲的“系统”与“生活世界”这两个概念有着更为丰富的内涵，但我们今天所看到的数字技术，已经演变成为一种具有操纵生活世界能力的“数字技术系统”，而生活世界也已经是一个被技术包围的“数字生活世界”。数字技术系统对生活世界的入侵同样带来了一系列的社会问题。例如，网络即时通信设备和社交媒体的普遍应用虽然让人们的沟通变得更加及时快捷，但是也让原本清晰的工作—家庭边界变得日益模糊。不久前的一项研究对由数字技术应用导致的工作和家庭角色之间相互渗透的关系进行了深入探索，作者指出，数字技术改变了工作与家庭的时空边界，模糊了我们的工作时间，也让工作和家庭的空间边界变得松散，导致工作的不可预测性增加，由此对个人处理家庭和工作角色的边界造成了许多挑战（Ollier-Malaterre et al.，2019：425－447）。

数字技术系统对生活世界的殖民化远不止于此，其中，最突出的表现在于“算法”对各个应用场景的支配与控制。算法本身也是一种技术，是科技企业开发的一套运营管理工具，能够通过精准预测来代替人作出决策和判断。但算法并非一个价值中立的技术，而是一个贯彻了运营者意图的技术工具，它潜伏在各个应用场景的系统背后，就像科幻电影《黑客帝国》里描述的那个能够控制一切的矩阵（matrix）一样，监视并支配着我们的行为选择。在这方面，最典型的案例莫过于2020年9月《人物》杂志对外卖骑手的深度报道——《外卖骑手，困在系统里》一文所反映的现实问题。外卖骑手所困陷的系统，即企业运用AI智能算法和深度学习技术所开发的实时配送系统，该系统能够自动优化配送路线，节约配送时间，提高配送效率。从企业的角度来看，这本来是通过技术应用来提高生产效率的一个很好的故事，但故事一经报道却引发了一场舆论风暴，大多数的人在同情外卖小哥，而谴责企业通过算法系统的盘剥。因为，按照设定的程序，算法系统会自动修改参数，外卖骑手速度越快，配送时间就越会被缩短，而骑手为了避免因为延误而被罚款，就不得不疲于奔命，想方设法来缩短配送时间，如此循环往复，骑手越是卖力，配送时间越是被缩短。这是一个可怕的“自噬循环系统”：本来服务于人的系统，反过来控制了人，并把人当作工具。这也是算法最遭人诟病的地方，它已经对技术伦理发起了挑战。

“困在系统”中的不只是像外卖骑手、网约车司机等需要靠网络平台接单的劳动者，还有大量通过网络平台获取服务和进行消费的普通人。数字生活世界由无数刷不到头的消费场景构成，每一个消费场景都是数字技术构成的子系统，而每一个子系统中都有一套平台资本主义预先设定的算法。算法能够想你所想，也能够想你未想到的，消费者在平台展现的消费场景中，会惊讶地看到平台为自己推送的各类产品信息。手机 APP 平台的购物者，大多都有这样的体会：当你搜索完一款产品后，或者当你和朋友一起讨论某个品牌的产品后，打开购物平台，那款产品就会出现在醒目的位置上。或者，当你刷完一个购物视频之后，相关的视频内容会接二连三地出现在你的手机里。很显然，我们已经被算法过度窥伺了，它能够根据我们在页面停留时间的长短来计算我们对该产品的兴趣程度，也能够根据我们购买的产品，来分析我们的生活方式，然后再依据我们的生活方式，不断地推送相关产品。在数字技术系统所铺开的弥天大网中，我们暴露在无处不在的“第三只眼”之下，《大数据时代》一书道出了让数据主宰一切的隐忧：“亚马逊监视着我们的购物习惯，谷歌监视着我们的网页浏览习惯，Twitter 窃听到了我们心中的‘TA’，Facebook 似乎什么都知道，包括我们的社交关系网”（舍恩伯格 等，2012：195）。大数据还会带来更多的威胁，真正令人感到害怕的是，在算法面前，消费者的隐私将无处可藏，消费者的生活方式也不可避免地被算法所支配。

这是我们过度依赖技术的代价，也是第二次消费革命不同于第一次消费革命的地方：第一次消费革命把消费者从极端匮乏的物质世界中解放出来，让消费者获得了消费选择的自主性，但是，第二次消费革命不仅让消费者置身于更为丰盛和琳琅满目的商品面前，而且还面临着被算法“投喂”的可能，我们看上去自由自主的消费选择，实际上并没有逃脱算法的谋划。很多时候，我们作出的行为选择，不过是在执行算法的下一步指令而已。这就是算法的支配逻辑，它在技术取得垄断地位的背景下，悄无声息地渗透进数字生活世界的方方面面，使消费者的选择服从于技术的逻辑，而不是生活的逻辑。这种状况，已经背离了消费革命的初衷。我们知道，一场成功的革命意味着人性的解放和自由，消费革命同样应该如此。但第二次消费革命的悖谬之处就在于，它用技术进步驱动着消费革命的发生，让消费者获得了比以往任何时代都多的福祉和自由，但却由于过度依赖技术而为此付出了巨大的代价，特别是数字技术系统对生活世界的殖民化，不仅将消费者的隐私暴露于各种消费场景之中，还将消费者的自由变得异常脆弱：由移动设备、社交媒体、大数据、传感器和定位系统这五种技术力量所形成的场景时代，让人们在获得技术赋能的同时，更深地陷入于技术依赖中而难以自拔，充满诱惑力的消费场景背面，像是一张能够吞噬消费者时间、金钱和抵抗意志的巨网。从这个意义上说，生存于数字化时代，并不会全然是尼葛洛庞帝所预测的“乐观的年代”，相反，他在结语中所说的“每一种技术或科学的馈赠都有其黑暗面”（尼葛洛庞帝，2017：228），恰恰是更值得我们警惕的一面。

五、未竟的消费革命

从人类工业革命的历史进程来看，数字技术方兴未艾，数字化转型势不可挡。在数字技术与消费社会的紧密结合中，日常消费生活领域所发生的系统性、根本性变化已不能用普通的消费升级来形容，而是又一场影响深远的消费革命，其背后的驱动因素正是数字化转型。从技术嵌入性的视角来看，新一轮的消费革命深深嵌入于技术与社会的互动过程中，其中既有技术的社会化过程，也有社会的技术化过程，技术赋能与技术垄断相互交织，一方面为现代社会的人们创造了新型消费工具、构建了新型消费场景、培育了新型消费文化，但另一方面又加深了人们对技术的依赖，造成生活世界被数字技术系统殖民化，致使日常生活屈从于算法的支配逻辑。

布雷恩·阿瑟指出，“认为技术控制我们的生活，或认为技术服务我们的生活，这两种观点都对。但它们也同时引起了不安，引起了一种持续的紧张情绪，这些在我们对待技术的态度上以及围绕它的政治活动中都有所表现”（阿瑟，2018：238－239）。的确如此，技术的“双刃剑”作用一直以来就存在着，我们对待新技术的态度往往也存在着两面性：一方面盲目自大地相信我们能够驾驭技术；另一方面也对新技术对生活世界的颠覆性重构抱着警惕的态度。第二次消费革命的到来使人类实现了很多在过去不可能实现的梦想，但同时也陷入很多过去未曾预料到的困境之中，这的确使我们既感到欣喜又感到紧张。若从革命本身的意义来说，人们寄望于通过消费革命来拥抱更多的自由和确立更加平等的社会秩序，但从目前第二次消费革命的进程来看，要通往胜利还有很长的路要走，可以说这依然是一场未竟的消费革命。

参考文献

阿瑟，2018. 技术的本质. 曹东溟，王健，译. 杭州：浙江人民出版社.

波兹曼，2019. 技术垄断. 何道宽，译. 北京：中信出版社.

博茨曼，罗杰斯，2015. 共享经济时代：互联网思维下的协同消费商业模式. 唐朝文，译. 上海：上海交通大学出版社.

戴慧思，卢汉龙，2003. 中国城市的消费革命. 上海：上海社会科学院出版社.

盖茨，等，2017. 超级技术：改变未来社会和商业的技术趋势. 黄强，译. 北京：中信出版社.

戈夫曼，2008. 日常生活中的自我呈现. 冯钢，译. 北京：北京大学出版社.

葛凯，2011. 中国消费的崛起. 曹槟，译. 北京：中信出版社.

坎贝尔，2003. 求新的渴望：其在诸种时尚理论和现代消费主义当中表现出的特性和社会地位//罗钢，王中忱. 消费文化读本. 北京：中国社会科学出版社.

马克思，1975. 资本论：第1卷. 北京：人民出版社.

芒福德，2009. 技术与文明. 陈允明，王克仁，李华山，等译. 北京：中国建筑工业出版社.

尼葛洛庞帝，2017. 数字化生存. 胡泳，范海燕，译. 北京：电子工业出版社.

瑞泽尔，2015. 赋魅于一个祛魅的世界：消费圣殿的传承与变迁. 罗建平，译. 北京：社会科学文献出版社.

舍恩伯格，库克耶，2012. 大数据时代. 周涛，译. 杭州：浙江人民出版社.

斯考伯，伊斯雷尔，2014. 即将到来的场景时代. 赵乾坤，周宝曜，译. 北京：北京联合出版公司.

特纳，2006. 中国消费力的崛起：理论和证据. 郭丽虹，译. 上海：上海人民出版社.

王宁，2009. 从苦行者社会到消费者社会：中国城市消费制度、劳动激励与主体结构转型. 北京：社会科学文献出版社.

王宁，2014. 家庭消费行为的制度嵌入性. 北京：社会科学文献出版社.

郑永年，2014. 技术赋权：中国的互联网、国家与社会. 北京：东方出版社.

Ellul J，1964. The technological society. New York：Alfred A. Knopf.

Granovertter M，1990. The old and the new economic sociology：a history and an agenda//Friedland F，Robertson A F. Beyond the marketplace：rethinking economy and society. New York：Aldine de Gruyter：89－112.

Nee V，1998. Sources of the new institutions//Brinton M C，Nee V. The new institutionalism in sociology. Standford，California：Standford University Press：1－16.

North D，1990. Institutions，institutional change and economic performance. New York：Cambridge University Press.

Ollier-Malaterre A，Jacobs J A，Rothbard N P，2019. Technology，work，and family：digital cultural capital and boundary management. Annual review of sociology，45（1）：425－447.

Ritzer G，2001. Explorations in the sociology of consumption. London：SAGE Publications Ltd.

Torpey J，2000. A sociological agenda for the tech age. Theory and society，(49)：749－769.

Zukin S，Dimaggio P，1990. Introduction to structures of capital. Cambridge：Cambridge University Press.

第六章　新型消费与数字生活

一、新型消费的崛起

新冠疫情对我国城乡居民消费尤其是传统线下接触式消费带来了巨大冲击。但值得注意的是，依托互联网和数字化技术崛起的新型消费，不仅在疫情中有效保障了城乡居民日常生活需要，更在很大程度上起到了恢复消费和扩大内需的作用，成为引领国内大循环的重要动力（商务部研究院流通与消费研究所课题组，2020）。在当前国际环境日益严峻复杂的形势下，进一步培育、壮大和规范新型消费的健康发展，对满足中等收入群体的消费升级、培育完整内需体系和构建新发展格局具有重要意义。

国务院办公厅于 2020 年 9 月颁布印发了《关于以新业态新模式引领新型消费加快发展的意见》，国家发展改革委等 28 个部门于 2021 年 3 月颁布印发了《加快培育新型消费实施方案》，不仅明确提出要加快推动新型消费扩容提质，而且对如何培育新型消费作出了详细部署。《中华人民共和国国民经济和社会发展第十四个五年规划和 2035 年远景目标纲要》中也明确指出，要顺应居民消费升级的趋势，把扩大消费、培育新型消费同改善人民生活品质结合起来。与此相关的一系列政策措施和制度安排，构成了近年来消费领域变革的最大推动力。中国互联网络信息中心（CNNIC）发布的第 49 次《中国互联网络发展状况统计报告》数据显示，截至 2021 年 12 月，我国有 8.42 亿人参与网络购物，有 5.44 亿外卖用户，有 7.71 亿网络新闻用户，有 2.98 亿在线医疗用户，在线办公用户规模达 4.69 亿，在线旅行预订用户规模达 3.97 亿，等等。所有这些使用人数占全体网民的比例都在持续上升，全民的娱乐方式、购物方式、餐饮方式、学习方式、工作方式等正在发生悄然变化（中国互联网络信息中心，2022）。可以说，不管是在制度设计层面，还是在现实需求层面，我们的消费生活都迎来了一场新的重大而深刻的变革，数字化已深度介入了人们的日常生活。

但是，相对于新型消费的迅猛发展，学术界对新型消费的研究还远远不足。特别是对如何理解这一场意义重大的消费变革及其给中等收入群体日常生活带来的影响，尚未进行深入探讨。鉴于此，本章将在深入剖析新型消费的内涵特征以及学术界对其研究现状的基础上，聚焦于日常生活的研究维度，从消费革命的研究视角出发，把新型消费视为一场全新的数字化消费革命并将研究重心放在数字化消费革命对日常生活的影响上，考察新型消费如何重塑中等收入群体的日常生活，进而对数字化时代的技术支配逻辑与日常生活逻辑进行检视与反思。

二、新型消费的内涵特征及其研究维度

消费变迁与技术革新之间存在密切的关联，不断出现的新技术正在彻底改变我们的消费生活（Torpey，2000：749－769）。以大数据、区块链、云计算、5G 网络、人工智能等为代表的新数字技术的广泛应用，正是新型消费得以发展壮大的技术基础。综合来看，依托上述新数字技术的应用平台，新型消费主要包括以下四大类别的新业态或新模式：第一类是“互联网＋服务”新业态，如在线教育、互联网健康医疗服务、在线文化娱乐、智慧休闲旅游、智慧广播电视、智能体育运动、在线健身等各种新业态；第二类是各种类型的共享经济和平台经济等新业态，如网约车、共享单车、共享住宿、外卖配送等新业态；第三类是无接触式的消费模式，如智慧超

市、智慧餐厅等新型零售业态；第四类是线上线下融合的消费模式，如直播带货、社交营销、“云逛街”等新模式。

新型消费并非单一的消费模式或业态，而是新型的消费形态的统称(Gottdiener，2000：3-31)。之所以称之为“新型”，一方面在于凸显这些以线上线下深度融合为主要特征的新业态、新模式不同于以线下接触为主要特征的传统消费形态，另一方面也彰显了新型消费本身所具有的一系列新的消费观念、消费方式和消费关系等不同之处。当然，由众多新业态、新模式构成的新型消费并非同质的，它们内部的差异显而易见。目前，新型消费也并非一个已经发展成熟或已定型的消费形态，随着新数字技术的加快发展，将来可能还会出现更多新的消费业态和消费模式。尽管如此，这些新的消费形态有一个共同的前提，那就是它们的存在与发展离不开新的数字技术，“数字化”是新型消费最基本的属性。本章把所有这些具备共同特征、共同前提和数字化属性的新业态、新模式视为一个整体性的研究对象加以考察。

虽然我们把这些消费新业态、新模式冠以“新型”之名，但它们并不是自 2020 年新冠疫情发生之后才出现的。实际上，在移动互联网时代来临之前，新型消费的相关业态就已经初见端倪。网络购物早在 20 世纪末就成为一种备受瞩目的新消费方式。近二三十年来，网络社会的崛起，尤其是近些年来移动互联网的兴起，一方面为新型消费的迅速壮大奠定了坚实的物质基础，另一方面为新型消费的持续发展培育了大量具备数字化能力的消费者，为传统消费向新型消费的转型提供了技术准备和社会准备。而数字资本主义的扩张（希勒，2001：5）和平台资本主义的垄断发展（斯尔尼塞克，2018：102），几乎重塑了生产和消费的场景，将人类社会带入了一个全新的数字化生存或生活的时代（尼葛洛庞帝，2017：229；迪亚斯，2020：1），直接催生了各种类别的新型消费。

从学术史的研究进路来看，新型消费同传统消费一样，在理论渊源上可追溯至西方古典经济学对生产与消费之关系的研究以及现代社会学对消费与社会交往、人际互动和身份认同等方面的研究。但新型消费毕竟是一种“新”的消费形态，它对人们的消费理念、消费模式和消费场景等多方面产生了新的影响，近年来已引起了社会学、经济学、传播学等多个学科的关注。总体来看，已有文献主要是从经济、文化和社会三个维度对新型消费进行研究。

一是在经济维度的研究中，新型消费是扩大内需的一种驱动力量。扩大内需是我国经济社会发展的战略基点，如何有效促进居民消费以扩大内需一直是政学两界探讨的一个焦点（李克强，2012；迟福林，2012）。新冠疫情的暴发让更多的学者将扩大内需的目光转向新型消费（关利欣，2020；姜奇平，2020）。培育壮大新型消费对于消费市场的回补和重塑极其重要（范周 等，2020）。受疫情影响，线下消费活动大幅度收缩一方面刺激了线上消费的快速成长，另一方面也改变了城乡居民服务消费的理念和模式，推动消费的数字化转型，进而带动网络直播零售、线上传播媒介和互联网教育等新业态新模式加速兴起（范亚辰 等，2020；来有为 等，2020）。

二是在文化维度的研究中，新型消费是一种新网络消费文化景观。从文化的维度研究消费是消费研究中的一大传统（米勒，2010：131；Sassatelli，2007：9；McCracken，1990：84）。作为新型消费的最早业态，萌发于 20 世纪 90 年代的网络购物已深刻改变了当代消费文化（佐京，2011：266－297）。网络消费不仅是一种新型消费方式，其背后还蕴藏了现代人的生活风格，体现了消费社会的支配逻辑（王建民，2016）。新型消费已不局限于网络购物，各类消费新业态的相互叠加催生出内涵更加丰富的消费文化，诸如网络直播、“网红”经济和在线文娱等线上线下相结合的新消费业态成为新的网络消费文化景观，其中存在的问题或乱象引起了一些学者的文化反思与批判（张跣，2016；吴震东，2020；胡翼青，2020）。

三是在社会维度的研究中，新型消费是一种新社会秩序的呈现。新型消费是以互联网信息技术为基础的，而由信息技术发展所引起的社会体系基础变化，导致了新社会秩序的形成（金文朝 等，2018：3）。这一维度的相关研究，更加关注的是新型消费背后生产者、消费者与互联网平台之间的关系。一些针对外卖骑手劳动过程的研究，揭示了新型消费背后被平台和数字控制的新型劳动秩序（陈龙，2020；李胜蓝 等，2020）。一些针对生产者（主播）和消费者（用户）互动的研究，探讨新型消费（如直播带货或网络直播）作为新型社交方式、情感劳动的形成过程（汪雅倩，2019；朱杰，2021）。还有一些针对数字鸿沟的研究，揭示了新型消费中存在的社会不平等（刘谦 等，2017）。有研究指出，在新冠疫情中，由于城市居民数字化生存能力存在结构性差异，产生了一些脆弱的“数字穷人”（李倩 等，2020），这将不可避免地加剧新型消费中的阶层结构分化。

上述不同维度的相关研究，尽管整体上滞后于新型消费的发展步伐，但仍然为我们深入理解其发展逻辑提供了理论基础和经验参照，也让我们看到了新型消费对日常生活所产生的深远影响。只是这些不同学科的研究呈碎片化的状况，且缺乏对新型消费进行整体性和历时性的考察，其不足之处也显而易见。首先，经济维度的研究侧重于新型消费中的经济价值，但太过于强调其在扩大内需和驱动经济增长中的工具性作用，而对新型消费在社会文化层面所带来的结构性变化的探讨却未加深入；其次，文化维度的研究虽然对众多消费新业态、新模式塑造的网络消费文化进行解构和反思，但对新型消费作为一个整体的文化消费景观如何重塑消费意识形态的剖析显然还不够；再次，社会维度的研究侧重于新型消费中的社会关系，揭示了隐藏在数字劳动背后的平台监控和不平等关系的形成过程，但也在一定程度上忽略了对数字化时代新型消费如何重塑日常生活秩序的深入剖析。

在“百年未有之大变局”的时代背景下，几乎所有领域的社会变迁最终都会映射在每个个体的日常生活中，尤其是以数字化转型为轴心的经济社会变革。而数字化绝不仅仅是作为新型消费的一个发展背景而存在，它更是贯穿新型消费发展全过程的一个具有支配性作用的技术逻辑。从传统消费到新型消费，这种转变既是一个旧消费形态的重大转型过程，也是一个新消费体系的形成过程。它对日常生活的影响将是革命性的，因此对新型消费的研究不能缺乏日常生活的维度。培育新型消费不是应对新冠疫情的权宜之计，也不能仅仅作为刺激经济发展的政策工具，而是数字化时代增进民生福祉和顺应新技术变革的必然要求。从这里，我们也可以看出新型消费绝不是一次普通的消费升级，而是新时代的一场新消费革命。要深刻地理解这一现象，需要从消费革命的历史性视角，深入剖析新型消费对日常生活所带来的颠覆性变化。

三、数字化消费革命视角下的新型消费

改革开放以来，中国在走向市场化转型的过程中，经历了一场前所未有的消费革命（戴慧思 等，2003：3）。消费革命是一场影响深远的日常生活革命，深刻改变了中国人在历史上饱受抑制的消费状况。国外有学者将

这场消费革命称为我国继 1949 年革命之后的“第二次革命”，认为消费革命就像政治革命所带来的解放那样，使人们获得了摆脱饥饿和政治混乱的相对自由，包括消费上的选择自由（赵文词，2003：368－369）。国内有很多学者深入分析了改革开放以来这场消费革命为中国社会所带来的巨大影响。具有代表性的观点有：卢汉龙认为，消费革命打破了过去那种消费者处于被动地位的统一分配方式，带来了消费选择自由的增加，而消费选择自由的增加也带来了消费者自主性的提升，消费者自主性的提升反过来又成为改变社会结构、推动社会前进的一种内在动力（卢汉龙，2003：13）。王宁通过对大量政策文件和访谈资料的分析揭示了改革开放以来中国城市消费制度和城镇居民主体结构等方面发生的根本性变化，阐释了中国从苦行者社会到消费者社会这一历史性转变的内在逻辑（王宁，2009：1－41）。消费革命既是一个史无前例的历史进程，也是一个洞察消费变迁的重要视角。通过消费革命的视角，不仅能够更好地分析中国社会四十多年来的历史变迁，还能够深刻地观察当前日常消费生活中所发生的一系列变化。

不同于改革开放前，近十多年来发生在日常消费领域的变革，既有之前消费革命的延续，也有新的根本性、系统性变革，可以说是一场新的消费革命。为了更明确地区分这两场消费革命在实质上的差异，本章将我国改革开放以来至 21 世纪前十年左右的消费革命称为“第一次消费革命”，而把近十多年来消费领域的变革称为“第二次消费革命”。客观来讲，第一次消费革命的进程尚未完全结束，但是第二次消费革命已经不可阻挡地到来了。那么，如何理解消费革命以及这两次消费革命的差异呢？这需要从消费革命的起源及其所产生的广泛影响说起。众所周知，消费革命起源于西方的工业革命，生产技术的革新创造了丰富的消费产品，特别是以福特主义为代表的现代化大工业生产使大众消费成为可能，发达国家中的大多数人由此逐渐摆脱了物质匮乏的困扰和饥饿的桎梏，并走向了“富裕社会”，同时也意味着“西方人暂时摆脱了长期支配他们命运的贫穷”（加尔布雷思，2009：4）。正是在这一点上，消费具有了“革命”的意义。所谓“革命”，本身是一个政治术语，一般是指通过暴力手段，打破旧的社会关系和社会制度，建立起一种新的社会秩序，形成一种与革命相适应的文化意识形态，它“不仅意味着进步和秩序的彻底变革，还成为社会行动、政治权力正当性的根据，甚至被赋予道德和终极关怀的含义”（金观涛 等，2009：365）。消费革命作为一场人类历史上没有硝烟的战争，虽然采用的是一种非暴力的手段，但同样通过生产技术的大发展促进了物质产品的极大丰富，建立起了一个具有更多自由选择机会的消费者社会，替代了被物质短缺所困扰的生产者社会，改善了大多数人的生活质量，这与政治解放一样具有浓厚的革命色彩。

由此可以看出，消费革命所包含的“革命”意义至少体现在消费工具、消费主体、消费文化和消费制度这四维度的根本性变化上，它们构成了消费革命的一个基础分析框架（见图 6－1）。首先，在消费工具上，如同生产工具的进步是工业革命的推动力一样，消费工具的进步也对消费革命有巨大的推动作用。所谓“消费工具”，就是指那些刺激和推动我们去消费无数物品和服务的设置或场合（Ritzer，2001：164）。从农业社会到工业社会，再从工业社会到后工业社会，在不同的社会中，总有与生产工具革命相适应的消费工具革命。其次，在消费主体上，消费革命打破了过去国家对社会生活的控制，增强了消费者的自主性，而随着消费者自主性的增强，消费者的身份认同也开始从生产领域转向消费领域，从而创造了一种新的身份秩序，消费在社会整合中所起的作用更为显著。再次，在消费文化上，消费成为一种新的伦理，甚至成为人类生活世界寻求意义和创造价值的核心，这与革命的意识形态有类似的特征：二者都通过阿尔都塞所说的“召唤”的方式来塑造新的主体（Althusser，1971：48－49）。最后，在消费制度上，消费革命重构了生产者社会的制度安排，建立起了一套与消费者社会相适应的制度安排，如消费产业政策、消费者保护政策、消费刺激政策和消费信贷政策等构成的消费社会制度体系，这些制度成果可以看作消费革命的集大成者。

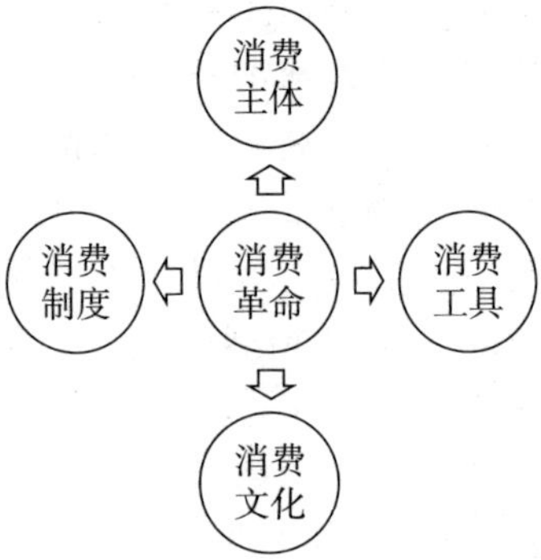

图 6－1　消费革命的分析框架

借助上面四个方面的分析维度，我们可以比较一下第一次消费革命和第二次消费革命的差异。如表 6－1 所示，首先从消费主体的变化来看，伴随第一次消费革命而转型的是从生产者社会到消费者社会的主体转变，即与消费者社会相适应的消费主体的形成，用波德里亚的话说，就是“生产主人公的传奇现在已到处让位于消费主人公”（波德里亚，2006：28），消费者主体地位的增强使其在社会变革中发挥着更为突出的作用；而在第二次消费革命中，消费者已经从线下消费者变成了线上的数字消费者（consumer being digital），数字化技术赋予消费者更多的权利，这种“技术赋权”促使数字消费者在国家与社会的互动中扮演着更为积极的角色（郑永年，2014：15－19）。其次，从消费工具的变化来看，第一次消费革命淘汰了过去落后的消费工具，催生了信用卡、购物中心、电视购物等一系列新的消费工具；而在第二次消费革命中，则涌现出了更多的移动支付、购物平台、网络直播和“互联网＋”等与新数字技术密切相关的新型消费工具，它们构成了社会学家瑞泽尔所说的与“生产工具”相对应的“消费工具”的革命（Ritzer，2001：164）。再次，从消费文化的变化来看，第一次消费革命打破了消费的诸多禁忌，随着国家消费政策从抑制消费到鼓励消费的转型，消费主义文化意识形态在文化思想领域逐渐兴起；而在第二次消费革命中，出现了更加多元的消费价值观，如在分享经济的兴起中影响甚广的多元、共享的消费观念，与此同时，也诞生了许多消费化场景和场景化消费的新模式，数字化时代的场景主义正在重构未来的消费文化场景。最后，从消费制度的变化来看，在第一次消费革命中，国家逐步颁布实施了与工业化生产相匹配的消费产业政策、消费者保护政策、消费刺激政策和消费信贷政策等方面的政策文件，形成了较为完善的消费社会制度体系；而在第二次消费革命中，围绕新型消费和传统消费的转型升级，一套符合数字化时代特征的新型消费制度体系正在形成，特别是在加快构建新发展格局中，与新型消费有关的制度安排在经济社会中发挥越来越重要的作用。此外，数字中国建设作为一项国家战略被明确提出，全国各地方政府持续推动的数字化改革①，也在很大程度上助推了新型消费制度体系的形成。

---

① 例如，上海市发布的《推进上海生活数字化转型 构建高品质数字生活行动方案（2021—2023 年）》、浙江省出台的《关于实施数字生活新服务行动的意见》等等。

表 6-1　两次消费革命的比较

维度	第一次消费革命	第二次消费革命
消费主体	从生产者到消费者	从线下到线上：数字消费者
消费工具	信用卡、购物中心、电视购物等	移动支付、购物平台、网络直播等
消费文化	消费主义文化的兴起	多元、共享消费理念的兴起
消费制度	消费社会制度体系	数字化与新型消费制度体系

通过对两次消费革命的比较可以看出，从第一次消费革命到第二次消费革命不是简单地实现从线下到线上的转变过程，而是进行了一场全新的数字化消费革命。20 世纪末以来，互联网技术的发展已使人类消费形态发生跃迁式的演进（何明升，2000），而以数字化技术为代表的消费工具革命，并非只是在原来的基础上增加一些技术和功能，而是一个日常生活的系统性变革，围绕数字化技术的运用场景又重构了一系列区别于传统消费的新业态、新模式，塑造了一种全新的消费形态，使消费主体、消费文化和消费制度等都随之发生了革命性的变化，最终将会促成整个社会的结构性改变。简言之，当下正在发生的新型消费是一场全新的数字化消费革命，这将对日常生活产生更为深远的影响。

四、迈向数字生活：新型消费重塑日常生活

如果说第一次消费革命是改革开放之后受西方影响的一场社会变革，那么，在第二次消费革命中，可以说中国本身已经成为这场消费革命的“策源地”。第二次消费革命之所以能够在中国迅速发生与蔓延，背后有着坚实的物质基础和社会基础。物质基础主要体现在数字技术硬件设施的不断发展进步和数字经济的持续增长上，社会基础主要体现在网民规模的扩大和社会阶层结构的变化上，特别是中等收入群体的壮大。从物质基础来看，国家互联网信息办公室发布的《数字中国发展报告（2020 年）》显示，近年来我国信息技术的创新能力持续提升，5G 网络建设速度和规模位居全球第一，5G、区块链、人工智能等领域的专利申请数量同样位居全球第一，各种传统产业纷纷利用新数字技术进行全方位改造，极大地推进了数字化

消费革命的进程。数字经济也呈现出持续快速增长的态势，总量已跃居世界第二，成为推动我国经济高质量发展的重要力量，2020 年数字经济核心产业增加值占 GDP 比重已达到 7.8%①。从社会基础来看，中国互联网络信息中心（CNNIC）发布的第 49 次《中国互联网络发展状况统计报告》数据显示，截至 2021 年 12 月，我国的网民规模已达 10.32 亿，其中，农村网民规模达 2.84 亿，占网民整体的 27.6%；城镇网民规模达 7.48 亿，占网民整体的 72.4%；互联网普及率已达到 73%，手机网民规模达到 10.29 亿，网民使用手机上网的比例高达 99.7%，总体来看，目前我国已经形成了全球最为庞大的数字社会（中国互联网络信息中心，2022）。而在这个由十亿多网民构成的数字社会中，推进数字化消费革命的中坚力量，正是规模日渐庞大的中等收入群体。

一般认为，所谓“中等收入群体”是指那些“收入处于全社会中等水平、就业相对稳定、生活相对宽裕的群体”（李培林　等，2015；李实，2017）。李实等人的研究指出，目前我国中等收入群体的比重虽然不高，但绝对人数的规模已不可小觑，他们基于欧盟 28 个国家收入中位数的界定标准的统计发现，2018 年我国中等收入群体人数达到 3.44 亿，约相当于美国中等收入群体人数（1.798 亿）的两倍，约相当于欧盟所有国家中等收入群体人数的总和（约 3.4 亿）（李实　等，2021）。但是，当前学术界对如何界定“中等收入群体”这一概念仍存在较大分歧，尤其在用什么样的具体指标来衡量中等收入群体规模这一问题上，指标选择存在很大争议，如有绝对标准与相对标准之争，有家庭指标与个人指标之争，也有单一指标与多元指标之争，基于不同指标估算出的中等收入群体规模有很大的差别。笔者认为，尽管学术界通常使用收入的指标来考量中等收入群体的规模，但中等收入群体的内涵并不局限于经济收入层面。事实上，中等收入群体既是社会结构稳定的基石，也是消费的主力军和数字化消费革命的最强推动力和最大获益者。因此，从消费社会学的视角来看，中等收入群体应该是一个以收入为基础但又超越收入意义的综合性概念。在这里，笔者比较赞同李培林和朱迪在一份研究报告中对中等收入群体的界定，他们将中等收入群体定义为“白领”中具有一定专业技术或者管理权限的收入较高的人

---

① 国家互联网信息办公室发布《数字中国发展报告（2020 年）》.（2021 - 07 - 03）[2021 - 08 - 20].http://www.gov.cn/xinwen/2021 - 07/03/content_5622668.htm.

群。也就是说，在他们看来，中等收入群体首先包括脑力劳动者和半体力劳动者在内的“白领”，职业范围涵盖“国家机关、党群组织和企事业单位负责人、专业技术人员、办事人员和商业服务业人员”等等；其次，该群体为收入相对而言较高的群体。

参照这一界定，我们再来看一下由十亿多网民构成的数字社会中的职业结构和收入结构。第 47 次《中国互联网络发展状况统计报告》数据显示①，截至 2020 年 12 月，我国网民群体的职业结构为：白领阶层（包括党政机关事业单位领导干部和一般人员、企业/公司中高层管理人员和一般人员、专业技术人员、商业服务业人员和制造生产企业人员）的占比最多，为 32.1%，接近 1/3；其次是学生，占比为 21.0%；再次是个体户/自由职业者，占比为 16.9%；最后是农林牧渔劳动人员，占比为 8.0%。我国网民群体的收入结构大致可以分为三类：第一类为月收入 2 000 元及以下的，约占 1/3（其中没有收入的占比为 10.8%，有收入但月收入在1 000 元及以下的占比为 15.3%，月收入 1 001～2 000 元的占比为 12%）；第二类是月收入在 2 001～5 000 元的，占比为 32.7%；第三类是月收入在5 000 元以上的，占比为 29.3%（中国互联网络信息中心，2021）；第二类和第三类群体加起来将近总体网民的 2/3。数字社会中占大多数的正是上面所提到的“白领中具有一定专业技术或者管理权限的收入较高的人群”，即中等收入群体。

数字化消费革命对社会各阶层和群体都产生了广泛的影响，但对中等收入群体的影响无疑是最为深刻的。这一方面源于中等收入群体与消费之间的独特关联，另一方面源于中等收入群体与数字化转型有着更强的亲和性。首先，从中等收入群体与消费的关联性来看，中等收入群体拥有较强的消费能力和较为旺盛的消费需求，消费升级的特点较为突出，是推动消费结构从生存型消费转向发展型消费和服务型消费的重要力量，有助于创造规模巨大的消费市场，促使消费成为拉动经济增长的重要引擎。据统计，近几年来，中等收入群体的消费总支出约占全国居民消费支出总体的 46.5%，其中，居住消费支出占全国的 47.7%，医疗支出占全国的 43.2%，教育支出占全国的 45.2%（李实 等，2021）。可以预计，中等收入群体的消费需求一旦得到有效释放，将会在更大程度上推动新一轮的消费革命。

① 第 48 次和第 49 次《中国互联网络发展状况统计报告》中没有网民群体的收入结构和职业结构分析。

其次，从中等收入群体与数字化转型的亲和性来看，一方面，中等收入群体有着更强的数字化生存能力，基于其受教育程度和收入水平，他们对数字化产品的运用能力、对数字经济的适应能力以及数字消费的意愿也更强；另一方面，中等收入群体对数字化的依赖性也更强，在整个社会朝向数字化转型的过程中，中等收入群体由于他们的职业特征或工作需要，往往与数字化技术的应用有着更为紧密的联系，数字化技术在改变了中等收入群体思维方式的同时，成为重构生活世界的一种重要力量。从这些意义上来说，作为数字化消费革命的新型消费正在重塑中等收入群体的日常生活，这种生活形态我们称之为“数字生活”。

数字生活是由一系列新型消费中的新数字技术应用场景构成的。近年来，互联网、大数据、人工智能等新数字技术在日常生活中的推广日益加速，应用场景日益增多，在线教育、线上办公、网络购物、无接触配送等迅速融入中等收入群体的日常生活之中，有力推动了日常生活数字化转型的步伐，形成了新的生活方式和价值观念。例如，以“互联网＋教育”、“互联网＋职业技能培训计划”、知识分享平台和产品为主的“数字学习”；以网约车（顺风车）、实时公交、地铁扫码和数字地图等为主的“数字出行”；以互联网医院平台、“互联网＋”健康咨询、医疗、护理、药事以及智慧健康养老应用等为主的“数字健康”；以数字图书馆、数字文化馆和景区数字化智能化为主的“数字文旅”；以“网上菜场”、“网上超市”和社交电商、直播电商等新业态新模式为主的“网络购物”；以数字出版、数字音视频、动漫游戏、网络文学等为主的“在线内容消费”；还有像浙江省在政府数字化转型中实施的“最多跑一次”改革和“整体智治”改革中所形成的“数字政务”系统；等等。这些数字化的应用场景，促进了新数字技术与经济社会的深度融合，深刻改变了中等收入群体的消费习惯和消费观念，在重构中等收入群体的日常生活中发挥了重要的支撑和赋能作用，使数字生活成为一种生活新常态。

数字生活实现了线下与线上的有机融合，贯彻其中的是从传统消费到新型消费背后的数字化技术的支配逻辑。布雷恩·阿瑟在《技术的本质》一书中指出，“技术给我们带来了舒适的生活和无尽的财富，也成就了经济的繁荣。一句话，我们的世界因技术而改变”（阿瑟，2018：1）。数字化对日常生活的改造根本不同于以往消费升级所带来的变化，而是日常生活系统性、根本性的变革。第一，数字生活是一种典型的技术赋能。在消费领域，这种技术就是前面论述过的数字化消费工具，数字化消费工具不同于一般消费工具，它的普遍应用在给中等收入群体带来更多生活体验的同时，也赋予他们更多的生活机遇，提高了其消费升级的能力。第二，数字生活将日常生活的空间从线下拓展到线上，打破了原有生活空间的边界，在使中等收入群体的日常生活变得更加丰富多元的同时，也重构了其生活世界的版图，改变了其空间实践的常规路径。第三，数字生活在带来方便快捷的同时，也使生活节奏大大加快，日常生活“加速”前行，“时空压缩”的感觉更为突出，无形中产生了更多的生活焦虑感。第四，数字生活不仅是个人微观的一种生存境遇，而且是整个社会中观生活环境和宏观生活环境的同步改变。中观生活环境如“数字生活社区”的营造，宏观生活环境如“数字中国”的加快形成，数字化的逻辑已经渗透进日常生活的方方面面。第五，数字生活不仅是外在环境的变革，也促进了社会关系和社会价值观的深刻变革。尼葛洛庞帝在《数字化生存》一书中归纳了数字化生存的四个特质，即分散权力、全球化、追求和谐和赋予权力（尼葛洛庞帝，2017），他虽然没有进一步阐述这四个特质的内涵，但其意义也是不言而喻的：“分散权力”带来了相对而言更加平等的消费关系，“全球化”拓展了消费空间并形成了更加多元化的消费生活方式，“追求和谐”的特质促使消费观念转向绿色和共享，而“赋予权力”则通过数字化技术的赋能大大改善了消费者的生活机遇，包括更多的就业机会和更高的消费品质。

五、数字生活就是美好生活吗？

“数字中国”建设是新时代国家信息化发展的总体战略，“数字化”对当下中国而言，有着特殊意义，它已经成为优化经济结构、提升生活水平、推动社会发展的重要路径。数字化消费革命不仅顺应了时代发展的潮流，甚至可以说是引领中国未来经济发展乃至全球经济发展的重要方向。作为中国改革开放以来的第二次消费革命，它既是中国经济社会高速发展的一个结果，也是新冠疫情发生之后创造中国经济复苏奇迹的动力之一。新冠疫情暴发的确在很大程度上加速了从个体、企业到政府全方位的数字化转型，但数字化转型是历史性的必然发展趋势。在“数字化时代”，生产方式和生活方式剧烈变革，正在彻底改变我们的消费生活。

当然，不仅是数字技术推动社会变迁，消费本身也是社会变迁的重要源泉（Hirschle，2014：1405－1433），凭借数字化技术而兴起的新型消费，反过来将推动技术的迭代更新并逐渐成为未来最为主要的消费形态。新型消费所引发的日常生活系统性、根本性变革，塑造了新的消费主体，培育了新的消费文化，构建了一系列新的消费制度环境，在此基础上形成的消费场景，成为数字生活最核心的实践场域。尽管与第一次消费革命所经历的漫长历史相比，第二次消费革命才发生不久，但在数字化转型的浪潮中，新型消费在短短几年内对日常生活所产生的影响已经远远超过了第一次消费革命。它对社会生活状况的影响也早已超越中等收入群体，而覆盖社会所有阶层群体。恰如有学者所指出的，数字化社会对重塑社会结构形态的意义，要远超过工业化和市场化给社会结构变迁带来的影响（吴晓刚，2021）。对生活在当下的我们来说，这既是一个重大的机遇，也是一个巨大的挑战。

新型消费的迅猛发展为在更大范围内满足人们对美好生活的需要提供了更多的选择和更好的保障。例如，在2020年春季新冠疫情肆虐期间，在传统线下接触式消费遭遇重创的情况下，新型消费发挥了不可替代的作用，“网上菜场”“网上超市”等无接触式配送的新模式有效保障了城乡居民的日常消费生活需要；在线教育、线上办公、“互联网＋医疗”等新业态为人们的工作带来了极大的便利。可以预见，在日常生活的数字化转型过程中，新型消费所构筑的数字生活，与我们所追求的美好生活有着越来越多的契合点，也为未来的美好生活拓展了更多的想象空间。

然而，任何事情都具有两面性，新型消费和数字生活也不例外。需要我们反思的是，新型消费固然有其不可比拟的优势，但它能够完全避免传统消费中的种种弊病吗？数字生活尽管给我们带来了无限的想象空间，但它一定会走向美好生活吗？日常生活的数字化转型虽然是一个历史性的趋势，但它最终会将人类生活带向何方？在数字化消费革命的进程中，这些问题显然也是需要我们审慎面对的。仔细梳理这些问题，我们发现隐藏在其中的截然不同却又相互交织的逻辑，就是数字化的技术支配逻辑和普通人的日常生活逻辑之间的对抗。技术支配逻辑遵循的是工具理性、效率优先的逻辑，数字化技术之所以能够主导现代社会的转型，正是因为它契合了现代理性主义的精神，与强调技术至上、效率优先的价值观不谋而合。

与此相反，日常生活逻辑遵循的则是价值理性，是以重复性、规范性、符号系统、经济性、情境性为基础特征的逻辑。但是，技术支配逻辑对日常生活逻辑的持续入侵，造成了日常生活的内在紧张感，甚至打乱了日常生活的自在性，尽管它让人们感受到了“美好生活”许诺，但与此同时却潜藏着“异化生活”威胁。因此，不可阻挡的数字化生活，恐怕距离人类梦寐以求的美好生活还有很长的路要走。

事实上，不管是从硬件还是软件来看，由数字化驱动的新型消费目前在发展过程中都还存在很多问题。上海市消费者权益保护委员会公布的2020 年消费投诉十大典型问题显示，其中过半的消费投诉案例与互联网新型消费的维权有关①。新型消费除了携带数字化基因之外，其本色还是一个资本市场，在它野蛮生长的过程中，消费的公平与正义依然是一个备受考验的议题。此外，并非所有的新型消费都是日常生活中品质向上的消费升级，在一个与数字化时代相适应的新型消费制度体系建构完善之前，诸多时尚流行的新业态新模式依然在重蹈传统消费模式的覆辙。在风险日渐增多的现代社会，数字生活也日益暴露出了其脆弱性的一面，一旦人们在消费生活中形成过度依赖数字技术的习惯，那么，消费生活中的风险也将随之扩大。从技术理性的视角来看，日常生活的数字化将会成为人类社会面临的一个新“牢笼”也并非一个杞人忧天的问题。

参考文献

阿瑟，2018. 技术的本质. 曹东溟，王健，译. 杭州：浙江人民出版社.

波德里亚，2006. 消费社会. 刘成富，全志钢，译. 南京：南京大学出版社.

陈龙，2020. “数字控制”下的劳动秩序：外卖骑手的劳动控制研究. 社会学研究（6）.

迟福林，2012. 走向消费主导的中国经济转型与改革战略. 经济社会体制比较（4）.

戴慧思，卢汉龙，2003. 中国城市的消费革命. 上海：上海社会科学

① 2020 年消费投诉十大典型问题．(2021－03－12)［2021－08－20］. https://315.sh.cn/html/tspl/2021/03/12/f54706c8－3ac2－4dfd－b276－9bf3b10b33f1.shtml.

院出版社.

迪亚斯，2020. 数字化生活：假如未来已经先你而行. 苏蕾，译. 北京：中国人民大学出版社.

范亚辰，谭静，2020. 疫情倒逼下中国居民消费体系转型升级研究. 地方财政研究（10）.

范周，林一民，2020. 消费回补与市场重塑：后疫情时期的文化消费趋势探析. 艺术评论（5）.

关利欣，2020. 新冠肺炎疫情后中国消费发展趋势及对策. 消费经济（3）.

何明升，2000. 互联网与消费形态的跃迁. 哈尔滨工业大学学报（社会科学版）（2）.

胡翼青，2020. 透视“种草带货”：基于传播政治经济学的视角. 西北师大学报（社会科学版）（5）.

加尔布雷思，2009. 富裕社会. 赵勇，周定瑛，舒小昀，译. 南京：江苏人民出版社.

姜奇平，2020.《关于支持新业态新模式健康发展激活消费市场带动扩大就业的意见》学习与解读. 企业家日报，2020-09-29.

金观涛，刘青峰，2009. 观念史研究：中国现代重要政治术语的形成. 北京：法律出版社.

金文朝，金钟吉，2018. 数字技术与新社会秩序的形成. 柳京子，等译. 北京：社会科学文献出版社.

来有为，霍景东，王敏，等，2020. 疫情后我国服务消费的发展趋势及促进消费回补的政策建议. 发展研究（5）.

李克强，2012. 在改革开放进程中深入实施扩大内需战略. 求是（4）.

李培林，朱迪，2015. 努力形成橄榄型分配格局：基于2006—2013年中国社会状况调查数据的分析. 中国社会科学（1）.

李倩，许鑫，2020. 新冠肺炎疫情下城市居民数字化生存能力分析：基于上海的调查证据. 图书馆杂志（12）.

李胜蓝，江立华，2020. 新型劳动时间控制与虚假自由：外卖骑手的劳动过程研究. 社会学研究（6）.

李实，2017. 中国中等收入群体的规模及其变化趋势. 社会治理（6）.

李实，杨修娜，2021. 中国中等收入人群到底有多少?.（2021-04-30）[2021-05-25]. https://www.guancha.cn/lishi2/2021_04_30_589323_

3. shtml.

刘谦，陈香茗，2017. 微信中的生命时间：对大学生和新生代农民工群体数字鸿沟研究的一个维度. 社会学评论（2）.

卢汉龙，2003. 消费革命与消费者自主（中文版序）//戴慧思，卢汉龙. 中国城市的消费革命. 上海：上海社会科学出版社.

米勒，2010. 物质文化与大众消费. 费文明，朱晓宁，译. 南京：江苏美术出版社.

尼葛洛庞帝，2017. 数字化生存. 胡泳，范海燕，译. 北京：电子工业出版社.

商务部研究院流通与消费研究所课题组，2020. 2020 年中国消费市场发展报告：新消费成为引领国内大循环重要动力.（2020－12－08）[2021－06－20]. https://www.caitec.org.cn/upfiles/file/2020/11/20201208171414567.pdf.

斯尔尼塞克，2018. 平台资本主义. 程水英，译. 广州：广东人民出版社.

汪雅倩，2019. "新型社交方式"：基于主播视角的网络直播间陌生人虚拟互动研究. 中国青年研究（2）.

王建民，2016. "网购"与消费社会的支配逻辑. 新视野（6）.

王宁，2009. 从苦行者社会到消费者社会：中国城市消费制度、劳动激励与主体结构转型. 北京：社会科学文献出版社.

吴晓刚，2021. 数字化赋予社会结构变迁新动力. 中国社会科学报，2021－08－20.

吴震东，2020. 技术、身体与资本："微时代"网络直播的消费文化研究. 西南民族大学学报（人文社会科学版）（5）.

希勒，2001. 数字资本主义. 杨立平，译. 南昌：江西人民出版社.

张跣，2016. 重建主体性：对"网红"奇观的审视与反思. 中国青年社会科学（6）.

赵文词，2003. 第二次解放（结语）//戴慧思，卢汉龙. 中国城市的消费革命. 上海：上海社会科学出版社.

郑永年，2014. 技术赋权：中国的互联网、国家与社会. 北京：东方出版社.

中国互联网络信息中心，2021. 第 47 次《中国互联网络发展状况统计报告》.（2021－02－03）. http：//www.cnnic.net.cn/NMediaFile/old_attach/P020210203334633480104. pdf.

中国互联网络信息中心，2022. 第 49 次《中国互联网络发展状况统计报告》.（2022－07－21）. http：//www. cnnic. net. cn/NMediaFile/old _ attach/P020220721404263787858. pdf.

朱杰，2021. “网红经济”与“情感劳动”：理解“小红书”的一种视角. 文艺理论与批评（1）.

佐京，2011. 购买点：购物如何改变美国文化. 梁文敏，译. 上海：上海书店出版社.

Althusser L，1971. Essays on ideology. London：Verso.

Gottdiener M，2000. New forms of consumption：consumers，culture and commodification. New York：Rowman & Littlefield Publishers，Inc.

Hirschle J，2014. Consumption as a source of social change. Social forces，92（4）：1405－1433.

McCracken G D，1990. Culture and consumption：new approaches to the symbolic character of consumer goods and activities. Bloomington and Indianapolis：Indian University Press.

Ritzer G，2001. Explorations in the sociology of consumption. London：SAGE Publications Ltd.

Sassatelli R，2007. Consumer culture：history，theory and politics. London：SAGE Publications Ltd.

Torpey J，2000. A sociological agenda for the tech age. Theory and society，（49）：749－769.

第七章　数字化时代的生产性消费与外部性剥削

随着数字与信息经济的发展，Google（谷歌）、YouTube（优兔）、Myspace（聚友网）、Facebook（脸书）、Twitter（推特）、微信、微博、抖音、快手等社交媒体平台异军突起，不但改变了人们的社交和娱乐生活方式，而且也成为平台资本一种新的资本积累方式。关于这些平台的价值来源，引起了学术界的热烈讨论。学者们都同意，不同于以往的福特主义的生产模式，社交媒体的价值创造模式发生了改变——消费者参与到平台的价值创造中。在社交媒体中，消费者不再是单纯的消费者，同时也是生产者。在社交媒体的使用中，用户同时扮演了消费者和生产者的角色。基于消费者和生产者角色交织的状况，学者们提出各种新词汇来表达消费者与生产者之间界限的模糊以及二者合二为一的情况：生产性消费者（简称为"产消者"）（prosumer）（Fuchs，2010；Ritzer et al.，2010；Ritzer，2015；Cova et al.，2012）、工作消费者（working consumers）（Cova et al.，2011）、价值共创者（value co-producers）（Prahalad et al.，2004）、生产性使用者（produsager）（Bruns，2007）等等。

产消者概念的提出，可以追溯到 20 世纪 80 年代。托夫勒在 1980 年出版的《第三次浪潮》中提出了"产消者"的概念。在他那里，所谓"产消者"，指的是人们为了自己消费而生产。它是传统农业社会的重要特征。到了工业社会，生产和消费分离了。人们是为了交换价值而生产，而不是为了使用价值而生产（马克思，2004；Humphreys et al.，2008；Antonio，2015）。人们所生产的商品，并不是（至少不全部是）用来让自己消费的。托夫勒在80年代就预测，在未来，生产和消费会重新合二为一（Toffler，1980）。

杜加利尔区分了三种生产性消费（公司让消费者工作）：第一，直接的自助生产，即企业把简单的生产任务外包给消费者来承担。他们通常采用公司提供的工具，并按照公司提供的指南进行操作，如顾客在银行的自助机（ATMs）上办理取款、存款、转账等业务，在网络或电影院的售票机上买电影票，在自动售货机上购买饮料和食物，在加油站自己加油，在麦当劳自己取餐和清理盘子，在宜家买家具后自己组装，等等。在这里，企业把生产任务转嫁给消费者，以减少公司人力成本。第二，合作性共同生产，即消费者为公司提供了产生利润来源的活动，却未获得报酬。随着数字和互联网技术的发展，数字与网络消费者在免费使用数字与互联网产品和服务的同时，也为公司提供了免费的但却为公司产生利润的劳动。第三，组织性消费生产，指的是消费者为了某种特定目的的购买，需要借助消费者合作和组织的方式来获得公司和产品的信息，如团购或购买不是由童工制作的产品（Dujarier，2016）。

本章所关注的是杜加利尔所说的第二种产消实践。之所以只关注这一种，是因为它标示公司的新的价值来源模式，即：公司的价值，越来越依赖于产消者的免费劳动。消费者是否变成产消者，不能仅仅依据他们是否参与到价值创造中，而是要看消费者参与到价值链中所创造的价值，究竟是使用价值，还是交换价值。如果消费者所创造的是使用价值（如把从宜家购买的部件组装成柜子），那么，消费者依然还归属于传统的“消费者”范畴（如上述第一类）。但是，如果消费者所创造的价值是交换价值，那么，他们就变成了“产消者”（Humphreys et al.，2008；Antonio，2015）。正是由于产消者的劳动所创造的东西具有交换价值，它才有一个是否被剥削的问题。

也正是这一类产消劳动，触发了关于资本剥削产消者的激烈争论。社交媒体用户作为“产消者”，为社交媒体平台的营收作出了贡献；他们为这些平台生产了价值，却没有被支付报酬。正如特兰诺瓦所说的，互联网用户为互联网平台提供了免费劳动，而这些劳动被资本剥削了（Terranova，2000；Rose et al.，2016）。但是，围绕社交媒体平台公司的营收价值是否主要来源于用户的免费劳动，学术界有两种观点。持肯定立场的学者认为，社交媒体平台的价值主要来源于对用户的免费劳动的剥削（即“剩余价值剥削论”）（Fuchs，2010；Ritzer et al.，2010；Ritzer，2015）。持否定立场的学者则认为，上述观点夸大了平台对用户免费劳动的剥削。用户与平台之间其实是一种交换关系，虽然这种交换可能存在不平等（Zwick，2015），社交媒体平台的营收价值主要不是来源于平台对用户免费劳动的剥削，而是来源于金融市场对平台公司前景的估值，而金融估值是基于某种习俗，其中，市场行动者或公众的情感气候发挥重要作用（即“价值的社会创造论”）（Arvidsson et al.，2012）。

笔者认为，上述两种观点都存在不足。“剩余价值剥削论”既忽略了平台对产消者的剥削不同于工厂资本对劳动者剥削的特征，而且也难以充分解释平台的价值来源以及价值获取的创新性。“价值的社会创造论”则忽略了平台的价值来源的前提条件和基础——产消者行为的外部性。鉴于这两种理论的短板，笔者提出第三种理论观点，即“外部性剥削论”。本章分三个部分：第一部分讨论“剩余价值剥削论”，第二部分阐述“价值的社会创造论”，第三部分则论述“外部性剥削论”的基本观点。

一、“剩余价值剥削论”

关于大众媒体公司对用户产消劳动剥削的理论，可以追溯到加拿大学者斯迈思（Dallas W. Smythe）在20世纪七八十年代提出的“观众商品论”（theory of the audience commodity）。斯迈思认为，媒体公司（如电视、报纸）是通过向广告商或营销商出售观众商品来获利的。以电视为例。电视公司凭借自己的观众规模，向广告商出售广告时间。在这里，观众其实就是一个商品。相应地，观众的观看活动，就为公司创造了价值，因为他们制造了可以向广告商出售的“观众商品”。观众通过付出“观众劳动”（注意力付出）而与电视公司实现资源交换（如从某个电视娱乐节目中得到享乐），并因此得到补偿。观众观看娱乐节目带来的快乐，相当于电视公司给观众的“工资”；而观众观看电视广告的时间，相当于他们在为电视公司“工作”。电视公司的广告收入减去电视节目制作成本的剩余，就是电视公司从观众劳动获得的剩余价值（Smythe，1981）。

在斯迈思提出该理论的年代，电视遥控器还没有出现，观众还没有太多的换台自由，所以，“观众商品论”对电视公司的营收具有解释力。但是，随着遥控器，尤其是光缆传输电视和卫星电视的出现，观众换台变得自由而随意了，观众的观看时间等同于注意力倾注时间的假设，就不成立了（Arvidsson，2012）。尤其是在数字化的社交媒体出现以后，用户的主动性和能动性大大提高。在这种情形下，“观众商品论”还具有相同的解释力吗？

福克斯（Christian Fuchs）对此持肯定态度。他沿用斯迈思的“观众商品论”立场，并运用马克思的剩余价值剥削理论，来解释社交媒体平台公司对用户的剥削。社交媒体平台的用户作为产消者，在消费社交媒体平台（如 MySpace、YouTube、Facebook 等）提供的产品和服务的同时，也为它们生产了信息内容。但这些信息内容被平台资本无偿占有了。社交媒体用户作为信息内容的生产者，如同传统的工厂劳动者一样，成为一个被剥削阶级。

在福克斯看来，尽管社交媒体平台公司提供社交媒体产品的初始成本很高，然而一旦社交媒体产品完成以后，这些产品却可以不断被重复使用，而边际用户增加的成本趋近于零。不断加入的用户，源源不断地为平台公司提供免费劳动。正是用户提供的免费劳动，成为平台公司营收的主要来源。平台公司资本积累的策略，就是让用户可以免费使用它们的平台和服务，让用户生成内容，然后把所汇聚起来的大量用户当作商品卖给第三方的广告商。一个平台公司所拥有的用户数越多，它向广告商收取的费用就越高。

平台公司的剥削对象，不仅仅限定于它内部的员工（如软件编程人员、系统维护人员、产品营销人员等），而且也包括它的用户，即为平台提供信息内容的消费者。平台公司为员工支付了工资，却未向用户支付报酬。用户所生成的信息内容，被平台公司免费占有了。产消劳动可以看作是资本主义社会中平台公司向其用户进行的劳动力外包。这些产消者为平台公司进行免费劳动，从而有助于公司把其剥削率最大化，扩大公司利润，实现资本积累。反过来，福克斯指出，如果平台公司的用户数下降，那么，平台公司就面临所接广告减少的局面，相应地，平台公司的利润也将下降。如果用户大规模退出平台（如 YouTube、MySpace、Facebook、Twitter），平台公司的生产和资本积累就会崩溃。因此，用户的产消活动，是资本主义生产过程的一个不可缺少的部分（Fuchs，2010：191）。

无独有偶，瑞泽尔和于尔根松也把 Web 2.0 时代在线用户内容生成活动看作是产消活动。不过，不同于传统产消者，他们是数字产消者。在数字产消者时代，资本主义的剥削采取了不同于以往的形式。平台资本剥削了数字产消者的无偿劳动。在 Web 2.0 时代，资本既无力再用传统的对生产者、消费者和传统产消者进行控制的办法来控制数字产消者，也无法再用传统的剥削生产者、消费者和传统产消者的办法来剥削数字产消者。在数字时代，产消者并非被迫劳动，他们似乎很享受他们的内容生成活动，哪怕这些活动没有得到报酬。在互联网平台和用户之间，并没有金钱交换。例如，用户可以免费使用脸书和推特的服务和设施，相应地，平台也不用给用户的内容生成活动支付报酬。显然，资本的剥削不再采取传统的方式，而是采取了新的方式：数字产消者在享受平台所提供的社交服务和设施的同时，为社交媒体平台进行了无偿劳动。尽管我们不能忽略用户在社交媒体平台上的获得感，但他们在平台上所生成的内容，却被社交媒体平台公司向广告商出售而获利。他们还指出，在数字化时代，资本面临的问题不再是短缺，而是过剩，即信息过剩。因此，资本看重的不是信息供给的效率最大化，而是信息的效能（能吸引注意力）（Ritzer et al.，2010）。

随后，瑞泽尔进一步从社会学理论视角来对产消活动和产消者进行宏大叙事。他提出了“产消资本主义”（prosumer capitalism）的概念。他认为，事实上，产消活动不仅存在于线上，而且所有人类活动都是产消活动。但是，在其中，生产和消费的比重会有所不同。他认为，根据这个比重的不同，可以把产消活动看成是一个连续统。在连续统的一端，生产的比重较大，而消费的比重较小；在连续统的另一端，则是消费的比重较大，而生产的比重较小；居于二者之间的是生产和消费的比重呈现为均衡状态。因此，所有的生产活动，都有消费的因素。例如，马克思所讲的 19 世纪的生产，就要消费原材料。反过来，所有的消费，都包含生产的因素。例如，即使在 19 世纪，消费也在为生产者生产需求市场。因此，他认为，不存在纯粹的生产，也不存在纯粹的消费（Ritzer，2015）。

依据上述生产与消费合一但各自比重有差异的观点，瑞泽尔认为资本主义也可以分成生产资本主义、消费资本主义和产消资本主义。他指出，在生产资本主义时代，资本对工人的剥削，主要是通过对劳动时间的剥削。资本无偿占有了工人的剩余价值。资本也剥削消费者，但它占比较小。在消费资本主义时代，资本对消费者的剥削则是通过控制供给和需求的曲线，提高价格，让消费者支付更高的价值（如品牌产品）。同时，资本通过引诱消费者在购买满足基本生存所需要的、通常价格较低的产品以后，继续购买超出必需范围的、价格昂贵的商品（如奢侈品）。这种诱导性的高价消费，就成为资本剥削消费者的一个来源。为此，资本主义通过信贷制度鼓励消费者进行这种高消费，从而以金融制度来促进对消费者的剥削。当然，在消费资本主义时代，资本对工人的剥削依然存在。这个时期资本的剥削从对工人的剥削转变成对工人和消费者的双重剥削。瑞泽尔进一步指出，到了产消资本主义时代，资本采取了协同式双重剥削。由于任何人都是产消者，且生产者角色和消费者角色的比重有所区别，因此，资本对产消者的剥削会因为场域的不同而有所区别。资本对偏生产者的产消者的剥削主要发生在工厂和办公室，而对偏消费者的产消者的剥削，主要发生在商场。在时间上，资本对前者的剥削发生在工作时间，对后者的剥削发生在工作之外的时间（下班以后、周末）。但是，对产消者的剥削，可以发生在任何场合和时间。在麦当劳顾客自己清理盘子、加油站顾客自己加油、银行顾客自己在 ATM 上处理银行业务、酒店顾客自己办理入住和离店手续、超市顾客自己扫码支付账单等各种情形中，顾客既作为生产者被剥削（为资本节省了雇用员工的费用），又作为消费者被剥削（支付了本不必购买的商品）。这就是一种协同式双重剥削。但这种形式的剥削被掩盖了。在生产角色和消费角色的组合更为均衡的数字产消者那里，剥削被掩盖得更厉害。因为数字产消者在使用互联网和社交媒体平台（消费）以及生成内容和留下数据（生产）时，他们是愉快的，没有异化的感觉。

二、“价值的社会创造论”

社交媒体平台资本对产消者进行剩余价值剥削的理论基础在于斯迈思的“观众商品论”。但这个理论引起了非议。费西尔指出，它的一个局限，就是把形成于 19 世纪有关工厂中的劳动剥削理论运用来解释 21 世纪私人领域的休闲活动，从而显得与现实中的用户体验脱节。观众自己并不认为他们看电视的活动是劳动，也不认为自己看电视时被剥削。我们何以能把休闲活动看作劳动？当人们在志愿性地免费观看电视的时候，我们何以能说他们被剥削？我们能够把在电视前的观看活动与在血汗工厂的劳动画上等号吗？“观众商品论”并没有充分解决这些问题。因此，费西尔认为这个理论显得与实际不符（Fisher，2015）。

阿维德森和科里尔尼不同意福克斯直接运用斯迈思的“观众商品论”来解释社交媒体平台资本对数字消费者的剩余价值剥削。他们指出，毋庸置疑，社交媒体平台公司（如Google、Facebook、YouTube）的利润在一定程度上离不开用户的活动。但是，平台公司的价值创造越来越建立在公司利用由许多不同的行动者所生产的公共资源的能力上。他们拒绝福克斯的观点的理由有二：

第一，社交媒体平台公司的价值创造与生产性时间的联系十分微弱。相反，平台的价值创造更多是与消费者社区的情感纽带相联系。传统意义上的“剥削”既包括政治上的“压迫（强制）”，也包括经济上的“窃取剩余劳动时间”。就“压迫”的一面来说，社交媒体的用户是基于快乐和志愿的理由而进行使用，而不是基于强制或压迫。社交媒体的消费并不存在“压迫”。就“窃取剩余劳动时间”的一面来说，用劳动价值理论来解释社交媒体用户为社交媒体平台公司所创造的价值，显得十分困难，因为他们每个人的价值贡献其实是非常微小的。以脸书为例。它在2010年广告营收3.55亿美元，如果说每一个脸书用户是“剩余价值剥削的牺牲品”，那么，事实却是他一年只被脸书剥削了0.7美元。

第二，对社交媒体平台的分析，不能把它与其他因素隔离开来。社交媒体平台公司主要不是靠销售商品（不论它是物质商品，还是斯迈思所说的“观众商品”）来营收。相反，它主要是靠金融手段来创造价值。例如，脸书在2010年从出售“观众商品”获得的收入只有3.55亿美元，但是，在2011年1月下旬，它在股市上的融资达到15亿美元。金融租金（financial rent）成为公司利润的主要来源。这说明，在信息资本主义中，公司的价值兑现只是更大范围内的以金融为中心的积累过程的一部分。仅仅依据公司当下的广告营收，很难理解公司在股市上的融资规模。公司的金融租金，需要从公司的声誉（或情感）价值的角度来理解。

阿维德森和科里尔尼认为，事实上，社交媒体平台公司的大部分价值来源于它的无形资产，即品牌价值，而不是来源于用户的产消劳动时间。而无形资产的生产，不是发生在组织内部，而常常是发生在组织之外，即广大消费者和公众对公司经营理念和行为的认知和情感反应（喜爱）。而消费者和公众的认知和情感反应，要依靠公司的沟通和传播能力。它创造的价值，远远大于传统意义上单纯的劳动时间的累加所创造的价值。这意味着无形资产的价值，较难用传统意义上的生产劳动时间来测量，而是更多地依靠吸引情感投入的能力来创造。正是这种能力，创造了公司声誉和公司文化。公司文化构成员工的激励，而公司声誉则换来消费者和公众的喜爱，以及金融市场相应的较高估值（价值在股市兑现）。当然，劳动时间对公司的价值创造依然是必要的，但单纯用劳动时间来评估社交媒体平台公司的价值，显然是不够的。

不同于 19 世纪和 20 世纪的资本主义，当代资本主义实行以金融为中心的积累体制。价值的创造，更多是通过复杂的公司之间的网络的合作，以及公司和消费者的合作来实现的。这些合作过程，并不完全由资本所直接掌控，但它的成效会在金融市场上得到反映。金融市场对公司的估值，依靠的是"算计框架"，即习俗，来对公司的数据进行解读。这些习俗部分来源于沟通和传播实践。这些习俗的可行性，很大程度上依赖于它是否具有获得并激励市场行动者和公众情感投入的能力。换言之，公司在金融市场上估值，很大程度上依赖于市场行动者和公众的情感投入。这种情感投入构成公司的声誉（品牌价值）。显然，公司的无形资产的价值（品牌价值）大于客观的可测量的劳动时间创造的价值。社交媒体平台公司价值兑现的主要渠道，不是向广告商销售"观众商品"，而是靠市场和社会的情感投入所促成的金融市场的高估值。与传统工厂的基于劳动时间的价值规律不同，社交媒体平台公司的盈利是基于情感的价值规律（Arvidsson et al.，2012）。

吉维克对瑞泽尔和于尔根松的观点展开了批评。他认为，瑞泽尔的产消资本主义概念，既在一些立论上走得太远，又在解释力上显得不充分，因而不是一个很有用的分析性概念。他同意瑞泽尔关于产消活动在资本主义的价值创造中的作用的观点，但他认为没有足够的经验证据可以支持把产消资本主义提升为一个宏大叙事。他指出，瑞泽尔既夸大了资本对产消者的剥削程度，又低估了现代市场管理把消费者转变成生产者的程度及其技术复杂性。瑞泽尔关于任何活动都是产消活动以及产消者作为连续统的界定，反而让生产性消费和产消者的概念失去了分析性价值。他指出，我们很难设想，在富士康工厂工作的工人与乘豪华邮轮去加勒比海岛屿旅游的游客可以放在同一个产消连续统上，而不是对立的两极。瑞泽尔的产消连续统概念事实上既抹去了生产和消费之间客观上存在的界限，又没有把二者很好地结合在一起。

吉维克认为，关于资本对工人的剥削，可以客观地从劳动时间来测量。但是，关于平台资本对产消者的剥削的测量，却较为困难。事实上，数字产消者并非免费为社交媒体平台劳动，他们同时也获得了对平台设施和服务的免费使用权。这事实上是一种交换，因为平台设施和服务也是有成本的。只不过，平台和产消者之间的交换，是一种不平等的交换而已。就线下的产消者而言，资本并非无偿占有产消者的劳动。例如，在加拿大，顾客在 ATM 上办理银行业务是免费的，但是在柜台办理业务因为涉及银行雇员的服务，顾客却要交费。因此，产消者在 ATM 上的劳动是有回报的，它省去了在柜台办理业务的费用。产消者从宜家购买的家具要自己组装，但这些家具却比组装好的家具的价格更低，因此他们事实上得到了回报。所以，吉维克指出，瑞泽尔所说的产消者的全部劳动被资本无偿占有，是不符合事实的。不论是在线下，还是在线上，产消者都获得了资本所支付的报酬，只不过这个报酬不足够而已。无论如何，我们没有看到宜家或脸书上的消费者罢工。

吉维克进一步指出，瑞泽尔在夸大了资本对产消者的剥削程度的同时，却未能充分揭示资本剥削产消活动的机制。在商业性的消费监控或大数据时代，消费者被改造成产消者，从而让他们在没有意识到被剥削的情况下，客观上遭受了资本剥削。大数据把消费者变成了一架日夜不停的生物生产机器。他们的行为数据化了，不管他们移动还是不移动，购物还是不购物，都可以变成数据，从而变成平台资本盈利的原材料。因此，资本对于产消者的剥削，不在于具体的某个生产时刻，而在于产消者的全部生活。相应地，在大数据时代，出现了整体性的生活产消化（total prosumification of life）趋势。顾客数据库成为一种普泛的数据捕捉、存储和分类机制。它构成一种意在不但对消费进行监督、管理和预期，而且对消费者（作为所生产出来的商品）进行剥削的新的认识论和本体论。在这个监控网络中，只要消费者移动，他就在本体论和认识论的意义上生产了自己，即把自己作为一个数据商品来生产。因此，商业性顾客监控机制具有经济功能，它可以从人的生活本身榨取价值。顾客监控技术所具有的捕捉顾客市场活动数据的能力，把生活本身转化成了生产信息商品的原材料。当消费者在购物、打电话或观看优兔上的视频时，他们就成为这些原材料的生产者。而这个生产活动，并没有从数据平台公司那里得到足够的回报。因此，资本对产消者的剥削，不是在具体的生产时刻，而是在一个更高的、全方位的生活本体论和认识论层次。因此，他认为，社会理论不能只分析产消者被剥削的具体结果，而要侧重于分析产消者被剥削的原因。这个原因就是整个经济系统，而不仅仅是资本和产消者之间的劳动关系（Zwick，2015）。

三、“外部性剥削论”

上述“剩余价值剥削论”和“价值的社会创造论”均有不足之处。就“剩余价值剥削论”来说，它无法解释：社交媒体平台的产消者为什么明知被剥削，却依然乐此不疲地愿意被剥削？面对资本的剥削，为什么产消者不抱怨、不抵制、不罢工，而是快乐地投入被剥削的境地？或许“剩余价值剥削论”持有者会说，那是因为产消者没有意识到自己被剥削。但问题在于，马克思在《资本论》中的剥削理论，是基于工资劳动来说的。而工资劳动是基于劳动契约的。在马克思看来，资本对劳动者的剥削，在于劳动力的市场价格和劳动力使用所创造的价值存在差异。这个差异，就是剩余价值。它被资本无偿占有了。为了最大程度榨取剩余价值，资本必须对劳动过程进行控制，以最大地提高劳动力使用所创造的价值。这个价值越高于劳动力的市场价格，资本所榨取的剩余价值就越多。而劳动控制可以提高劳动力使用所创造的价值，从而提高实剩余价值剥削度。而劳动控制一定存在或多或少的令劳动者不愉快的一面：他们必须遵守作息制度和劳动纪律，缺乏足够的自主性和自由（马克思，2004）。而社交媒体平台的产消者与平台资本并没有劳动契约关系，他们不领取工资，他们的活动不属于工资劳动的范畴。他们的产消活动也没有导致他们的不愉快，更不用说导致马克思所说的“异化”（马克思，2002）。相反，他们从社交媒体中得到的是快乐。很显然，马克思的剩余价值剥削理论，并不能简单套用到平台资本对社交媒体平台产消活动的剥削。

就“价值的社会创造论”来说，它揭示了当代品牌资本的价值来源的复杂性，以及金融化过程对公司价值创造的作用。但是，它并不能解释品牌资本是否可以长期脱离产消活动所创造的价值。金融估值的基础在于对品牌和公司的未来预期，在短期看，产消者所创造的价值对于品牌的金融估值的确作用不大，但它却是金融估值的基础。没有这个基础，金融估值就失去了依据。尽管金融估值有波动性，但它依然是以产消活动所能创造的价值前景为轴线。它可以短期与产消活动所创造的价值这个轴线偏离，但不能长期偏离。很显然，产消活动为公司和品牌所创造的价值，是不容否认的。那么，如何来解释社交媒体平台对产消者的剥削呢？

（一）从剩余价值剥削到外部性剥削

哈特和内格里关于非物质劳动的论述可以给我们以启示。他们认为，关于 19 世纪工厂劳动的理论，已经无法解释今天的非物质劳动。在后现代社会中，生产不仅仅是狭义的经济学意义上的生产，而且是一种社会生产，它不但生产物质产品，同时也生产观念、形象、情感和关系。所以，今天的生产不仅仅发生在经济领域，同时也触及社会生活、文化和政治等多个层面。在从事非物质劳动中，人们需要借助共享物（the common），如语言、观念、形象和知识。而这些共享物需要通过交流、协同和合作才得以产生。所以，共享物是被生产的，它是在交流、协同和合作中生产的。同时，它又具有生产性作用，因为没有这些共享物，生产活动所必需的交流、协同和合作就无法产生。因此，生产过程与共享物之间构成了相互作用、相互促进、螺旋上升的关系。而共享物也构成价值的来源。换言之，价值不仅仅是传统狭义意义上的劳动所创造的，而且也是通过借助共享物所进行的交流、协同和合作过程所创造的。人们在劳动过程中，不但生产了产品，而且也生产了共享物。而共享物是有价值的。相应地，资本的剥削形式也发生了变化。由于价值不能仅仅根据劳动时间量来理解，因此，资本对劳动的剥削，不能仅仅依据资本对剩余劳动时间量的剥削来理解，也必须从资本对劳动过程所创造的共享物的剥削来理解（Hardt et al.，2004）。所以，他们认为，正如我们必须依据共享物来理解价值的生产，我们也要把剥削看成是对众人所生产的共享物的剥夺。共享物成为剩余价值的来源地。剥削乃是对作为共享物的价值的一部分或全部的私人化窃取。人们所生产的情感、观念、知识和语言构成共享物，但它变成了私有的（Hardt et al.，2004：150）。

笔者认为，哈特和内格里所说的共享物，来源于劳动过程的外部性。今天的社交媒体平台用户的消费活动，也可以理解成非物质劳动。他们在消费社交媒体平台的产品和服务的同时，也生产了外部性（数据、情感和注意力），这个外部性是有价值的，但这种价值被平台资本窃取了。因此，社交媒体平台对平台用户的剥削，不能根据产消者的劳动时间量来界定，而是要根据他们的产消活动的外部性来界定。所以，平台资本对产消者的剥削，可以叫作外部性剥削。这是数字化时代的一种新的剥削形式。这种剥削形式明显不同于19世纪资本对工厂劳动者的剥削，而是一种被剥削者心甘情愿“被剥削”的新现象。如果说，剩余价值剥削是一种基于工资劳动和劳动契约的剥削，那么，外部性剥削则是一种与工资劳动不同的、不具有劳动契约的剥削。这种剥削何以可能？

理解平台资本对数字产消者的外部性剥削的关键，在于理解数字产消者所创造的价值究竟是使用价值还是交换价值（Humphreys et al.，2008）。很显然，社交媒体平台用户所带来的外部性，是具有交换价值的。但问题在于，从社交媒体平台用户的角度看，他们是在利用（或消费）社交媒体平台的使用价值。但从社交媒体平台公司的角度看，消费者在社交媒体平台上所生成的信息内容，却具有交换价值，因此，用户在为它们进行生产。追求使用价值的社交媒体平台消费者，何以能成为交换价值的生产者？换言之，平台用户的追求使用价值的活动，何以转化成了创造交换价值的活动？不理解这个转化过程，就无法理解平台资本对平台用户的剥削。

这个转化的关键在于外部性。平台用户在利用社交媒体平台的使用价值的过程中创造了外部性，正是这个外部性具有交换价值。用户活动的外部性的存在，让资本剥削关系从双重关系变成了三重关系。如果说，在传统的剥削机制中，资本剥削采取雇主—劳动者的双重关系，那么，在数字经济中，资本剥削采取了三角关系：平台、用户和广告商（或营销商）。

（二）消费者行为的外部性

外部性是一个经济学概念。它指的是人们的经济活动的间接、衍生或非预料后果或影响。经济行动者往往有着明确的目的，这个目的实现了，就是它的直接后果。但这个直接后果可能会连带出间接、衍生或非预料后果，即对他人所造成的后果。这个后果，就是外部性。它分为正外部性和负外部性。正外部性指的是让他人受益的后果。负外部性指的是让他人受损的后果。从经济学角度看，外部性所要揭示的是行动者所造成的非市场化后果，即：正外部性的提供者未从受益的他人那里收到回报，而负外部性的提供者也未向利益受损的他人提供赔偿（即不为负面后果承担代价）。

消费活动同样也有外部性。以个人在自家的院子里养花为例。他的直接目的是，通过养花，让自己颐养性情（即养花的使用价值）。但他在满足这个直接目的的同时，也带来了间接后果：邻居或路人可以通过欣赏他院子里的花而感到赏心悦目；同时，如果养花的人多了，整个城市的环境就变美了。这个间接后果就是私人养花的外部性。外部性通常体现为连锁效应。例如，居民养花美化了城市环境，导致更多居民移居到此，并进而吸引更多的投资进入此地。上述养花的例子是正外部性，一个人的行为间接对他人造成了有利的后果。但一个人的行为也可能造成对他人不利的后果。例如，一个人在深夜独自外放音乐，在实现了自己的直接目的的同时，却干扰了邻居的休息（负外部性）。

在许多情况下，社会行动者只意识到自己行动的直接后果，但未必会察觉到或充分察觉到自己行动的间接后果。这种间接后果就是外部性。在一般情况下，自己所造成的负外部性会引起他人的反弹甚至惩罚，从而引起自己注意。但是，一个人未必会意识到，或不愿付出太多代价去了解自己行为的正外部性，从而难以从自己行动所造成的正外部性获得经济报酬。一方面，这是因为个人行为的正外部性不容易测量（哪些人受益、受益如何用量化方式测量）；另一方面，正外部性常常不具有排斥性，即阻止他人受益（Cornes et al.，1996），所以人们认可他人从自己行为的正外部性受益。例如，在“一枝红杏出墙来”的情况下，杏花种植者很难阻止路人观看出墙的杏花。或者说，他如果要阻止，代价可能会大到个人难以承受的地步。在外部性没有排斥性的情况下，杏花的种植者就无法向观看杏花的路人收取报酬。观看杏花的路人在享受到杏花种植者所带来的好处的同时，也不觉得有必要向杏花种植者支付报酬。在这个例子中，人们通常不会认为观看杏花的路人剥削了杏花种植者。事实上，杏花种植者还可能因为路人从他种植的杏花中得到美感而感到高兴和自豪。路人观看了他种植的杏花，也没有对他造成利益损失，他该得的都得到了（花卉怡情）。而顺带让路人也开心，只是一个额外的、间接的社会性后果，他自己也可以从这个社会性后果获得心理收益（高兴和自豪）。事实上，由于他种植的杏花的美感红利外溢并没有伤害到他自己的利益，所以他也没有理由去排斥路人获取观看花卉的心理收益。

在花卉种植的例子中，由于外部性是由消费者所生产的，因此，消费者获得了生产者角色。但它是一种衍生的、自己未必意识到的角色。在日常生活中，我们并没有把这种生产者角色和消费者角色合并起来。这是因为消费者行为的外部性没有进入市场交换领域（缺乏市场），因而无法成为盈利的资源（Cornes et al.，1996)。但是，一旦外部性进入市场交换领域，性质就变了，消费者的生产者角色就不容忽视。所以，生产性消费和产消者概念的形成，不能离开消费者行为的外部性获得交换价值这个大背景。换言之，它不能离开信息经济或信息资本主义这个大环境。

（三）外部性如何被剥削？

那么，在什么情况下行动者的外部性会变成剥削的对象？笔者认为，只有在外部性获得交换价值，因而可以用来进行市场交换的情况下，它才能成为剥削对象。如果当事人的外部性具有交换价值，但自己没有拿它去进行市场交换来获利，而是被他人拿去进行市场交换而获利，那么，这个当事人行为所创造的外部性就被剥削了。

在什么条件下社交媒体平台用户行为的外部性具有交换价值呢？只有在广告商或营销商介入的情境下，用户行为的外部性才具有交换价值。换言之，如果没有广告商，社交媒体平台和用户之间的关系就是生产者和消费者的关系。社交媒体平台如果要盈利，就会向用户收费。但是，广告商的介入改变了社交媒体平台公司的盈利模式。平台公司不向用户收费（或只收很少的费用)，而是改向广告商出售由用户在使用社交媒体平台过程中所带来的外部性。正是由于“平台—用户”的双重关系转换为“平台—用户—广告商”的三角关系，使得用户行为的外部性获得了交易市场，具有了交换价值。事实上，用户行为的外部性带来了双重红利。一方面，它让社交媒体平台具有了盈利的途径；另一方面，它让平台用户省去了向平台支付使用费的成本。

但是，尽管平台用户省去了向平台支付使用费的成本，由于他们的使用过程所带来的外部性具有交换价值，而这个交换价值被平台公司拿走了，因此，他们还是被平台资本剥削了。只不过，平台资本对他们的剥削，不是传统的资本对工资劳动者的剩余价值剥削，而是平台资本对数字产消者所创造的外部性的剥削。外部性剥削的关键，在于必须既让当事人愿意从事能够带来外部性的行为，同时又让消费者接受自己行为的外部性被剥削。因此，平台对用户的外部性进行剥削的策略主要有两种：诱惑与讲故事。

1. 诱惑策略

诱惑策略可以用蜂农生产蜂蜜的比喻来说明。在蜂农那里，蜜蜂其实就是产消者。它们来消费蜂农所种植或所发现的大面积的花，但同时创造了外部性——蜂蜜。在这里，蜂农必须种植或寻找大面积的花，而花就是吸引蜜蜂的诱惑物。有了这个诱惑物，才能获得蜜蜂所制造的蜂蜜。蜂蜜作为蜜蜂行为的外部性，具有交换价值，可以拿到市场上销售而获得经济收入。而要获得这个外部性，首先必须要用花来诱惑蜜蜂。这就是诱惑策略。当然，我们不会说蜂农剥削了蜜蜂，因为剥削总是人对人的剥削。但是，如果把蜜蜂换成人，剥削关系是否就成立了呢？答案是肯定的。

如果说数字产消者相当于“蜜蜂”，那么数字产消者行为的外部性就相当于“蜂蜜”。正如蜂农通过种植或寻找大面积的花来吸引蜜蜂，从而获取蜜蜂的外部性——蜂蜜——一样，平台公司通过提供免费使用的社交媒体平台和服务来吸引数字产消者，以获取他们制造的外部性。这些免费使用的社交媒体平台和服务，就相当于吸引蜜蜂的“花”（它也构成平台公司的成本）。平台公司为了获得数字产消者的外部性而向数字产消者提供免费使用的社交媒体平台和服务，就是一种诱惑策略。在这里，没有诱惑，就没有外部性剥削。要获得具有交换价值的外部性，必须通过诱惑策略来达到。正如一句中国俗语所说的，“将欲取之，必先予之”。要对产消者的外部性进行剥削，必须先提供免费的诱惑物。可见，外部性策略与剩余价值剥削不同，它不是通过劳动控制来实现剥削的目的，而是通过诱惑来实现剥削的目的。

在社交媒体中，数字产消者行为的外部性剥削之所以比工厂劳动的剩余价值剥削更少遇到抵制，是因为被剥削的当事人从诱惑物中获得了利益，而这种获利是无成本的或低成本的（如果有成本的话）。至于数字产消者的正外部性，他们或者没有意识到，或者意识到了也不觉得它对自己有什么经济价值。因此，他们不会留意自己的外部性的去向。即使他人利用了自己所创造的外部性，对数字产消者来说，也没有造成他们的利益损失。正因为如此，数字产消者的外部性被社交媒体平台加以工具性地利用而未遭到产消者的抵制。

在社交媒体平台中，平台公司对数字产消者的外部性剥削是如何实现的呢？

第一，消费者行为的数据化。消费者在网上、移动智能手机、含芯片的信用卡、会员卡、全球定位系统留下的痕迹，以及他们在网上或交易中填写的各种身份登记表格、留言与评论，均可以变成数据。这些数据打包以后，就是大数据。它可以用来发掘有关消费者行为的规律，从而成为产品开发和营销策略的依据（Dujarier，2016）。这些大数据可以被互联网公司打包卖给广告商和营销商。例如，安克城（Acxiom）就是这样的数据中介公司。它的数据商品卖给了富国银行（Wells Fargo）、汇丰银行（HSBC）、丰田（Toyota）、福特（Ford）等公司（Roderick，2014）。

第二，消费者在社交媒体上所生成的内容，本身成为吸引其他消费者加入平台的因素。加入平台的消费者人数越多，意味着消费者的“注意力”市场越大。而注意力市场就是数字产消者为平台创造的外部性。它可以为平台所用，卖给广告商和营销商，从而获利（Dujarier，2016）。平台上信息供给者越多，信息消费者就越觉得平台有用，就越有信息消费者连接到平台。平台上的信息供给者和信息消费者于是构成社交媒体平台的“双边市场”（Rochet et al.，2003）：信息供给者市场和信息消费者市场成为相互促进的关系。广告商和营销商也愿意搭上这个双边市场的便车，而成为广告信息的供给者，但他们为此要向平台支付费用。

第三，搜索引擎平台（如谷歌）也把搜索工具的搜索行为的外部性当作商品向广告商或营销商出售。通过算法控制，让支付了广告费用的广告商在消费者所搜索内容的边上做广告。搜索引擎是免费使用的，但它吸引了搜索引擎的大量使用者。这些使用者的外部性，就是对所搜索内容的关注和兴趣。而这个“关注”和“兴趣”可以为搜索引擎公司所利用：公司把用户所搜索内容的旁边的网页空间作为广告空间出售给广告商和营销商，从而提供与用户兴趣相关联的各种商品广告信息。由于广告与用户兴趣挂上了钩，广告的效应也大大提高（Nixon，2016）。

在上述情形中，消费者在实现了自己的直接目的（免费使用平台设施和服务）的同时，也创造了外部性，如大数据、注意力市场、兴趣点等等。在资本剥削的三角关系中，这些外部性是有交换价值的。在社交媒体中，消费者就不再是单纯的消费者，而同时也是生产者。正因为如此，他们可以叫作产消者。平台与消费者并没有订立劳动合同。它让产消者免费使用平台的设施和服务，但同时获取了产消者所造成的外部性的市场价值。

在工厂劳动的剩余价值剥削中，被剥削者知道自己被剥削，并常常能感受到劳动控制带来的不愉快或异化。而在社交媒体平台的外部性剥削中，被剥削者未必知道自己被剥削；同时，他们更多地感受到使用社交媒体平台的快乐。在工厂劳动的剩余价值剥削中，剥削者能够预期自己所能剥削的额度。在社交媒体平台的外部性剥削中，实现外部性剥削的准备阶段要更长，社交媒体平台一开始可能会亏损。它对于产消者的外部性剥削的预期，具有更大的不确定性。不同于工厂劳动的剩余价值剥削仅仅发生在生产空间和工作时间，在社交媒体平台，外部性剥削发生在所有场合和所有时间，尤其是私人空间和休闲时间（Ritzer，2015）。可见，外部性剥削是一种渗透力度更大的剥削，它从工厂和办公室走向了私人生活场域，生活本身成为外部性剥削的重要场域（Arvidsson et al.，2012；Rose et al.，2016）。在社交媒体平台的新的剥削形式中，产消者的生产和休闲时间的边界已经模糊化了（Rose et al.，2016）。

2. 讲故事策略

社交媒体平台必须讲好自己的故事。故事的内容主要是平台如何为社会造福，如何为消费者谋福利，如何让消费者体验到数字与通信革命所带来的红利。通过讲故事，塑造平台公司的社会形象。这样的讲故事策略，可以获得产消者对平台的好感，不但让产消者热捧平台，而且也在一定程度上把外部性剥削合理化。平台讲的关于自己的社会情怀的故事，可以形塑公众对平台的情感。在一定程度上，公众关于公司的情感气候，决定了公司的品牌价值（Negri，1999）。产消者可以明确地意识到平台设施和服务的使用是免费的。但他们未必知道，自己的数字消费活动的外部性成为平台公司盈利的渠道之一。即使他们知道自己的外部性被平台公司剥削，但由于平台的讲故事策略，他们也会觉得这样的剥削是合理的、公平的、可以接受的。他们“心甘情愿”被剥削。平台公司的讲故事策略不但形塑了产消者，而且在此基础上进一步影响了自己在金融市场（银行、风投公司和证券市场）的估值。而金融租金是社交媒体平台获利的重要渠道。

平台讲故事的内容，往往是消费者所信奉的价值。例如，平台可以讲述关于数字化时代消费者的自主、自由、民主和连接：他们可以自主决定在社交媒体上发表什么内容，自由发表自己的观点，并通过数字参与而建构新型民主，以及通过网络平台实现社会连接。由于平台所讲的故事与产消者的价值偏好具有一致性和契合性，这样的故事才会在产消者身上引起积极的情感反应。所以，讲故事策略体现了公司行为的文化嵌入性。公司的故事版本必须嵌入在公众的文化偏好中，与这种文化偏好保持一致。外部性剥削要求社交媒体平台把公众的社会与文化生活纳入治理的范围，从而让公众成为平台公司的价值创造者。在这个意义上，公众社会成为平台的价值创造的“社会工厂”（Gill et al.，2008）。

四、结语

数字与通信技术革命给社会带来了巨大的变化。其中一个变化就是资本对劳动的剥削形式的变化。但是，围绕这一变化，学者们展开了激烈的争论。一批学者主张，平台资本对产消者的剥削，依然可以沿用剩余价值剥削理论（“剩余价值剥削论”）。另一批学者则认为，在平台公司的价值来源中，产消者所创造的价值只占很小一部分，平台公司的大部分价值是从金融化过程中获得的（“价值的社会创造论”）。这两种观点都有一定道理，但都遇到理论上的解释困难。“剩余价值剥削论”既难以解释产消者被剥削的非强制性和快乐性，也无法解释社交媒体平台的品牌价值的真正来源。“价值的社会创造论”则忽略了产消劳动构成金融估值的前提条件和基础。没有产消者劳动，平台资本的金融估值就成为无源之水、无本之木。

笔者认为，社交媒体平台的剥削，不同于工厂劳动的剩余价值剥削形式，而是一种借助公众的力量，对数字产消者所制造的外部性进行剥削的形式。之所以这是一种剥削，是因为产消者的外部性具有交换价值，而这个价值，被平台资本剥削了。但是，平台资本对于产消者的外部性剥削，不是采取工厂和办公室中的劳动控制方式，而是采取诱惑和讲故事的方式。这两种策略既让产消者愿意从事为平台带来具有经济价值的外部性的活动，也让产消者对平台剥削他们的外部性表示认可和接受。他们“心甘情愿”地被剥削，而不会对平台进行罢工和抵制，因为平台让他们在免费使用平台设施和服务的同时，也让他们满足了自己的直接目的，享受到数字产品消费的快乐。

数字平台的这种新的剥削形式，不但说明剩余价值剥削理论无法简单移植来解释平台资本对产消者的剥削形式（可以解释平台公司对其正式员工的剥削），而且也说明，数字与通信技术革命让资本的剥削变得更精妙和高明。其中的一个高明之处在于，平台资本以剥削对象认同自己的商业价值的方式来对他们进行剥削。借助于剥削方式的创新，平台资本把剥削的对象，从产业劳动者扩展到消费者（因此他们变成了产消者），从生产空间扩展到生活空间。社交媒体平台公司也把劳资关系扩展为资本、广告商和产消者的多重关系。

参考文献

马克思，2002. 1844 年经济学哲学手稿. 北京：人民出版社.

马克思，2004. 资本论：第 1 卷. 北京：人民出版社.

Antonio R J，2015. Is prosumer capitalism on the rise?. The sociological quarterly，56（3）：472 - 483.

Arvidsson A，Colleoni E，2012. Value in informational capitalism and on the Internet. The information society，28（3）：135 - 150.

Bruns A，2007. Produsage，generation x，and their effects on the democratic process. Proceedings of the conference：media in transition 5，MIT，Boston.

Cornes R，Sandler T，1996. The theory of externalities，public goods，and club goods. 2nd edition. Cambridge，UK：Cambridge University Press.

Cova B，Cova V，2012. On the road to prosumption：marketing discourse and the development of consumer competencies. Consumption，markets and culture，15（2）：149 - 168.

Cova B，Dalli D，Zwick D，2011. Critical perspectives on consumers' role as "producers"：broadening the debate on value co-creation in marketing processes. Marketing theory，11（3）：231 - 241.

Dujarier M，2016. The three sociological types of consumer work. Journal of consumer culture，16（2）：555 - 571.

Fisher E，2015. Class struggles in the digital frontier：audience labour theory and social media users. Information，communication & society，18（9）：1108 - 1122.

Fuchs C，2010. Labor in informational capitalism and on the Internet. The information society，26（3）：179 - 196.

Gill R，Pratt A，2008. In the social factory：immaterial labour，precariousness and cultural. Theory culture and society，25（1）：1 - 30.

Hardt M, Negri A, 2004. Multitude: war and democracy in the age of empire. New York: The Penguin Press.

Humphreys A, Grayson K, 2008. The intersecting roles of consumer and producer: a critical perspective on co-production, co-creation and prosumption. Sociology compass, 2/3: 963 - 980.

Negri A, 1999. Value and affect. Boundary 2, 26 (2): 77 - 88.

Nixon B, 2016. The old media business in the new: "the Googlization of everything" as the capitalization of digital consumption. Media, culture & society, 38 (2): 212 - 231.

Prahalad C K, Ramaswamy V, 2004. The future of competition: co-creating unique value with customers. Boston: HBS Press.

Ritzer G, 2015. Prosumer capitalism. The sociological quarterly, 56 (3): 413 - 445.

Ritzer G, Jurgenson N, 2010. Production, consumption, prosumption: the nature of capitalism in the age of the digital "prosumer". Journal of consumer culture, 10 (1): 13 - 36.

Rochet J C, Tirole J, 2003. Platform competition in two-sided markets. Journal of the European economic association, 1 (4).

Roderick L, 2014. Discipline and power in the digital age: the case of the US consumer data broker industry. Critical sociology, 40 (5): 729 - 746.

Rose J, Spencer C, 2016. Immaterial labour in spaces of leisure: producing biopolitical subjectivities through Facebook. Leisure studies, 35 (6): 809 - 826.

Smythe D W, 1981. Dependency road: communications, capitalism, consciousness and Canada. Norwood, New Jersey: Ablex.

Terranova T, 2000. Free labour: producing culture for the digital economy. Social text, 18 (2): 33 - 57.

Toffler A, 1980. The third wave. New York: William Morrow.

Zwick D, 2015. Defending the right lines of division: Ritzer's prosumer capitalism in the age of commercial customer surveillance and big data. The sociological quarterly, 56 (3): 484 - 498.

第八章　城镇居民生活满意度及影响因素分析

GDP曾经被作为衡量社会发展、保障人类福利的最重要指标。这本质上是市场主导的路径，强调市场交换的产出及其配置资源的作用，其价值取向也主要是竞争性的。但是有证据表明，随着经济水平的提高，人们的幸福感、对生活的满意度并不一定会提高。在1990—2010年间，中国的人均GDP以不低于8%的年均速度增长，但是人们的生活满意度却呈现出U形的变化趋势。通过比较来自世界价值观调查、盖洛普公司、零点公司、亚洲指标调查数据库（Asiabarometer）和皮尤研究中心（Pew Research Center）的纵贯数据，伊斯特林等（Easterlin et al.，2012）发现中国居民的生活满意度从1990年开始下降，一直到2000—2005年期间才出现转折，随后又呈上升趋势。

面对这种矛盾，国际社会和学术界逐渐认识到集体消费对于生活满意度的重要性，提出应当注重社会保障、社会福利、社会支持等公共产品和服务以及资源分配中的公平与公正。集体消费指产品和服务由国家、城市、社区等“集体”供给，以分配作为主要摄取方式，比如公共住房、公共设施、教育、医疗等（Castells，1977：459-462；Warde，1990；王宁，2014）。人们对于集体消费的参与及评估是提高主观和客观福利的重要因素。除了从市场和国家那里获得福利之外，人们也从环境中获取福利。人们的生产与生活大都以环境资源的“消费”为代价，造成了一定的生态后果，成为影响人类福利不容忽视的因素。“福利”与“环境”被捆绑到了一起，学界近年提出的“主观福利的环境效率”（Dietz et al.，2009）等话语即是倡导人类福利与环境消费之间的平衡。

已有研究比较关注生活满意度的测量，强调从学科角度出发的经济、环境等单方面因素的作用，缺乏对于生活满意度影响因素的较系统的考察。本章提出了一个主要由市场竞争、集体消费、环境质量和个体生活质量构成的分析框架，以此对相关政策制度作出回应，也将从社会学的视角强调社会保障、社会公平和环境因素对居民生活满意度的影响。基于此分析框架，本章使用 2013 年中国社会状况综合调查数据建立解释模型，考察相关因素对生活满意度的影响。本章首先阐明生活满意度的概念并构建分析框架，然后分析我国城镇居民的生活满意度并进行国际层面和历史层面比较，实证分析的核心是建立生活满意度的线性回归模型和多层次模型，最后将讨论实证发现并探讨其在学术和政策方面的启示。

一、生活满意度的分析框架

不同于收入、教育、健康等客观指标，生活满意度从主观感受和体验的角度测量人们的生活福利和生活质量。英文文献中，与生活满意度相关的术语包括“主观福利”（subjective well-being）、“生活满意度”（life satisfaction）和“幸福感”（happiness）。“主观福利”是一个集合的概念，表示人们对自己的生活、经历、身心以及生活环境的各种评估（Diener，2006）。迪纳等（Diener et al.，2003；Diener，2006）将“主观福利”分解为三个主要组成部分：（1）生活满意度，指对生活总体的评价以及对生活具体方面，比如婚姻、工作、收入、住房和休闲的评价；（2）情绪，包括正面的情绪如愉悦、满足和负面的情绪如沮丧、愤怒；（3）价值判断，如对自己的生活是否抱有成就感，觉得人生是否有意义。“幸福感”的含义则更模糊些，在学术研究中至少有两种用途。一种主要用于测量情绪，比如“你昨天幸福/高兴吗?”这种体验经常是短暂的、处于变化之中的，容易受到先前发生的事件的影响；另一种既用于测量情绪也用于测量对生活的评估，比如“总体来讲你觉得你的生活幸福吗?”这种用途下的“幸福感”与“主观福利”非常接近。集合了加拿大、英国和美国学者的独立报告《世界幸福感报告 2013》(Helliwell et al., 2013),就是在第二种框架下讨论世界各国的幸福感。

因此,从概念上讲,“生活满意度”是“主观福利”的重要组成部分,也是广义的“幸福感”概念中强调对生活评估的部分。相比情绪和价值判断等心理和精神的维度,人们通过思考自己的工作、收入、婚姻、住房、健康等各方面的生活而作出满意度高低的评估,是主观福利的诸多维度中较稳定的一个,也能够更直接反映经济和社会的发展水平以及社会政策的实施效果,有助于促进相关制度和政策的改革,从而更具有实践意义。

生活满意度的指标在近些年逐渐受到重视,并被广泛应用到舆情研究和政策研究中。已有研究指出了生活满意度对于居民福利测量的敏感性,它的作用机制不同于 GDP 指标,但同样是有效的测量工具。如伊斯特林等(Easterlin et al., 2012)的实证分析表明,人均 GDP 代表了物质生活水平的平均提高程度,因为经济增长的受益人群通常是占人口少数但是拥有丰富的经济和文化资源的人群;而生活满意度指标可以揭示普通民众的生活水平变化,尤其是收入较低、受教育程度较低人群的生活水平。从这个意义上看,相比 GDP 指标,生活满意度是测量人们生活境遇和福利的更为全面和有意义的指标。

现有研究对于生活满意度、幸福感、主观生活质量等概念的测量有着丰富的积累,对收入、家庭生活、健康、就业等因素的影响探讨得也比较深入。但是,现有研究较少关注影响因素分析框架的构建。为什么选取这些影响因素?背后的理论假设和理论关怀是什么?这些因素的内在结构和联系是什么?只有阐明了这些问题,才能确保解释模型的信度和效度。

市场和国家是人们获得生活所需的物质保障、社会福利和公共设施的主要途径,这两种途径配置资源的方式、目的及规范价值都有所区别。在这两种结构性因素之外,人们也从环境中获取生产和生活所需的资源,同时造成了一定的生态后果,影响了福利的可持续提高。生活满意度高低与个体层面的生活质量和生活方式有关。本章着眼于福利获得的不同途径及其作用机制来分析生活满意度的影响因素。根据福利获得的途径,解释维度包括市场、集体(地区/国家)、环境和个体;根据福利的不同获得途径所主张的规范价值,解释维度包括竞争、公平和可持续发展。本章使用“集体消费”的概念来表示从地区或国家获得福利的机制以及强调公平正义的价值取向，以区别于从市场获得福利的机制以及强调经济回报和竞争的价值取向。在梳理已有研究的基础上，本章将构建一个较为系统的生活满意度分析框架，并将之应用到实证分析中。

（一）生活满意度与市场因素

收入和衡量经济发展水平的主要指标 GDP 都是资本和市场的产物，强调经济回报和效益，与之关联的价值取向是竞争性的。人们不仅通过市场竞争获得“绝对”收入，也通过与他人和过去的比较获得“相对”收入，因此这种“市场竞争”的维度区分了两种不同的收入作用机制。韦胡文（Veenhoven，1991）基于“需求—满足”的框架，认为人们只有满足了基本的、固有的需求才能够幸福，而收入较高的人可以满足各种基本需求，因而收入与幸福感是正相关的关系，幸福感并不是基于比较的相对感觉。当然，他也指出人类的需求并不会无限增长，所以收入与幸福感之间的关系也遵循边际效用递减的规律。

虽然被韦胡文批驳，伊斯特林等（Easterlin，2001；Easterlin et al.，2012）仍坚持相对的视角，强调物质欲望对于生活满意度的作用机制，而物质欲望的决定因素主要有两个：与个人过往经验的比较和与他人的社会性比较——虽然在生命周期的不同阶段，这两种因素的重要性有所区别。伊斯特林（Easterlin，2001）解释了为什么收入显著增加而人们的生活满意度却相对稳定。在他看来，在个人的生命周期中，收入并非导致生活满意度改变的诱因，而是物质欲望这个中介变量在发挥作用——收入的增加带来物质欲望的相应增强，而物质欲望的增强会抵消收入增加对生活满意度的正面效应。

国内学者使用中国的数据为这些争论提供了实证证据。邢占军（2011）通过对六个省会城市调查数据的分析发现，个人收入对幸福感仅有微弱的影响，相对来讲，较不富裕地区的居民个人收入与幸福感之间的相关程度较强。官皓（2010）将绝对收入操作化为前一年的收入，相对收入操作化为对自身收入水平的评价，使用北京、上海、广东的调查数据进行分析。结果显示，相对收入对幸福感的影响显著，而绝对收入的影响不显著。但是罗楚亮（2009）分析全国调查数据则发现，即便控制了相对收入，绝对收入水平对主观幸福感也具有显著影响。

美国著名智库皮尤研究中心（Pew Research Centre，2014）对 43 个国家进行的调查显示，新兴市场国家当前的生活满意度比 2007 年有了大幅度增长，接近发达国家的生活满意度水平；在新兴市场国家中，中国、印度尼西亚和马来西亚的生活满意度增长显著。其研究发现也强调绝对收入的效应，不管在发达国家、新兴市场国家还是在发展中国家，高收入阶层的生活满意度都高于低收入阶层的生活满意度。

（二）生活满意度与集体消费

与强调经济回报和竞争的市场因素不同，集体消费服务于公共利益，消费品的生产目的不在于追求利润，而是劳动力和社会关系再生产的必要条件，消费过程只能由“集体”进行组织和管理，其经济和社会功能主要通过国家机构实现（Castells，1977，1976）。王宁（2014）依据消费品供给单位，将集体消费进一步区分为社区/城市消费和社会消费。前者例如公园、学校、医院、图书馆等，居民凭借其市民身份摄取集体消费资源；后者的消费对象为全国一体化的公共品或公共服务，包括一体化的社会保障和社会福利。在集体消费研究中，分配正义和公共服务的质量是学者关注的焦点（Warde，1990）。

集体消费的理论框架强调社会保障、社会福利、公共服务以及公平和公正的价值观，为相关的生活满意度研究梳理提供了脉络。伊斯特林等（Easterlin et al.，2012）以中国在经济增长初期生活满意度的下降为例，强调社会保障体系的瓦解、收入不平等和失业对于生活满意度的重要影响，并认为这也是东欧转型国家生活满意度下降的重要因素。而在经济发展的成熟期，生活满意度逐渐上升，主要归功于社会保障体系的重建。阿普尔顿等（Appleton et al.，2008）分析了中国城镇地区的调查数据，发现医疗保险对人们的生活满意度有显著影响，享受大病保险（个人承担一部分）和没有任何医疗保险的人的生活满意度显著低于享受国家医疗保险的人。

张海东等（2012）使用“社会质量”的研究框架，强调社会关系的质量对于提高人们的福利和潜能的重要作用，其中社会质量的“条件性因素”包括社会经济保障、社会凝聚、社会包容和社会赋权。袁浩和马丹（2011）依据此研究框架分析了上海市区的调查数据，发现在控制其他维度和人口特征的情况下，社会质量的因素对上海居民的幸福感具有显著影响。

分配制度是否公平与公正是生活满意度的重要影响因素。布罗克曼等（2014）关注1990—2000年间中国居民生活满意度下降的诱因。其实证分析指出，经济不满是抑制生活满意度的主要因素，内在机制则是收入不平等——虽然这期间人们的收入水平在提高，但是低于国民收入平均水平的人口比例越来越大，使得这部分低收入群体的相对剥夺感增强，导致总体生活满意度下降。因此，改善收入分配结构是消除这种现象的重要途径。值得注意的是，2003—2010年间中国基尼系数呈上升趋势，2003年以来的贫富差距总体高于经济增长初期的1990—2003年间（具体可见李培林和朱迪（2015）对1982—2013年我国基尼系数的总结）。如果说经济增长初期主要是低于平均收入水平的人群生活满意度较低的话（Easterlin et al.，2012；布罗克曼 等，2014），在2003年以后，当经济发展步入成熟期，区分生活满意度高低的分界线可能是在高收入群体和其他群体之间。李培林和朱迪（2015）的实证分析显示，控制了年龄、社会保障状况、生活压力和生活成本之后，只有高收入者对于未来生活水平的预期显著乐观，而中等收入者和中低收入者的生活预期与低收入者之间的差异不明显。这种生活满意度差异的内在机制则是收入不平等：高收入者和其他群体之间的收入差距更大程度意味着机会不平等，而由教育不公平带来的社会流动凝固强化了机会不平等（李春玲，2014）。由这种收入不平等支撑的经济发展伤害了很大一部分人的积极性。

（三）生活满意度与环境因素

环境对生活满意度的影响机制比较复杂。“适应理论”认为，人们在生理或者认知方面会适应周围的环境，从而对环境的反应不那么敏感，因此环境质量对生活满意度的影响不一定显著（Hackney et al.，1976；Evans et al.，1982）。

更多学者认同环境问题的负面效应。一部分研究以健康为关键路径，指出环境问题会引发多种疾病，从而降低人们的生活满意度（Welsch，2006）。另一部分研究强调环境的独立影响，指出人们对空气污染、水污染等环境问题及其后果的关心给生活满意度带来显著负效应，并且这种影响独立于健康因素。这部分文献强调主观环境意识的重要影响，如果人们对环境污染问题比较冷漠，即使污染再严重也不会影响对生活的评价。比如费勒卡波纳等（Ferrer-i-Carbonell et al.，2007）对英国家庭面板数据的分析显示，在控制了居住地的环境状况、居住地区、生活方式和心理特征之后，人们对臭氧污染的关心与生活满意度显著负相关，而且在控制了客观环境污染之后，环境关心对生活满意度仍具有显著影响。麦克卡隆等（MacKerron et al.，2009）采集了400位伦敦居民家中的空气质量数据，并让居民对居住社区的空气污染是否严重作出评价，发现客观测量和主观感受的空气污染水平都对居民的生活满意度具有显著负面影响，即使控制了诸多其他相关变量，结果也是如此。

由于环境对人类福利和生活满意度的重要影响，国际社会和学术界倡导环境消费（对于环境资源的开发利用）与人类福利之间的平衡。追求人类福利固然是社会发展的根本目标，但是最小化对环境的影响、提高环境利用效益才是使福利具有可持续性的路径，这被称作“主观福利的环境效率”（environmental efficiency of well-being）（Dietz et al.，2009）。这种考虑环境影响的“可持续福利”理论框架对于本章的分析框架和相关政策建议都有重要启示。

（四）生活满意度与个体生活质量

在探讨生活满意度时，个体生活质量是不可忽视的影响因素，它不同于结构性、制度性的因素，而是以重要生命事件的形式影响人们对生活的评估。其中，健康和失业的影响最为重要。如杜兰等（Dolan et al.，2008）通过分析1990年以来经济学类期刊发表的论文发现，尽管学术界对于主观福利的影响因素未形成共识甚至研究发现有所冲突，但是对健康和失业的显著影响却能够达成共识，这一发现得到了不同国家、不同时间段、不同数据和不同研究方法的证据支持。

阿普尔顿等（Appleton et al.，2008）发现自评健康状况对中国城镇居民的生活满意度有显著影响，认为自己“非常不健康”的人只有14%的概率对自己的生活感到满意或者非常满意，而认为自己“非常健康”的人有44%的概率对自己的生活感到满意或者非常满意。该研究对此的解释是，人们身体不健康会带来心情的沮丧，而且健康问题也会带来沉重的经济负担，从而给生活满意度带来负面效应。

迪纳等（Diener et al.，2002）发现大多数现有研究都指出，即使控制了收入因素，失业人群的幸福感还是显著较低。其文章将此解释为文化机制的作用，因为没有工作使得人们缺乏成就感，而且也经常不被尊重，尤其在男性中更显著。但是学者在构建生活满意度分析模型时，常常忽略失业及其伴随的压力的影响，或者简单地使用是否有工作来测量失业，然而没有工作的原因多种多样，可能是下岗失业，也可能由于个人原因放弃就业，因而削弱了失业对生活满意度的解释力。比如，官皓（2010）的生活满意度模型就发现，是否有工作的影响并不显著。这也提醒我们在分析失业对生活满意度的影响时，应当慎重选择测量指标。

（五）分析框架的构建

本章对于生活满意度的解释维度包括市场竞争、集体消费、环境和个体生活质量。其中，市场竞争因素主要由绝对收入、相对收入和经济发展水平构成；集体消费因素主要由社会保障水平、公共服务水平和社会公平程度构成；环境因素主要由客观环境质量和主观环境评价构成；个体生活质量因素主要由健康状况和就业状况构成。本章的分析框架如图 8－1 所示。

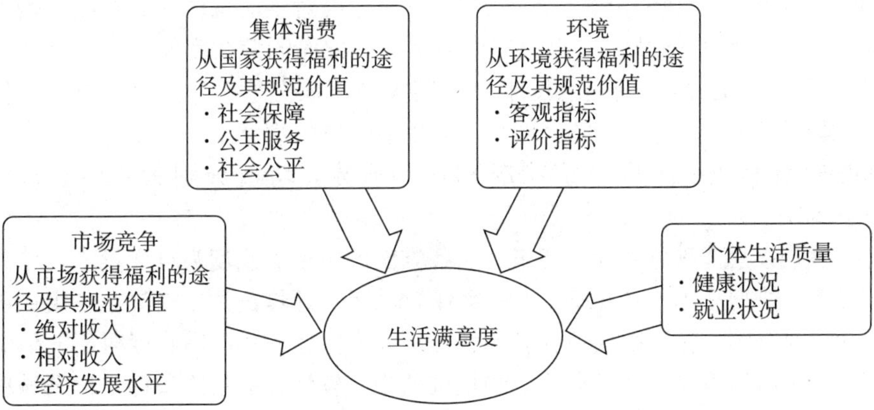

图 8－1 生活满意度影响因素的分析框架

上述分析框架能够较为系统地解释生活满意度差异，从而提高生活满意度分析的可靠性。在实践层面，该分析框架可以为政策制定和实施提供较可靠的理论和实证基础；在技术层面，只有在较完整的分析框架下，才能减少误差的影响，从而较准确地解释相关因素的效应。

二、居民的生活满意度及比较

本章使用的数据来源于中国社会科学院社会学研究所主持的 2013 年中国社会状况综合调查（以下简称“CSS 2013”）。该调查使用多阶随机抽样的方法，范围覆盖全国 30 个省/自治区/直辖市的城乡区域，抽样设计基本保证数据能够分别代表城镇和农村地区，调查对象为 18 周岁及以上的中国公民。2013 年数据的有效样本为 10 206 个。由于城乡之间生活满意度的影响机制差异较大，比如农村的社会保障体系、公共服务的内容和运行与城镇地区有较大差异，即使对生活满意度的影响都显著，但作用机制可能有区别。基于这种考虑，本章专注城镇居民的生活满意度研究。

数据中有一组问题测量生活满意度，先是询问了被访者对于教育程度、健康情况、社交生活、家庭关系、家庭经济状况、休闲娱乐的满意度，然后询问了总体满意度。被访者为满意程度打分，范围为 1～10 分，1 分为“非常不满意”，10 分为“非常满意”。城镇居民对生活总体的满意度平均为 6.84 分。根据 CSS 2013，城镇居民对生活各方面的满意度如图 8－2 所示。可以看到，居民较高的满意度来自家庭关系、社交生活和健康状况，均值分别为 8.26、6.99 和 6.95，都高于对生活总体的满意度；而较低的满意度来自教育程度、家庭经济状况和休闲娱乐，均值分别为 5.66、5.81 和 5.83。

我们以总体满意度为因变量、以各方面的生活满意度为自变量来构建回归模型。模型总体是显著的，能够解释 56.2%的总体满意度变异，各组成部分也是显著的。在控制其他变量的情况下，家庭经济状况满意度对于总体满意度的影响最重要，可见在这个测量框架中，较优越的物质条件是提升城镇居民满意度的最重要因素。此外，休闲娱乐和家庭关系的满意度是第二重要因素，相对而言社交生活、健康情况和教育程度满意度的影响较弱。

皮尤研究中心（Pew Research Centre，2014）进行的类似调查发现：新兴市场国家和发展中国家的居民大都对生活水平或工作等反映经济状况的指标较不满意，但是对家庭和朋友等个人生活领域较满意，并且物质条件的满意程度对于总体生活满意度具有最重要的正面影响。

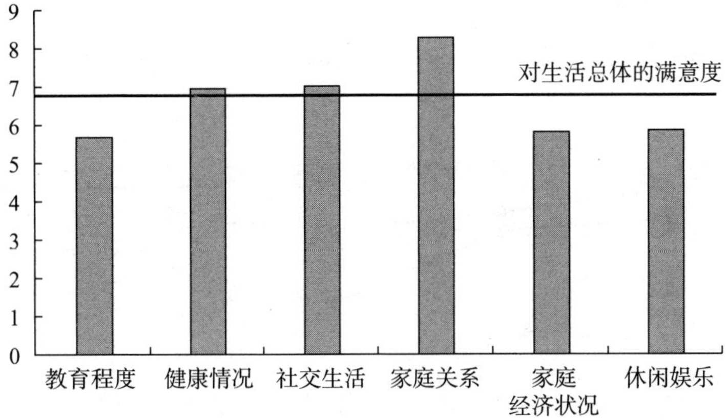

图 8-2　城镇居民对生活各方面和总体的满意度

注：1=非常不满意，10=非常满意。

在基于盖洛普世界民意调查数据所著的《世界幸福感报告 2013》（Helliwell et al.，2013）中，中国居民在 2010—2012 年间的幸福感均值为 4.978（10 分制），在 156 个国家中排在第 93 位，比 2005—2007 年间的幸福感均值增加 0.257。类似的趋势也出现在世界价值观调查中，2012 年中国居民对生活总体的满意度均值为 6.85（10 分制），在 58 个国家中排在第 31 位，比 2005—2009 年基期的第 36 位有所上升。

刘军强等（2012）并不认同传统的“幸福悖论”假说（Easterlin，1974）。他们使用中国综合社会调查数据强调国民的幸福感在 2003—2010 年间呈现持续增长的趋势。以 5 分制的幸福感得分计算，中国人 2003 年的幸福感均值为 3.27，2010 年上升至 3.77；如果“幸福”和“非常幸福”重新组合为“幸福”，“非常不幸福”和“不幸福”重新组合为“不幸福”，自感幸福的人的比例从 2003 年的 37.3%上升到 2010 年的 72.6%，自感不幸福的人的比例从 2003 年的 12.9%下降到 2010 年的 9.8%。

我们也将中国居民的生活满意度同金砖国家、主要发达国家和福利水平较高的北欧国家作了比较。如图 8-3 所示，中国居民的生活满意度低于美国、瑞典这两个发达国家和高福利国家的代表，在 2001 年后也低于日本。但是就趋势而言，美国国民的生活满意度在 2001 年以后呈下降趋势，而中国居民的生活满意度在 2001 年以后基本呈上升趋势。巴西的生活满意度水平处于与美国和瑞典相当的水平，远远高于其他金砖国家，印度和俄罗斯的生活满意度则处于较低水平。

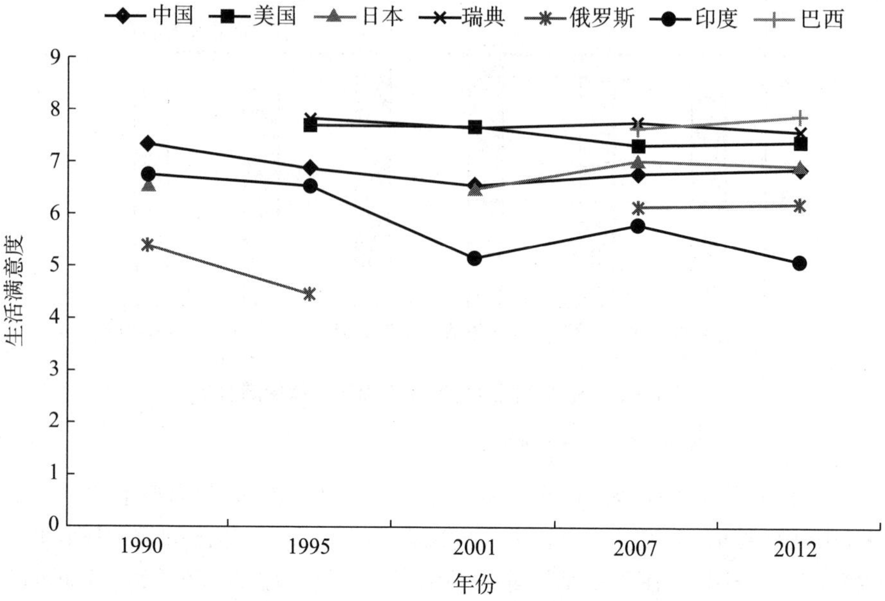

图 8-3　中国与金砖国家和主要发达国家的生活满意度比较

资料来源：世界价值观调查在线数据分析，http://www.worldvaluessurvey.org/WVSOnline.jsp.

注：横轴为中国的调查年份，各国的具体调查年份基本在正负两年之内。

国际比较既反映了经济发展水平的差异，也反映了福利、价值观、社会稳定等影响机制。虽然美国受经济危机、贫富差距拉大等因素影响，国民的生活满意度呈下降趋势，但仍然以较强的经济和福利体系保障了国民总体较高的生活水平，因而其生活满意度与高福利发达国家并驾齐驱。巴西较高的生活满意度主要同其文化和价值观有关，拉美国家的居民更倾向于正面的目标和情绪（Diener et al.，2003）；而俄罗斯较低的生活满意度可能主要同苏联解体带来的社会不稳定、收入下降和信仰崩溃有关（Inglehart et al.，2000；Diener et al.，2004）。数据显示，从 2007 年开始，俄罗斯的生活满意度已经有很大提高。国际比较揭示了生活满意度的复杂机制，我国国民生活满意度能否保持 2001 年以来的上升趋势，对相关制度改革提出了挑战。

三、居民生活满意度的影响因素分析

根据本章的分析框架，我们将从市场竞争、集体消费、环境、个体生活质量四个维度解释居民的生活满意度，并控制相关的人口学变量。首先我们将构建线性回归模型，考察不同维度对于生活满意度的重要性。但是，人们的生活满意度不仅受到自身所处经济社会条件的影响，也受到所处地区经济社会环境的影响，而常规线性模型分析嵌套数据时有很大局限性，如果使用传统的个体层次模型，将高层次特征的变量放在个体层次分析，则会因为高层次变量之间的同质性而违背统计估计中的基本假定（劳登布什等，2007；卢克，2012）。此外，引入地区层次变量可以包括更多客观指标，比如社会保障水平、环境质量，而这些变量在个体层次无法获得。因此，本章也将构建多层次模型，考察生活满意度的影响因素。下文将解释各自变量的定义。

在市场竞争的维度上，我们选择家庭收入测量绝对收入，因为一个人的生活机会不仅受到个人收入的影响，也受到共同生活的家庭成员收入的影响，因而家庭收入能够较准确地测量一个人所获得的经济福利。此外，由于被访者对共同收支的家庭成员衡量标准比较模糊，使得家庭人口数的误差较大，导致家庭人均收入的计算经常不准确，故使用家庭总收入测量被访者拥有的绝对收入。

在相对收入的测量指标方面，由于缺乏追踪数据，无法获得家庭收入的客观变化，但是调查询问了被访者与五年前相比生活水平的变化以及在本地的社会经济地位自评，可以近似测量纵向相对收入（与自己过去相比）和横向相对收入（与周围人相比）。现有研究通常使用两种方法测量与他人比较的相对收入：一种是客观测量法，例如以同等受教育程度、同一年龄段或者同一收入区间的人群平均收入为参照，比较个体与参照水平之间的差距；另一种是主观判断法，让被访者主观选定一个参照体系并给出相对收入水平。官皓（2010）主张主观判断法，因为任何客观指定的参照体系都难以精确反映被访者关于其自身相对收入地位的主观感受；“社会经济地位在本地的层次”这个变量中虽然“本地”是个模糊的概念，但允许被访者指向自己认为的社会关系所及的地域和参照体系，因而更适合作为横向相对收入的测量指标。官皓（2010）也进一步使用不同的客观参照体系定义下的相对收入来建模，验证了主观判断的相对收入对于生活满意度的解释力。

在集体消费的维度上，主要关注社会保障、公共服务和社会公平三个方面。根据已有研究，医疗保险是衡量社会保障水平的重要指标。样本中拥有医疗保险的比例较高，并且医疗保险的分类①并不指向社会保障水平的高低，所以医疗保险的客观指标无法较可靠地测量社会保障水平。相比较而言，主观指标“对医疗保障的满意度”是测量社会保障水平较合适的变量。公共服务涉及日常的衣食住行诸多方面，由于社会保障的测量覆盖了医疗卫生，我们选择“住房保障”这个标志民生保障水平的重要指标，使用被访者对于相关政府工作的评价来测量公共服务水平。关于公平的问题，公众和学界最为关心贫富差距和收入分配，因此我们用被访者评价的“财富和收入分配”的公平程度测量社会公平程度。

在环境的维度上，使用被访者对目前居住地环境状况的满意度来测量。关于个体生活质量，主要关注健康和失业的因素。数据中缺乏直接测量健康状况的变量，但是有一组测量生活压力的变量，其中“医疗支出大，难以承受”的变量细化了健康对于生活满意度的作用机制，可以较准确地测量健康状况的影响，因此选择此变量从经济压力的角度考察健康因素的影响。失业问题也被很多文献指出是影响生活满意度的重要因素。前文提到，简单使用有无工作的变量来解释生活满意度的高低并不恰当，并且根据现有数据也很难分离出真正的“失业人员”。同健康因素的测量方法一致，我们使用有无“家人无业、失业或工作不稳定”的压力测量被访者或家人所面临的失业风险，这种明确的“压力—满意度”的理论假设能够较准确地测量失业带来的影响。

控制变量选择了已有研究中常用的一些人口学变量，包括性别、年龄、婚姻状况、户口和受教育水平。考虑到年龄与生活满意度可能呈 U 形关系，模型中也加入了年龄平方项。基于制度和文化的因素，是否拥有本地户口可能对生活满意度有影响，并且与城乡户口可能有交互作用，因而将户口类型区分为是否本地人和是否城镇户口的四分变量。在宏观层次上，加入的解释

① 问卷中医疗保险的类型有城镇职工基本医疗保险、城镇居民基本医疗保险、公费医疗、新型农村合作医疗保险（即新农合）和其他。

变量为所在省份的人均 GDP、医保覆盖率和二氧化硫排放量，分别测量市场竞争、集体消费和环境维度。进入模型的变量及其描述统计如表 8－1 所示。我们对家庭总收入进行了自然对数处理，以减少模型出现共线性和异方差的风险。

表 8－1 模型包含的因变量和自变量的描述统计

变量	变量值	样本数	均值	标准差
个体层次				
生活总体满意度	1＝非常不满意，10＝非常满意	5 574	6.842	1.819
去年家庭总收入（元）	0～10 100 000	4 083	76 820.430	197 255
去年家庭总收入的自然对数	4.277～16.130	4 055	10.817	0.934
与五年前相比的生活水平变化	1＝下降很多，2＝略有下降，3＝没变化，4＝略有上升，5＝上升很多	5 542	3.726	0.950
本人的社会经济地位在本地属于哪个层次自评	1＝下层，2＝中下层，3＝中层，4＝中上层，5＝上层	5 490	2.357	0.893
医疗保障满意度	1＝非常不满意，10＝非常满意	5 278	6.553	2.371
为中低收入者提供廉租房和经济适用房的政府工作评价	1＝很不好，2＝不太好，3＝比较好，4＝很好	4 467	2.406	0.786
财富及收入分配公平程度	1＝非常不公平，2＝不太公平，3＝比较公平，4＝非常公平	5 171	2.149	0.732
居住地环境状况满意度	1＝非常不满意，10＝非常满意	5 582	6.250	2.009
医疗支出大难以承受的压力	0＝无，1＝有	5 549	0.278	0.448
家人无业、失业或工作不稳定的压力	0＝无，1＝有	5 556	0.289	0.453
性别	1＝男，2＝女	5 583	1.542	0.498
年龄	18～72 岁	5 583	43.554	13.600

续表

变量	变量值	样本数	均值	标准差
婚姻状况	0=单身（未婚、离婚或丧偶），1=已婚（初婚有配偶、再婚有配偶或同居）	5 575	0.816	0.387
受教育程度	0=未上学和小学，1=初中，2=高中、中专和职高，3=大专，4=本科及以上	5 575	1.553	1.261
户口性质	1=城镇本地户口，2=城镇外地户口，3=农村本地户口，4=农村外地户口	5 562	2.111	1.132
省级层次				
人均 GDP（万元）	2.315～10.011	5 583	5.054	1.904
医保覆盖率	0.559～1	5 583	0.871	0.046
二氧化硫排放量（万吨）	0.419～164.497	5 583	81.560	39.011

（一）线性回归模型结果

我们将生活总体满意度作为连续的结果变量，使用线性回归模型，在解释变量中依次引入市场竞争、集体消费、环境和个体生活质量因素，考察模型解释力和自变量的变化。模型也进行了年龄和性别的加权，使样本更符合第六次全国人口普查的年龄和性别分布。线性回归模型如表 8－2 所示。结果显示，从只有绝对收入的模型 1 到包含所有变量的模型 6，都是显著的，模型所能够解释的生活满意度变异也是依次递增的。

首先引入家庭总收入来测量绝对收入，模型 1 能够解释 3.7%的生活满意度变异，家庭总收入的影响是显著的，家庭总收入越高，居民的生活满意度越高。模型的估计都使用了调整的 R 方，随着变量的引入，可以考察模型的解释力变化。然后引入相对收入变量，即与自己过去比较和与周围人比较的经济状况。结果显示，绝对收入依然显著，相对收入的两个测量指标都显著，生活水平提高得越多对生活越满意，本地社会经济地位自评越高对生活也越满意。模型 2 的解释力明显提高，能够解释 17.2%的生活满意度差异，说明相对收入对于城镇居民生活满意度的影响非常重要。

模型 3 引入了测量集体消费的 3 个变量，分别测量社会保障水平、公共服务水平和社会公平程度，模型的解释力再次显著提升，比只包含市场竞争因素的模型提高了 8.5 个百分点的解释力，原有的市场竞争因素保持显著，新引入的集体消费因素也产生显著的正面效应，对医疗保障越满意、对住房保障的政府工作评价越高、认为收入分配越公平，居民的生活满意度越高。

模型 4 引入测量环境因素的变量，我们看到对居住地的环境满意度越高，对生活总体的满意度也越高，而且差异显著。引入环境因素增加了模型的解释力，能够解释 29.6%的变异。

模型 5 加入了个体生活质量因素，分别从自己和家人的健康和就业压力来测量，其影响都是显著的，有医疗支出的压力、有家人无业失业的压力都给生活满意度带来负面影响。包括市场和非市场因素（集体消费、环境和个体生活质量）的模型能够解释近 31%的变异，并且模型的解释力随着引入变量的增加而增加，说明这些因素对于城镇居民生活满意度都产生重要的影响。另外模型结果也说明了本章构建的分析框架具有一定的稳健性。

模型 6 包含了所有的解释变量和控制变量，解释力提升至 32.9%，所有解释变量都在 1%的水平上显著。除了户口类型，控制变量中的性别、年龄、年龄平方、婚姻状况和受教育程度都显著。女性比男性的生活满意度更高；已婚或有伴侣的人生活满意度更高；受教育程度为初中、高中、大专或本科及以上的居民都比受教育程度为未上学或小学的居民的生活满意度高。年龄与生活满意度呈 U 形关系，经过计算，年龄效应的临界点在 41 岁，基本处于上有老、下有小的中年门槛。随着这一门槛的临近，压力逐渐增加，生活满意度也逐渐降低；而迈过这一门槛、随着经验财富的积累和家庭事业的稳定，生活满意度又逐步回升。人口特征的影响与现有文献基本一致（如 Appleton et al.，2008；官皓，2010；刘军强　等，2012）。

表 8－2　城镇居民生活满意度的线性回归模型

	模型 1	模型 2	模型 3	模型 4	模型 5	模型 6
市场竞争因素：绝对收入和相对收入						
家庭总收入自然对数	0.376*** (0.033)	0.183*** (0.032)	0.257*** (0.038)	0.266*** (0.037)	0.215*** (0.037)	0.163*** (0.039)

续表

	模型 1	模型 2	模型 3	模型 4	模型 5	模型 6
与过去比的生活水平变化		0.409*** (0.034)	0.305*** (0.035)	0.276*** (0.035)	0.252*** (0.035)	0.250*** (0.035)
本地社会经济地位自评		0.517*** (0.035)	0.420*** (0.039)	0.377*** (0.038)	0.323*** (0.038)	0.290*** (0.038)
集体消费因素：社会保障、公共服务和社会公平						
医疗保障满意度			0.147*** (0.015)	0.120*** (0.014)	0.109*** (0.015)	0.107*** (0.014)
住房保障政府工作评价			0.272*** (0.040)	0.204*** (0.040)	0.198*** (0.040)	0.198*** (0.040)
收入分配公平程度			0.260*** (0.043)	0.209*** (0.043)	0.191*** (0.043)	0.207*** (0.043)
环境因素：环境评价						
居住地环境满意度				0.188*** (0.017)	0.182*** (0.017)	0.178*** (0.017)
个体生活质量：健康和就业						
医疗支出大的压力					−0.387*** (0.073)	−0.417*** (0.073)
家人无业失业的压力					−0.310*** (0.073)	−0.237*** (0.072)
控制变量						
女性						0.152*** (0.056)
年龄						−0.081*** (0.016)
年龄平方						0.001*** (0.000)
已婚						0.307*** (0.090)
受教育程度（以未上学和小学为参照）						
初中						0.127 (0.093)

续表

	模型 1	模型 2	模型 3	模型 4	模型 5	模型 6
高中中专和职高						0.292*** (0.105)
大专						0.509*** (0.118)
本科及以上						0.655*** (0.124)
户口类型（以农村外地户口为参照）						
城镇本地						0.040 (0.098)
城镇外地						−0.002 (0.139)
农村本地						0.071 (0.103)
常数	2.748*** (0.368)	2.108*** (0.347)	−0.262 (0.422)	−0.864** (0.418)	0.276 (0.438)	1.746*** (0.558)
样本量	4 049	3 980	3 038	3 037	3 018	3 001
R-squared	0.037	0.172	0.257	0.296	0.309	0.329

注：(1) 括号里面的数字是稳健的系数标准误。(2) *** $p<0.01$，** $p<0.05$，* $p<0.1$。

(二) 多层线性模型结果

多层次模型中，因变量和控制变量不变，在已有的个体层次解释变量的基础上，加入所在省份的人均 GDP、医保覆盖率和二氧化硫排放量指标，分别测量宏观层次的经济发展程度、社保水平和环境质量。已有文献强调环境意识和环境认知对生活满意度的重要性，因此，多层次模型既考虑客观环境质量的独立影响，也考虑客观环境质量通过主观环境评价产生的间接影响。具体到本模型，所在省份的环境质量不仅影响个体的生活满意度（截距效应），也可能与个体的环境满意度存在交互效应，也即所在省份的环境质量通过个体的环境满意度对生活满意度产生影响。因此，本章构建了随机截距和随机斜率模型，个体的居住地环境满意度的斜率则被处理为随机的。由于省级层次变量引入了医保覆盖率作为宏观层次的社会保障指标，为了模型简约起见，去掉了个体层次测量同样指标的医疗保障满意度。模型如下所示：

1. 虚无模型

$$Y_{ij} = \beta_{0j} + r_{ij} \quad (8.1)$$

若将 β_{0j} 分解为固定成分和省级层次的随机成分，混合效应的方程为：

$$Y_{ij} = \gamma_{00} + u_{0j} + r_{ij} \quad (8.2)$$

虚无模型中随机截距方差为 0.083，经过计算，组内相关系数为 0.03，也就是说在不加入任何解释变量的情况下，个体生活满意度差异的 3%源于不同省份之间的差异。对省级方差的卡方检验在 0.01 的水平显著，说明生活满意度可以由个体和省级层次的变量来解释。

2. 多层次模型：随机截距和随机斜率模型

个体层次模型：

$$\begin{aligned} Y_{ij} = & \beta_{0j} + \beta_{1j}X_{1ij} + \beta_{2j}X_{2ij} + \beta_{3j}X_{3ij} + \beta_{4j}X_{4ij} + \beta_{5j}X_{5ij} + \beta_{6j}X_{6ij} \\ & + \beta_{7j}X_{7ij} + \beta_{8j}X_{8ij} + \beta_{9j}X_{9ij} + \beta_{10j}X_{10ij} + \beta_{11j}X_{10ij}^2 + \beta_{12}X_{12ij} \\ & + \beta_{13j}X_{13ij} + \beta_{14j}X_{14ij} + r_{ij} \end{aligned} \quad (8.3)$$

式中，β_{nj}（n=0，1，…，14）是个体层次的回归系数；X_{nij} 是个体层次的省份 j 中个体 i 的自变量，分别对应家庭收入自然对数、与过去相比的生活水平变化、本地社会经济地位自评、住房保障政府工作评价、收入分配公平程度、居住地环境满意度、医疗支出压力、家人失业压力、性别、年龄、年龄平方、婚姻状况、受教育程度和户口类型；r_{ij} 是个体层次的省份 j 中个体 i 未被解释的残差。

省级层次模型：

$$\beta_{0j} = \gamma_{00} + \gamma_{01}W_{1j} + \gamma_{02}W_{2j} + \gamma_{03}W_{3j} + u_{0j} \quad (8.4)$$

$$\beta_{6j} = \gamma_{60} + \gamma_{61}W_{3j} + u_{6j} \quad (8.5)$$

$$\beta_{ij} = \gamma_{i0} (i=1，2，3，4，5，7，8，\cdots，14) \quad (8.6)$$

式中，γ_{00}、γ_{01}、γ_{02}、γ_{03} 是省级层次的回归系数；W_{1j}、W_{2j}、W_{3j} 是省级层次的省份 j 中的解释变量，分别对应人均 GDP、医保覆盖率和二氧化硫排放量；u_{0j} 是城市层次的残差；γ_{61} 表示二氧化硫排放量和环境满意度的交互作用。

模型分析结果如表 8－3 所示。多层次模型与虚无模型相比，在拟合程度上有很大的提高。模型的随机截距方差为 0.025，相比虚无模型的 0.083，该模型可以解释 69.88％的不同省份之间的生活满意度差异。

我们看到，个体层次变量的作用与线性回归模型保持一致，省级层次变量中只有人均 GDP 具有显著影响。生活在人均 GDP 越高、越富裕的省份，人们的生活满意度明显越高。医保覆盖率的影响不显著，可能同各省份普遍较高的医保覆盖率有关。二氧化硫排放量通过居住地环境满意度对生活满意度产生负面影响，但是并不显著；而居住地环境满意度的独立影响在多层次模型中依然显著。分析揭示，环境因素对生活满意度的影响在更大程度上取决于人们对于周围环境的感受和评估。在强调主观环境满意度独立影响的意义上，本章的分析发现与现有研究（如 Ferrer-i-Carbonell et al.，2007；MacKerron et al.，2009）一致。该发现既说明了环境意识和环境关心的重要性，也指出了环境治理的复杂性，污染物排放不仅关系到健康和生态，也是关系到地区经济发展和个人的就业、收入乃至生活方式的问题。正是这种主观性较强的关系，提醒政府和公众应当守住环境治理的底线，重视环境问题，不能因为空气污染持续或者难以治理而变得麻木、被动。

表 8－3 城镇居民生活满意度的多层次回归模型

	回归系数	标准误
个体层次变量		
家庭总收入自然对数	0.138***	0.035
与过去比的生活水平变化	0.277***	0.031
本地社会经济地位自评	0.331***	0.035
住房保障政府工作评价	0.247***	0.036
收入分配公平程度	0.233***	0.039
居住地环境满意度	0.217***	0.036
医疗支出大的压力	−0.464***	0.063
家人无业失业的压力	−0.228***	0.064

续表

		回归系数	标准误
女性		0.095*	0.055
年龄		−0.076***	0.015
年龄平方		0.001***	0.000
已婚		0.308***	0.087
受教育程度（以未上学和小学为参照）	初中	0.037	0.082
	高中中专和职高	0.202**	0.094
	大专	0.404***	0.118
	本科及以上	0.545***	0.124
户口类型（以农村外地户口为参照）	城镇本地	0.071	0.097
	城镇外地	−0.004	0.139
	农村本地	0.136	0.097
省级层次变量			
人均 GDP（万元）		0.065***	0.020
医保覆盖率		0.160	0.692
二氧化硫排放量（万吨）		0.005	0.003
二氧化硫排放量×居住地环境满意度		−0.000	0.000
截距		1.341*	0.813

注：*** $p<0.01$，** $p<0.05$，* $p<0.1$。

（三）对分析发现的讨论

以上分析发现证实了市场竞争因素对于我国城镇居民的生活满意度仍具有重要作用。生活在越富裕的地区，居民生活满意度明显越高，而且居民绝对收入的影响显著。但是，随着收入差距比例的缩小，居民生活满意度之间的差距也在缩小。这也回应了另一分析发现“收入不平等是抑制人们生活满意度的重要因素”（将在后文详述）。如果将绝对收入的差异当作个人收入水平的变化，那么当收入增长到一定程度时，对生活满意度的效应趋弱。市场竞争因素对于我国居民生活满意度的重要性反映了发展中国家经济较快增长的背景，与有关新兴市场国家的研究发现一致（Pew Research Centre，2014）。这印证了迪纳等（Diener et al.，2002）所论及的社会富裕程度是收入对生活满意度的效应的调节变量。同样地，在一个社会内部，收入水平也是收入效应的调节变量——收入效应在高收入群体中较弱。

相比绝对收入，相对收入对生活满意度的影响更重要（能解释更高比例的生活满意度差异），与已有的国内实证研究一致（罗楚亮，2009；官皓，2010；刘军强 等，2012）。就相对收入的指标来看，本地社会经济地位自评变量的回归系数更大，说明与周围人比较的优越感更能提升生活满意度。模型 6 中，在控制其他变量的情况下，本地社会经济地位自评每上升一个等级，比如从中下层上升到中层，生活满意度得分将提升 0.29 分。

分析结果凸显出集体消费和环境对于生活满意度的影响。引入这两方面的变量之后，模型的解释力提高了 13%。收入分配公平程度的影响显著。假设居民 A 的评价是非常不公平，居民 B 的评价是比较公平，在其他因素相同的情况下，居民 B 的生活满意度得分将高出 0.414 分，这反映出收入不平等是抑制人们的生活满意度的重要因素。由于这种收入不平等很大程度上意味着机会不平等，削弱了人们对自致性成功的认同，也造成人们对使用合法性手段实现目标的失望，从而降低了人们的生活信心和幸福感（如张海东等（2012）和袁浩等（2011）所解释）。社会保障提升居民生活的安全感，也在某种程度上反映了社会公平的程度。公共服务是实现社会保障和公平的条件，对公共服务的评价反映了人们对政府的信任和满意度。集体消费的作用机制不同于收入增长带来的满足感和优越感的增强，但同样对居民生活满意度产生重要影响。

随着全国各地雾霾、自来水污染等气候和环境事件的频繁出现，民众对于环境问题的关注日益增加。本章根据调查数据进一步分解了居民对当地环境状况的满意度，回归分析显示，对日常生活卫生环境评价的影响最大，其次是对空气污染评价的影响。线性回归模型和多层次模型显示出居住地环境满意度对于生活满意度的显著影响。一个对于当地环境状况比较满意的居民（假设打 9 分），比一个对于当地环境状况比较担忧的居民（假设打 2 分），在其他经济、社会、生活质量和人口特征因素相同的情况下，生活满意度将高出 1.246 分。即使引入客观的环境质量指标，居住地环境满意度的影响仍保持显著。进一步将表 8-2 中模型 6 的回归系数进行标准化，结果显示，在四个维度的解释变量中，环境满意度的标准化系数最高，说明相比市场竞争、集体消费和个体生活质量因素，人们对环境的主观评估是影响生活满意度的关键因素。

四、总结和启示

本章主要致力于两方面的努力：一是构建生活满意度的分析框架；二是在此框架下对城镇居民生活满意度进行实证分析。依据福利获得的途径及其所主张的规范价值，本章提出了一个由市场竞争、集体消费、环境和个体生活质量因素组成的生活满意度分析框架，并在此框架下较系统地分析生活满意度的影响因素。实证分析有助于理解城镇居民生活满意度的变化趋势，也验证了分析框架的有效性和稳健性。城镇居民对生活总体的满意度平均为 6.84 分，属于比较满意的程度。实证分析揭示了绝对收入、相对收入以及所在地区的经济发展水平对于生活满意度的显著影响，相比较而言，与自己过去比较和与周围人比较的相对收入更为重要。分析强调了集体消费和环境的重要性。由社会保障水平、公共服务水平和社会公平程度构成的集体消费因素对于城镇居民的生活满意度有显著影响。环境问题日益引起公众关注。分析表明，居民对当地的环境状况满意度越高，对于生活的总体认知越满意，而且差异显著；即使引入客观环境指标，环境满意度的影响依然显著。进一步的分析发现，卫生环境和空气污染对于环境满意度的影响最重要。由医疗支出压力和家人失业无业压力测量的个体生活质量因素也具有显著负效应。

分析发现虽然指出了“钱很重要”，即经济发展和收入对于生活满意度的重要性，但是也强调“有钱未必就幸福”，生活满意度同社会保障体系、社会公平和环境治理也有显著关系。随着我国经济稳定发展，人们的温饱需求满足之后，对于生活有了更多的要求，如安全的食品、清新的空气、优质的教育和廉洁高效的政府。国内外环境的变化迫切需要将发展模式由 GDP 主导调整到以人为本和可持续发展的道路上，推进相关制度政策的改革，从而保持生活满意度的平稳上升，“留住人心”。2015 年 11 月发布的

《中共中央关于制定国民经济和社会发展第十三个五年规划的建议》，提出“推进以人为核心的新型城镇化”，将发展目标落实到“人”的具体福利，强调建设“美丽中国”、“健康中国”和“平安中国”，其实质就是改善生态环境、完善医疗卫生服务体系和创新社会治理，实现国民福利的可持续提高。

分析发现对于可持续消费的研究也有一定启示。虽然强调的作用机制不同，但是已有研究和我们的实证分析都表明，依赖市场交换的个体消费的持续增长并不会带来主观福利的显著增加；可持续消费行为反而会丰富内心体验和带来成就感，从而增加主观福利（Jacob et al.，2009）。这就给可持续消费的原则和途径提供了合法性基础：减少消费或者改变消费模式是可取的，可以减少生态破坏而不损失人们的主观福利（林托特，2013）。有了这种合法性基础，政府可以有效鼓励绿色消费，既有利于生态平衡，又培育了新的消费热点，带动经济增长。在此过程中，政府应当努力营造一个鼓励人们向绿色消费转变的外部环境，包括完善基础设施建设、提高公共服务水平、改善治理环境，这些因素也是提高居民主观福利的重要因素。研究也显示，物质欲望的不断满足并不必然带来幸福和快乐，居民应当重视生活质量的因素，保持身心健康、享受工作带来的成就感，逐步改变过度消费、炫耀消费等生活方式。

需要强调的是，虽然生活满意度是评估生活质量的重要工具，但它不能取代客观的评估指标，比如 GDP、收入、工作等。有些身处贫困的人群也能够体会到幸福，但仅仅停留在一种情绪体验上，并不能上升到生活质量。正如客观的经济社会指标不足以代表社会的福利，主观福利的指标也不足以代表有质量的生活（OECD，2013；Diener et al.，2003）。学术界的一个重要假设是，如果整个社会已经满足了基本的物质需求，人们对于市场竞争因素的关注将会下降，会更加关注公平、权利和环境宜居等因素，生活满意度的提高更取决于后者，这一趋势在中产阶层当中更加明显。这一假设对于我国相关社会政策的调整和实施具有重要意义，将来可以围绕它开展更深入的研究。

参考文献

布罗克曼，德尔海，韦尔泽，等，2014. 中国困惑：经济增长与幸福感的背离．国外理论动态（5).

官皓，2010. 收入对幸福感的影响研究：绝对水平和相对地位. 南开经济研究（5）.

劳登布什，布瑞克，2007. 分层线性模型：应用与数据分析方法. 北京：社会科学文献出版社.

李春玲，2014. 教育不平等的年代变化趋势（1940—2010）：对城乡教育机会不平等的再考察. 社会学研究（2）.

李培林，朱迪，2015. 努力形成橄榄型分配格局：基于2006—2013年中国社会状况调查数据的分析. 中国社会科学（1）.

林托特，2013. 可持续消费与可持续福利//扎卡伊. 可持续消费、生态与公平贸易. 北京：化学工业出版社.

刘军强，熊谋林，苏阳，2012. 经济增长时期的国民幸福感：基于CGSS数据的追踪研究. 中国社会科学（12）.

卢克，2012. 多层次模型. 上海：格致出版社.

罗楚亮，2009. 绝对收入、相对收入与主观幸福感：来自中国城乡住户调查数据的经验分析. 财经研究（11）.

王宁，2014. 地方消费主义、城市舒适物与产业结构优化：从消费社会学视角看产业转型升级. 社会学研究（4）.

邢占军，2011. 我国居民收入与幸福感关系的研究. 社会学研究（11）.

袁浩，马丹，2011. 社会质量视野下的主观幸福感：基于上海的经验研究. 吉林大学社会科学学报（4）.

张海东，石海波，毕婧千，2012. 社会质量研究及其新进展. 社会学研究（3）.

Appleton S，Song L，2008. Life satisfaction in urban China：components and determinants. World development，36（11）.

Castells M，1976. Theory and ideology in urban sociology//Pickvance G G. Urban sociology：critical essays. London and New York：Routledge.

Castells M，1977. The urban question：a marxist approach. Cambridge，Massachusetts：The MIT Press.

Diener E，2006. Guidelines for national indicators of subjective well-being and ill-being. Journal of happiness studies，（7）.

Diener E，Biswas-Diener R，2002. Will money increase subjective well-being?：a literature review and guide to needed research. Social indicators research, (57).

Diener E, Biswas-Diener R, 2003. Findings on subjective well-being and their implications for empowerment//Measuring empowerment: cross-disciplinary perspectives. World Bank in Washington, DC.

Diener E, Seligman M, 2004. Beyond money: toward an economy of well-being. Psychological science in the public interest, 5 (1).

Dietz T, Rosa E A, York R, 2009. Environmentally efficient well-being: rethinking sustainability as the relationship between human well-being and environmental impacts. Human ecology review, 16 (1).

Dolan P, Peasgood T, White M, 2008. Do we really know what makes us happy?: a review of the economic literature on the factors associated with subjective well-being. Journal of economic psychology, (29).

Easterlin R A, 1974. Does economic growth improve the human a lot?: some empirical evidence//David P A, Reder M W. Nations and households in economic growth: essays in honour of moses abramovitz. New York: Academic Press.

Easterlin R A, 2001. Income and happiness: towards a unified theory. Economic journal, (111).

Easterlin R A, Morgan R, Switek M, et al., 2012. China's life satisfaction, 1990—2010. Proceedings of the national academy of sciences of the United States of America, 109 (25).

Evans G W, Jacobs S V, Frager N B, 1982. Adaptation to air pollution. Journal of environmental psychology, 2 (2).

Ferrer-i-Carbonell A, Gowdy J W, 2007. Environmental degradation and happiness. Ecological economics, 60.

Hackney J D, Linn W S, Buckley R D, et al., 1976. Studies in adaptation to ambient oxidant air pollution: effects of ozone exposure in los angeles residents vs. new arrivals. Environmental health perspectives, 18.

Helliwell J, Layard R, Sachs J, 2013. World happiness report 2013. http: //unsdsn. org/resources/publications/world-happiness-report-2013/.

Inglehart R, Klingemann H D, 2000. Genes, culture, and happiness// Diener E, Suh E M. Subjective well-being across cultures. Cambridge, MA:

MIT Press.

Jacob J，Jovic E，Brinkerhoff M B，2009. Personal and planetary well-being：mindfulness meditation，pro-environmental behavior and personal quality of life in a survey from the social justice and ecological sustainability movement. Social indicators research，(93).

MacKerron G，Mourato S，2009. Life satisfaction and air quality in London. Ecological economics，(68).

OECD，2013. OECD guidelines on measuring subjective well-being. http://dx. doi. org/10. 1787/9789264191655-en.

Pew Research Center，2014. People in emerging markets catch up to advanced economies in life satisfaction. (2014-10-30). http://www. pewglobal. org/2014/10/30/people-in-emerging-markets-catch-up-to-advanced-economies-in-life-satisfaction/.

Veenhoven R，1991. Is happiness relative?. Social indicators research，(24).

Warde A，1990. Introduction to the sociology of consumption. Sociology，24 (1).

Welsch H，2006. Environment and happiness：valuation of air pollution using life satisfaction data. Ecological economics，58.

第九章　超大城市城镇居民的居住状况分析

住房货币化改革以来，随着房价的不断上涨，城镇居民的居住压力不断加大，特别是在大城市，由于人口密集，住房紧张，在供需结构不平衡的情况下，房价和房租都非常高。让城市居民“住有所居”，提升城市居住品质，是建设宜居城市的重要方面。宜居问题既是现阶段大城市发展的目标，也是民生发展的关键性问题。2020 年 12 月召开的中央经济工作会议首次提出要“解决好大城市住房突出问题”，并将“解决好大城市住房突出问题”作为 2021 年度八大任务之一，这充分说明大城市住房问题的重要性。

本章利用 2019 年“新时代特大城市居民生活状况”抽样数据，分析大城市居民的住房现状、住房压力，探讨解决大城市住房问题的政策。该数据采取多阶段随机抽样，在北京和上海各抽取 1 000 户，进行入户调查。实际获得有效样本量为 2 002 个。在北京涉及 10 个区 25 个街道 50 个社区，在上海涉及 10 个区 25 个街道 50 个社区。调查对象为在当地居住满 6 个月，且调研时在抽样地址居住了或将要居住 7 天以上、18～65 周岁的常住居民。在调查对象中，男性有 958 人，占 47.9%，女性有 1 044 人，占 52.1%；受教育程度本科及以上占 34.6%，大专占 15.1%，高中（中专、职高）占 27.6%，初中及以下占 22.8%；本地居民占 72.4%，外来人口占 26.6%。

一、城镇居民的住房状况及特点

(一) 居住以自有住房为主，租住占比四分之一多

目前在北京和上海，居民住房来源以自有住房和租房为主。调查显示，2019 年，64.8%的居民现住房为自有住房，26.4%的居民属于租住，3.2%的居民住房由父母/子女提供，其他居住于和单位共有产权住房、单位免费提供房等。总体来看，自有住房是目前大城市城镇居民的主要居住形式，自有住房和居住于父母/子女提供房的比例合计为 68.0%，租房居住也占有较大比例（见图 9-1）。

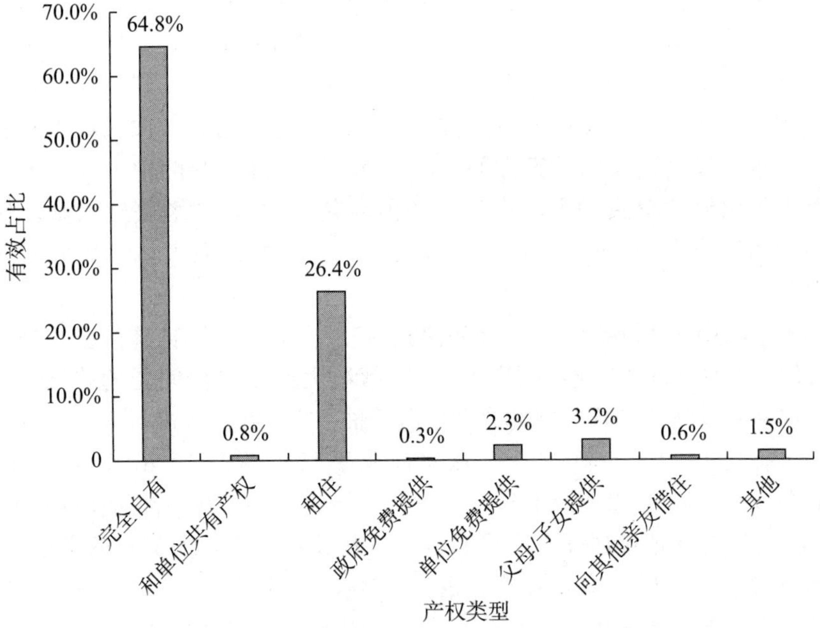

图 9-1　2019 年北京、上海城镇居民现住房类型情况

大城市本地居民和外地居民现住房差异大。本地居民居住住房以自有

住房为主，为 78.0%，如果把父母/子女提供也作为自有住房，则本地居民居住于自有住房的比例是 81.6%；其他还有和单位共有产权、政府和单位免费提供，共占 3.8%；真正从市场租住的本地居民只有 12.3%，其中还有一定比例的本地有房租房者。外地居民则以租住为主，占比 63.0%；居住于自有住房的比例为 30.8%，加上父母/子女提供的比例为 2.3%，则居住于自有住房的外地居民有 33.1%（见表 9-1）。因此可以说，本地居民居住住房以自有为主、租房为辅，外地居民则以租房为主，自有住房占比约为三分之一，远低于本地居民。

表 9-1　2019 年北京、上海本地居民和外地居民居住类型情况

是否本地居民	完全自有	和单位共有产权	租住	政府免费提供	单位免费提供	父母/子女提供	向其他亲友借住	其他	总计
本地	78.0%	1.0%	12.3%	0.4%	2.4%	3.6%	0.5%	1.9%	100.0%
非本地	30.8%	0.4%	63.0%	0	2.1%	2.3%	0.9%	0.6%	100.0%
总计	64.8%	0.8%	26.4%	0.3%	2.3%	3.2%	0.6%	1.5%	100.0%

（二）住房自有率高，且高于自住率

我国城镇居民的住房自有率高于很多发达国家，自 1997 年城镇住房货币化改革以来，城镇居民住房自有率迅速提高，拥有自己的住房也成为城镇居民消费升级的最重要目标。2000 年第五次和 2010 年第六次全国人口普查数据显示，我国城市人口住房自有率分别为 71.98%和 69.78%①。城镇户籍人口的住房自有率则更高。特大城市虽然住房价格高昂，但住房自有率并不低，如五普数据显示，北京城镇居民 2000 年住房自有率达到 70%以上。从本次调查看，2019 年城镇常住居民家庭住房自有率为 78.9%。具体来看，21.1%的居民家庭没有房产，61.3%的居民家庭拥有一套房产，14.4%的居民家庭拥有两套房产，3.3%的居民家庭拥有三套及以上房产（见图 9-2）。考虑到有的家庭虽然有房，但在居住地没有住房，严格来说

① 第五次全国人口普查数据和第六次全国人口普查数据，参见国家统计局普查数据库（http://www.stats.gov.cn/tjsj/pcsj/）。

不能算有房，扣除这些外地有房但在现居住地无房的群体以后，按照将“完全自有住房”、“和单位共有产权”、“租房但在居住地有房”以及“住父母/子女提供房”都算有房来计算，北京和上海常住居民的住房自有率为72.3%，高于自住房的比例（68.0%）。这两个超大城市的住房自有率同全国平均水平相差不大，但都远高于发达国家的住房自有率。如日本，1968年住房自有率为60.3%，其后住房自有率一直在60%左右波动，2008年其住房自有率也只有61.2%；美国住房自有率在20世纪60年代末达到62%左右，但到2013年其住房自有率也只有65.3%（邓郁松 等，2018：20）。

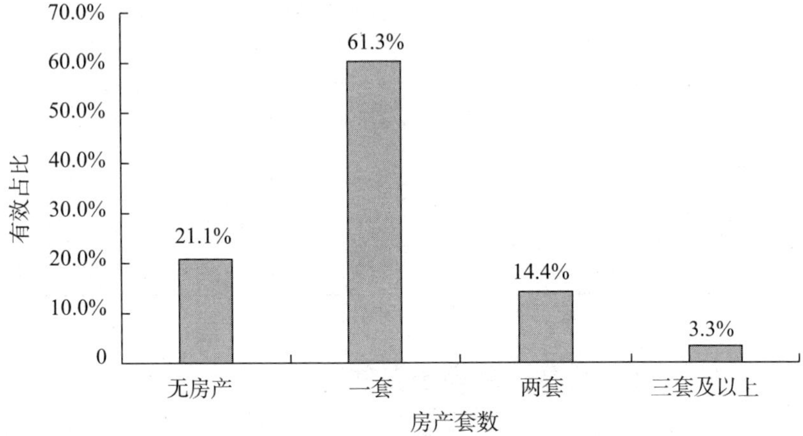

图 9-2　2019 年北京、上海城镇居民房产套数情况

本地居民和外地居民在住房拥有情况上有很大差别。本地居民的住房自有率高于外地居民。本地居民的住房自有率为84.8%，外地居民的住房自有率为63.6%（见表9-2）。

表 9-2　2019 年北京、上海本地居民和外地居民房产情况

是否本地居民	无住房	拥有一套住房	拥有两套住房	拥有三套及以上住房	总计
本地（N=1 392）	15.2%	64.7%	16.6%	3.5%	100.0%
非本地（N=530）	36.4%	52.3%	8.9%	2.4%	100.0%
总计（N=1 922）	21.1%	61.3%	14.5%	3.1%	100.0%

很多外来人口属于在外地有房而在本地租房，本地居民和外地居民的住房自住率也不同。按照将“完全自有住房”、“和单位共有产权”、“租房但在居住地有房”以及“住父母/子女提供房”都算有房来计算，本地居民的住房自住率为86.1%，而外地居民的住房自住率为37.1%，

二、城镇居民的居住分层

住房水平包括住房面积大小、质量如何。住房多大是合理的，这在实际上没有确切的标准。《国务院关于解决城市低收入家庭住房困难的若干意见》（国发〔2007〕24号）中，对于我国廉租房及经济适用房的住房面积标准进行了划定，规定新建廉租住房套型的建筑面积控制在$50m^2$以内，经济适用住房套型的建筑面积控制在$60m^2$左右；北京市人民政府在《关于印发北京市限价商品住房管理办法（试行）的通知》（京政发〔2008〕8号）中，将限价商品住房套型的建筑面积划定为$90m^2$以下；北京市住房城乡建设委在《关于公布本市享受优惠政策普通住房平均交易价格的通知》（京建法〔2011〕22号）中，将享受税收优惠的普通住房面积划定为$140m^2$以下。根据这些文件规定，我们以家庭住房面积$50m^2$、$60m^2$、$90m^2$、$140m^2$为分界点，将城镇居民家庭住房面积划分为5个层次，分别为保障型（小于$50m^2$）、经济型（50～$60m^2$）、小康型（60～$90m^2$）、富裕型（90～$140m^2$）、豪华型（$140m^2$及以上）。

本次调查显示，2019年超大城市家庭住房面积均值为$80.84m^2$，中值为$70m^2$，众数为$60m^2$，总体处于小康水平。有23.9%的居民家庭住房面积小于$50m^2$，属于保障型；16.1%的居民家庭住房面积为50～$60m^2$，属于经济型；33.5%的居民家庭住房面积为60～$90m^2$，占比最大，属于小康型；22.8%的居民家庭住房面积为90～$140m^2$，属于富裕型；还有3.7%的居民家庭住房面积为$140m^2$及以上，属于豪华型（见图9-3）。

本地居民与外地居民在家庭住房面积情况上大体相当。无论是本地居民还是非本地居民，按住房面积划分居住类型，多是小康型的居住水平；非本地居民保障型住房水平占比略高于本地居民，为27.0%，这一比例在本地居民中为22.7%；非本地居民中富裕型和豪华型居住水平占比也略低

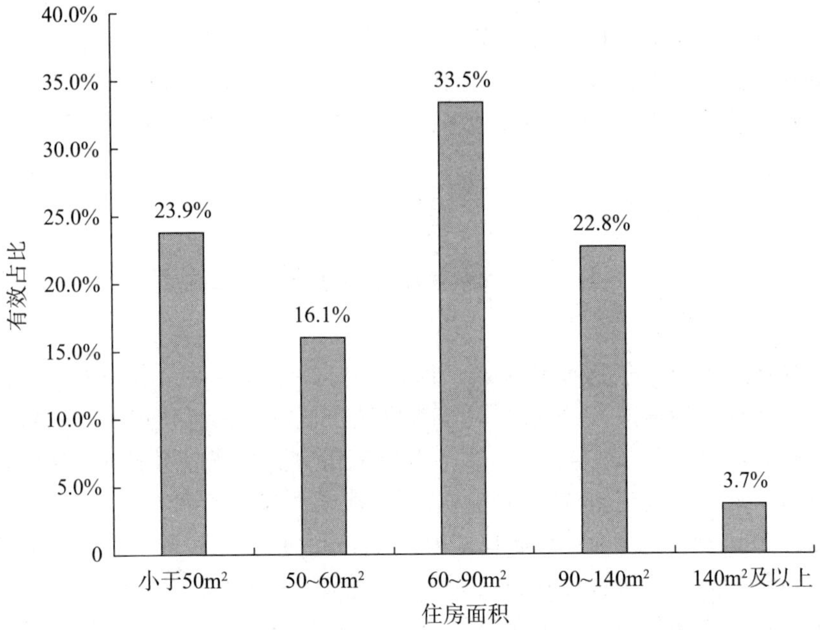

图 9-3　2019 年超大城市城镇居民家庭住房面积分布

于本地居民（见表 9-3）。

表 9-3　2019 年超大城市本地居民和外地居民家庭住房面积分布

是否本地居民	小于 $50m^2$	50～$60m^2$	60～$90m^2$	90～$140m^2$	$140m^2$ 及以上	总计
本地（N=1 446）	22.7%	16.3%	34.0%	23.2%	3.8%	100.0%
非本地（N=544）	27.0%	15.6%	32.5%	21.7%	3.1%	100.0%
总计（N=1 990）	23.9%	16.1%	33.5%	22.8%	3.7%	100.0%

考虑到家庭人口规模对居住需求的差异，人均住房面积能更好地反映实际居住水平。从人均住房面积看，大城市居民人均居住面积偏低，内部分化明显。本次调查显示，2019 年超大城市居民人均住房面积为 33.67m^2，中值为 27.5m^2，众数为 20m^2。在原建设部推出的《2020 年全面建设小康社会居住目标》中，城镇人均住房建筑面积为 35m^2，城镇最低收入家庭人均住房建筑面积大于 20m^2。北京市住房和城乡建设委员会等部门规定，本

市出租房屋人均居住面积不得低于 $5m^2$，每个房间居住的人数不得超过 2 人①；上海市规定，关于本市居民家庭在上海市属于新购且属于该居民家庭第二套及以上住房的，合并计算的家庭全部住房面积人均不超过 $60m^2$ 的，对新购住房免征房产税②。据此，以人均住房面积 $5m^2$、$20m^2$、$35m^2$ 为界，将居民人均住房面积划分为 5 个层次，分别为贫困型（小于 $5m^2$）、经济型（5～$20m^2$）、小康型（20～$35m^2$）、富裕型（35～$60m^2$）、豪华型（$60m^2$ 及以上）。调查显示，1.5%的居民人均住房面积小于 $5m^2$，住房水平较差，29.9%的居民居住水平属于经济型，36.7%的居民居住水平属于小康型，22.5%的居民居住水平属于富裕型，还有 9.4%的居民居住水平较高，属于豪华型（见表 9-4）。总体而言，大城市城镇居民居住水平多处于小康型，居住分化明显。

本地居民与外地居民在人均住房面积上大体相当。本地居民中小康型居住水平占比高于非本地居民，本地居民占比为 38.1%，非本地居民为 33.1%（见表 9-4）。但是两者的差距并没有统计意义上的显著性。

表 9-4 2019 年北京、上海本地居民和外地居民人均住房面积

是否本地居民	小于 $5m^2$	5～$20m^2$	20～$35m^2$	35～$60m^2$	$60m^2$ 及以上	总计
本地（N=1 446）	1.4%	29.7%	38.1%	22.5%	8.3%	100.0%
非本地（N=544）	1.5%	30.7%	33.1%	22.4%	12.3%	100.0%
总计（N=1 990）	1.5%	29.9%	36.7%	22.5%	9.4%	100.0%

从前文的分析看，本地居民和外地居民中都有一定比例的住房困难群体，这类群体主要是指家庭住房面积较小或者人均住房面积较低的群体，如家庭住房面积小于 $50m^2$，或者人均住房面积小于 $20m^2$。这个群体居住水平还没有达到小康水平。目前，家庭住房面积在 $50m^2$ 以下的群体总体占 20%以上，这个群体中的本地居民占 68.9%，非本地居民占 31.1%。从单位来看，在私企/民营企业单位工作的占比最高，为 34.2%；其次为在国有

① 北京市住房和城乡建设委员会 北京市公安局 北京市规划委员会 关于公布本市出租房屋人均居住面积标准等有关问题的通知．http://zjw.beijing.gov.cn/bjjs/xxgk/fgwj3/gfxwj/zfcxjsw-wj/315495/index.shtml.

② 上海市人民政府关于延长《上海市开展对部分个人住房征收房产税试点的暂行办法》有效期的通知．https://baijiahao.baidu.com/s?id=1687646155520543324&wfr=spider&for=pc.

及国有控股企业工作的，占比为27.3%；在国有、集体事业单位工作的占比13.5%（见图9-4）。这一群体受教育程度相对较低，大多在普通高中及以下，但也有8.1%的大学本科及以上学历者（见图9-5）。

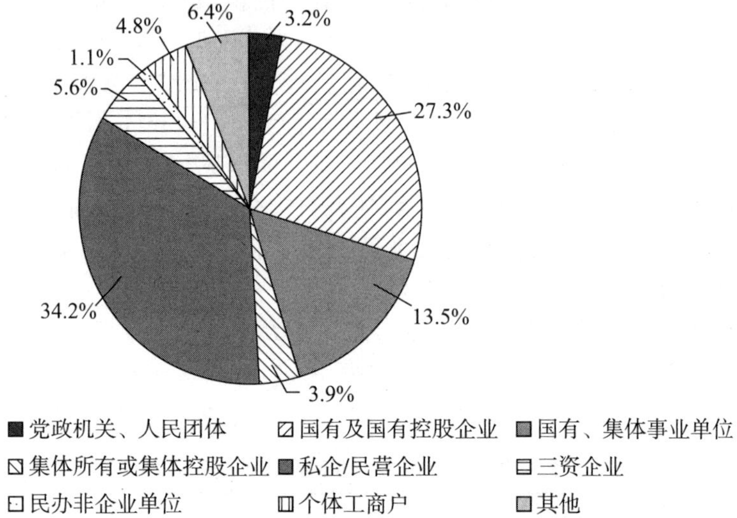

图9-4　家庭住房困难群体的工作单位情况

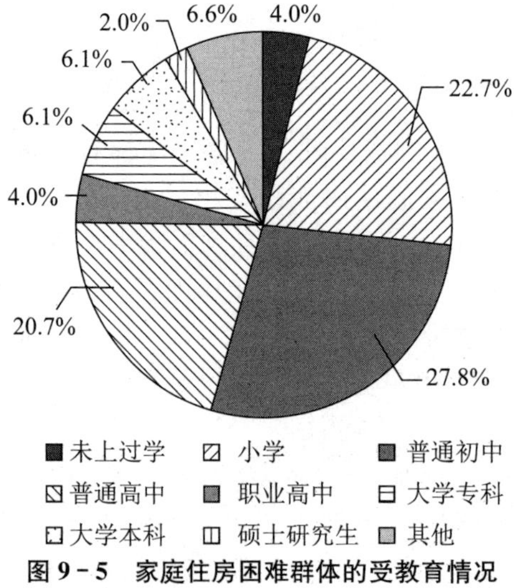

图9-5　家庭住房困难群体的受教育情况

三、城镇居民的住房支出压力

（一）购房首付支出

购买住房是家庭生活中的重要一环，住房购买支出长期影响居民财务状况。住房首付是家庭购房的最大额支出，在大城市，家庭住房首付支出普遍较高。上百万元的首付对于普通工薪家庭来说数额巨大，购房对家庭造成很大经济压力。居民购房的门槛是首付款，一般凑足首付几乎要掏空家庭的所有积蓄，甚至举债。从本次调查看，在 1 208 个有购房经历的样本中，在购房资金来源方面，有 67.6%的人用了个人或夫妻的存款来进行购房，有 29.7%的人获得了自己父母的资助，有 13.6%的人获得了配偶父母的资助，有 21.0%的人采用了银行商贷，有 11.7%的人采用了公积金贷款，有 11.2%的人向亲友借款，还有 9.2%的人通过房屋置换来购房。

居民购买住房的时间不同，其付款方式也很不相同。早期购买房改房、经济适用房者，很多都是全款购买。近些年随着房价不断上涨，购房贷款成为住房购买资金的主要来源之一，但是总体来看，自有资金占比还是很高的。各种购房资金来源所占比重如下：在 1 208 个有效样本中，个人或夫妻存款平均占比为 36.95%，排在首位；其次是自己父母资助，平均占比为 19.92%；第三是配偶父母资助，占 6.57%。在贷款方面，银行商贷资金占比较高，平均占比为 17.54%；公积金贷款资金占比相较较低，平均占比为 6.17%；房屋置换资金在购房资金来源中占比的均值为 7.97%（见表 9-5）。

表 9-5　居民家庭购房资金来源情况

N=1 208	个人或夫妻存款	自己父母资助	配偶父母资助	银行商贷资金	公积金贷款资金	亲友借款资金	房屋置换资金	其他资金来源	总购房款
均值（元）	341 538	184 098	60 719	162 143	57 049	21 847	73 632	23 212	924 238
平均占比	36.95%	19.92%	6.57%	17.54%	6.17%	2.36%	7.97%	2.51%	100.00%

从住房分层来看，不同类型住房的购房资金来源占比也有所不同。个人或夫妻存款是获得住房最主要的资金来源，但是富裕型住房居民个人或夫妻存款占比低于平均水平，为26.90%，自己父母资助比例较高，为23.44%。保障型住房居民个人或夫妻存款占比和自己父母资助的比例都比较高，分别为36.85%和19.18%。豪华型住房居民中运用个人或夫妻存款获得住房的占比高于平均水平，为53.71%，银行商贷资金占比也比较高，为21.90%。除了保障型和富裕型住房之外，在其余住房阶层中，银行商贷资金占总购房款的比重都比较高，仅次于个人或夫妻存款（见表9-6）。

表9-6　不同住房类型家庭的购房资金来源情况

住房类型	个人或夫妻存款	自己父母资助	配偶父母资助	银行商贷资金	公积金贷款资金	亲友借款资金	房屋置换资金	其他资金来源	总计
保障型（N=203）	36.85%	19.18%	7.86%	17.60%	6.43%	2.40%	7.11%	2.57%	100.00%
经济型（N=182）	39.11%	12.38%	1.71%	22.7%	6.03%	3.32%	11.38%	3.36%	100.00%
小康型（N=436）	37.72%	13.67%	5.20%	19.07%	7.52%	2.81%	10.76%	3.26%	100.00%
富裕型（N=329）	26.90%	23.44%	7.83%	13.08%	5.47%	15.72%	5.00%	2.56%	100.00%
豪华型（N=58）	53.71%	4.32%	1.23%	21.90%	5.50%	1.45%	10.89%	0.98%	100.00%
平均占比	36.95%	19.92%	6.57%	17.54%	6.17%	2.36%	7.97%	2.51%	100.00%

从户籍来看，本地居民和非本地居民在购房资金来源上也有差别。本地居民总购房款中个人或夫妻存款比重为32.73%，低于非本地居民的42.55%。本地居民总购房款中自己父母资助的占比高于非本地居民，前者为28.48%，后者为8.85%。本地居民中房屋置换资金占总购房款的比重也远高于非本地居民，前者为8.98%，后者仅为1.44%（见表9-7）。

随着住房调控政策对首付款的要求越来越高，2015—2018年北京市和上海市居民购房资金来源中，个人或夫妻存款、房屋置换资金的比重明显上升，银行商贷资金的比重有所下降（见表9-8）。居民购房的自付资金压力增大，部分抑制了购房需求的释放。

表 9-7　本地居民和非本地居民购房资金来源情况

是否本地居民		个人或夫妻存款	自己父母资助	配偶父母资助	银行商贷资金	公积金贷款资金	亲友借款资金	房屋置换资金	其他资金来源	总计
本地（*N*＝1 041）	均值（元）	292 722	254 703	58 666	123 065	50 660	19 934	80 340	14 203	894 293
	平均占比	32.73%	28.48%	6.56%	13.76%	5.66%	2.23%	8.98%	1.59%	100.00%
非本地（*N*＝167）	均值（元）	596 042	123 902	63 780	373 963	102 256	29 695	20 121	90 914	1 400 673
	平均占比	42.55%	8.85%	4.55%	26.70%	7.30%	2.12%	1.44%	6.49%	100.00%
总计（*N*＝1 208）	均值（元）	341 538	184 098	60 719	162 143	57 049	21 847	73 632	23 212	924 238
	平均占比	36.95%	19.92%	6.57%	17.54%	6.17%	2.36%	7.97%	2.51%	100.00%

表 9-8　2015—2018 年超大城市居民购房资金来源分布

年份		个人或夫妻存款	自己父母资助	配偶父母资助	银行商贷资金	公积金贷款资金	亲友借款资金	房屋置换资金	其他资金来源	总计
2015	均值（元）	512 442	180 961	85 576	402 404	206 730	43 884	24 811	76 923	1 533 731
	占比	33.41%	11.80%	5.58%	26.24%	13.48%	2.86%	1.62%	5.02%	100.00%
2016	均值（元）	820 937	246 718	59 843	413 125	205 937	23 437	200 312	64 375	2 034 684
	占比	40.35%	12.13%	2.94%	20.3%	10.12%	1.15%	9.84%	3.16%	100.00%
2017	均值（元）	610 000	271 666	30 000	520 666	91 666	149 666	515 000	140 000	2 328 664
	占比	26.20%	11.67%	1.29%	22.36%	3.94%	6.43%	22.12%	6.01%	100.00%
2018	均值（元）	815 769	254 615	133 076	361 538	219 230	32 307	426 923	0	2 243 458
	占比	36.36%	11.35%	5.93%	16.12%	9.77%	1.44%	19.03%	0	100.00%

（二）房贷支出

分期付款是住房商品化后居民购房的重要方式，房贷压力对于很多贷款购房的居民家庭来说都是一项大额支出。除了住房首付支出外，房贷支出在居民家庭生活支出中也占有很大比重。不同于住房首付支出所具有的积累性，房贷支出与居民每个月的收支状况都息息相关。从还房贷的支出情况来看，在 2 002 个样本中，有 14.2%的家庭有住房贷款。在这些有还房贷支出的家庭中，2018 年人均还房贷支出的均值为 28 294.28 元，中值为 20 000 元，众数为 20 000 元，标准差为 35 096.53 元；户均还房贷支出的均值为 76 102.21 元，中值为 50 000 元，众数为 50 000 元，标准差为 94 503.09 元。从房贷支出占家庭总支出比重来看，在 269 个有效样本中，还房贷占家庭总支出比重的均值为 36.77%，中值为 30.97%，众数为 50.00%，标准差为 35.38%，房贷在家庭总支出中所占比重较高，但总体来看在正常的范围内。

从本地居民和外地居民的还房贷情况比较来看，在有效样本中，本地样本有 144 个，在这些家庭中，2018 年人均还房贷支出的均值为 26 034.83 元，中值为 18 000 元，众数为 20 000 元，标准差为 37 988.35 元；户均还房贷支出的均值为 72 536.80 元，中值为 50 000 元，众数为 60 000 元，标准差为 79 457.65 元。从房贷支出占家庭总支出比重来看，还房贷占家庭总支出比重的均值为 36.42%，中值为 30.08%，众数为 50.00%，标准差为 34.93%。外地样本有 125 个，在这些家庭中，2018 年人均还房贷支出的均值为 30 005.86 元，中值为 20 000 元，众数为 50 000 元，标准差为 30 626.76 元；户均还房贷支出的均值为 80 083.20 元，中值为 50 000 元，众数为 50 000 元，标准差为 110 057.29 元。从房贷支出占家庭总支出比重来看，还房贷占家庭总支出比重的均值为 37.03%，中值为 30.97%，众数为 40.00%，标准差为 36.28%。可见，外地居民无论是人均还房贷支出还是户均还房贷支出都高于本地居民。

（三）租房支出

大城市流动人口众多，租房常常是这类群体的主要居住形式。从本次调查数据来看，在 2 002 个样本中，共有 353 个家庭存在租房支出，占比为 17.6%。其中，外地居民占比为 73.2%，本地居民占比为 26.8%。

租房支出在租房群体家庭总支出中的占比较大。从整体来看，月人均租房支出为 1 646.85 元，中值为 1 111.11 元，众数为 1 666.67 元，标准差为

1 770.82 元。从租房支出占家庭总支出比重来看，在 349 个有效样本中，租房支出占家庭总支出的均值为 32.88%，中值为 29.14%，众数为 50.00%，标准差为 25.57%，租房支出在家庭总支出中占比较高，压力较大。

总体来看，有住房贷款家庭和租房家庭的住房消费支出占比都在 30%以上，住房支出对家庭造成较大的经济压力。从整体上看，这一压力还处在安全的范围内，但是大量家庭还房贷支出占家庭总支出的 50%（还贷占比的众数为 50.00%），压力还是很大的。近年来，房价高企超越了很多人的购买力，首次购房的难度越来越大。

四、城镇居民的住房满意度与社会态度

城镇居民对居住水平的主观评价一方面与住房状况有关，另一方面也与其需求水平密切相关，同样的住房，需求水平高者评价会相对低，反之亦然。分析城镇居民对居住水平的主观评价，能够帮助我们更好地了解其居住满意度。在问卷中，有一个问题是“房子有好与坏、豪华与普通等层次的区别，如果用 1～10 分来代表住房的分层现象，其中 1 分代表最差的住房，10 分代表最好的住房，请你对自己所居住的房子等级进行打分”，以此来了解城镇居民对居住水平的主观评价和满意度状况。从调查结果看，城镇居民对自己所居住房屋评级的平均值是 6 级，众数是 5 级，中值是 6 级。图 9－6 为 2019 年超大城市城镇居民对所居住房屋的评级分布图，共有 73.2%的居民对自己所居住房屋的评级为 5～8 级，处于中上水平，21.5%的居民对自己所居住房屋的评级低于 5 级，处于中等偏下水平，5.7%的居民对自己所居住房屋的评级为 1～2 级，处于最差的水平。总体来看，城镇居民对自己所居住房屋的评价是向上偏高，说明大都市居民对居住的满意度整体还是比较高的。

在对所居住房屋的评价方面，有房居民对房屋的评级状况好于无房居民。有房居民中对自己房屋的评级为 5～8 级的占比为 76.0%，无房居民中这一比例为 67.4%，有房居民 8 级以上的评价比例也高于无房居民。有房居民中 18.0%的人对自己房屋的评级为 1～4 级，无房居民中的这一比例为 28.1%（见表 9－9）。

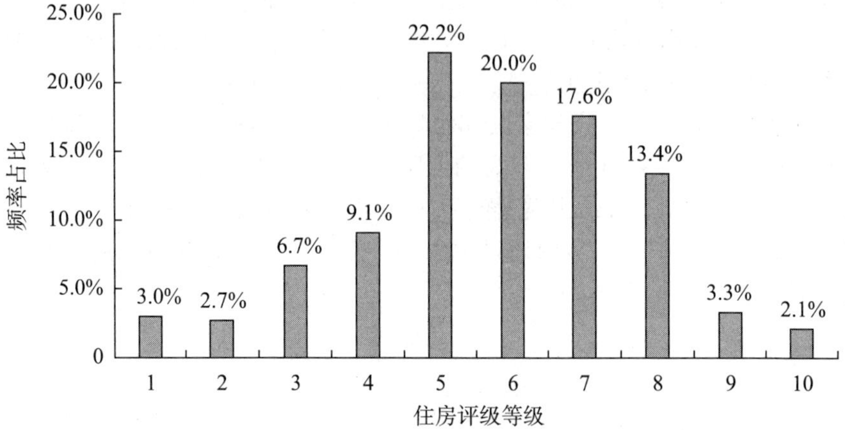

图 9-6　2019 年超大城市城镇居民对所居住房屋的评级分布

表 9-9　有房居民和无房居民对居住房屋的评级情况

有无住房	均值	中值	众数	1～4 级	5～8 级	8 级以上	总计
有房居民（*N*=1 338）	5.95 级	6 级	6 级	18.0%	76.0%	6.0%	100.0%
无房居民（*N*=604）	5.41 级	5 级	5 级	28.1%	67.4%	4.5%	100.0%
总计（*N*=1 942）	6 级	6 级	5 级	21.5%	73.2%	5.3%	100.0%

对于“与过去五年相比，您的住房面积和质量”的评价中，大多数居民认为自己的住房面积和质量没有变化。3.9%的居民认为自己的住房面积和质量“下降”，67.5%的居民认为“基本没变化”，18.8%的居民认为“提升较少”，9.8%的居民认为“提升较多”和“提升很多”（见图 9-7)。

有房居民对自身住房面积和质量是否提升的评价好于无房居民。有房居民认为住房质量和面积“提升很多”和“提升较多”的比例为 10.2%，高于无房居民的 9.0%；有房居民认为住房质量和面积“基本没变化”的比例为 69.1%，也高于无房居民（66.0%）（见表 9-10)。

住房状况是中国人最主要的财富形式，住房的分化使得居民的财富分化越来越大，影响着财富分配的公平感。从城镇居民对财富及收入分配状况的评价来看，3.1%的居民认为“非常公平”，35.8%的居民认为“比较公平”，35.3%的居民认为“一般”，但也存在 25.8%的居民认为“非常不公平”和“不太公平”（见图 9-8）。

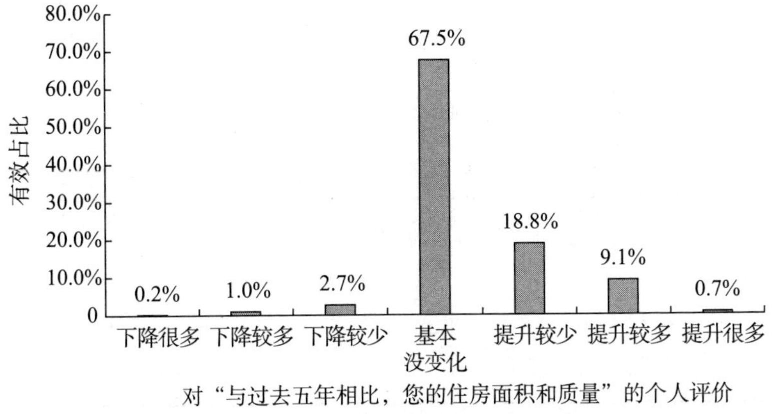

图 9-7 城镇居民对自身住房面积和质量变化状况评价分布

表 9-10 有房居民和无房居民对自身住房面积和质量变化状况评价分布

有无住房	下降很多	下降较多	下降较少	基本没变化	提升较少	提升较多	提升很多	总计
有房居民（N=663）	0.3%	0.3%	2.3%	69.1%	17.9%	9.4%	0.8%	100.0%
无房居民（N=303）	0	2.3%	4.0%	66.0%	18.8%	8.3%	0.7%	100.0%

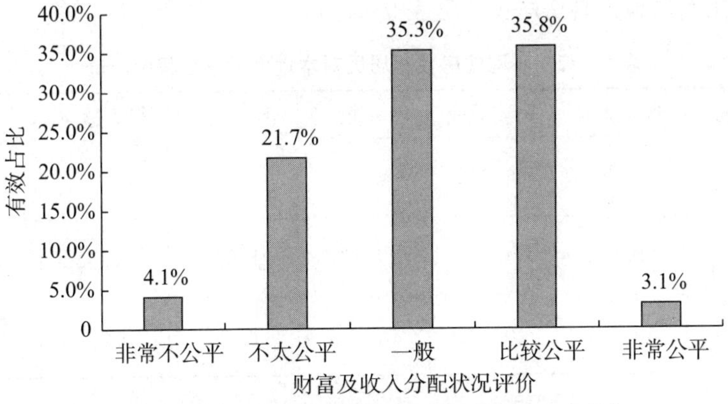

图 9-8 城镇居民对财富及收入分配状况评价分布

有无住房对城镇居民的财富和收入分配的公平性感知有明显影响。有房居民对财富及收入分配状况的评价好于无房居民，41.7%的有房居民对财富及收入分配状况评价为“非常公平”和“比较公平”，而无房居民中这一比例只有 34.2%。有房居民认为“不太公平”和“非常不公平”的占比为 24.9%，无房居民中这一比例则达到了 27.6%（见表 9-11）。

表 9-11　有无住房与城镇居民对财富及收入分配状况评价的关系

有无住房	非常不公平	不太公平	一般	比较公平	非常公平	总计
有房居民（N=671）	4.0%	20.9%	33.4%	38.7%	3.0%	100.0%
无房居民（N=301）	4.0%	23.6%	38.2%	30.9%	3.3%	100.0%

俗话说“有恒产者有恒心”，有无住房对于城镇居民的生活有较大影响，特别是对于融入社区生活来说影响很大。从调查来看，在超大城市居民对本地生活适应程度的评价方面，49.7%的居民表示对本地生活“非常适应”，40.9%的居民表示“比较适应”，也有 7.6%的居民以及 1.5%的居民分别表示“一般”和“不太适应”。这种适应性与是否拥有住房有明显的相关性，有无住房影响他们在本地生活中的适应度。有房居民中对本地生活“非常适应”的比例为 59.6%，“比较适应”的比例为 34.6%，合计为 94.2%，而无房居民对本地生活“非常适应”的比例为 28.0%，“比较适应”的比例为 54.8%，合计为 82.8%。无房居民“不太适应”和“很不适应”的比例均高于有房居民（见表 9-12）。

表 9-12　不同住房性质居民对本地生活适应程度评价

有无住房	非常适应	比较适应	一般	不太适应	很不适应	总计
有房居民（N=1 045）	59.6%	34.6%	4.2%	1.3%	0.2%	100.0%
无房居民（N=855）	28.0%	54.8%	14.9%	1.8%	0.5%	100.0%
总计（N=1 900）	49.7%	40.9%	7.6%	1.5%	0.3%	100.0%

五、结论及政策建议

北京和上海作为中国的两个超大城市，都是房价高昂的城市，居民住房困难程度也是最高的。从本次调查的情况来看，由于住房自有率高，大多数人对住房是比较满意的，基本住房需求得到了满足。但是对于贷款买房或者租房的群体来说，房贷压力大、租住成本高，加大了生活压力。有房贷的家庭在总体中占 14.2%，租房的家庭占 17.6%，这两个群体居住支出占比的均值都达到了生活支出的 30%以上，特别是部分家庭房贷支出占 50%，是住房压力比较大的群体。

城镇居民住房面积总体上处于小康水平，居住状况的自评相对也比较高，但是内部分化明显，部分群体住房水平较低，满意度低。本地居民和外地居民现住房情况差异较大，本地居民现居住类型以完全自有住房为主，外地居民居住类型以租住为主。有房和无房群体形成了新的社会分化，有房群体在社会态度上与无房群体有明显差异。

超大城市居民长期面临高房价的困扰，中低收入居民住房支付能力不足，住房困难问题比较突出。1998 年以来，我国住房政策不断调整完善，目前已经形成了以市场为主满足多层次需求、以政府为主提供基本保障的住房供应体系。党的十九大报告中提出“坚持房子是用来住的、不是用来炒的定位，加快建立多主体供给、多渠道保障、租购并举的住房制度，让全体人民住有所居”，这为新时期住房制度改革提供了新的方向。对于超大城市来说，解决好住房困难问题是新发展阶段的重要民生工程。“因城施策促进房地产业良性循环和健康发展”是 2022 年中央两会给房地产的新定调，也给北京、上海这些超大城市今后的住房政策提供了新的发展方向。超大城市要优化住房供应，发展住房租赁市场，完善多主体供给、多渠道保障、租购并举的住房供应制度，且住房政策必须与经济发展和人口结构相适应。

北京、上海是富人聚集、中产占比高的城市，虽然房价高昂、中低收入群体住房压力大，但住房市场的高端需求仍然巨大。政府在住房供给方面要根据人口结构的特点，科学规划，立体保障，坚持市场供给和住房保障双管齐下，精准施策，不断改善居民住房条件。特别是对于人口老龄化、少子化、中低收入居民住房保障问题，住房政策要给予充分关注。

当前，年轻家庭购房压力巨大，购房压力压缩其生育意愿，未来的住房供应体系应考虑将住房保障与鼓励生育的政策相结合。政府应进一步扩大公共租赁住房的规模，完善公共租赁住房的相关基础设施建设，满足大城市年轻家庭的租赁住房需求，同时应进一步扩大共有产权房的受益范围，解决好大城市年轻家庭住房与生育之间的矛盾问题。

超大城市的老龄化问题也比较突出，居住与养老问题关系密切，应纳入住房政策，系统考虑。在住房供给和社区建设上应考虑到老年人、老年家庭、多代家庭的居住需求，建立适老性住宅以满足老年人口的住房需求。

另外，外来人口在流入地城市的住房状况与其市民化密切相关。目前外来人口的住房保障水平还比较低，只有加强外来人口的居住保障，才能使外来人口更好地融入城市生活。城市应该不断拓宽住房保障覆盖面，完善住房保障制度，不断缓解和解决外来人口的住房困难问题。

参考文献

边燕杰，刘勇利，2005. 社会分层、住房产权与居住质量：对中国“五普”数据的分析 . 社会学研究（3).

邓蕾，黄洪基，2011. 租房青年的居住现状和居住观念研究：来自上海的调查 . 青年探索（6).

邓郁松，刘卫民，邵挺，2018. 中国住房市场趋势与政策研究 2020—2050. 北京：科学出版社 .

王敏，2019. 住房、阶层与幸福感：住房社会效应研究 . 华中科技大学学报（社会科学版）(4).

王树玲，杨鑫杰，2020. 我国房产税改革的思考 . 商业经济（5).

赵卫华，2018. 居住压力与居留意愿：基于北京外地户籍大学毕业生的调研分析 . 江苏社会科学（2).

邹湘江，2013. 我国城市人口住房状况特征及变化分析：基于“五普”和“六普”数据的比较 . 广州大学学报（社会科学版）(1).

第十章　住房公积金与农民工的住房消费

改革开放以来，中国的城市化进程不断加速，农民工外出务工的规模不断增大，为流入地的城市发展作出了巨大贡献。根据国家统计局发布的《2020年农民工监测调查报告》，2020年农民工总量达到了2.85亿。农民工进入城市寻求发展，不仅推进了中国的城镇化，而且改变了中国的社会结构。

农民工进入城市务工经商，住房是生存发展的基本条件。对于农民工而言，在务工地最大的压力是住房支出，住房支出占比直观反映了农民工的生存状态。以往的研究表明，农民工更多的是住在雇主提供的宿舍、租住私房或者非正规住房，极少数能够享受到保障房。随着城镇化过程的深入，不少农民工的收入有了明显的提升，部分农民工已经能够支付得起较高的租金，甚至有相当一部分能够在流入地购买产权房。

近年来，我国大力推进农民工市民化进程，提高城镇化质量。农民工要市民化，“安居乐业”是关键。相比而言，在高房价的压力之下，安居比乐业更难。党的十九大报告明确指出，要加快实现租售并举、多主体供给、多渠道保障的住房制度，从而保障全体人民住有所居。住房权已经成为公民的一项基本权利，加强农民工住房保障，推进农民工住房问题解决，是实现我国高质量城镇化的必然要求。2014年发布的《国家新型城镇化规划（2014—2020年）》，提出了要实现1亿左右农业转移人口和其他常住人口在城镇落户的目标，也提出了拓宽住房保障渠道以改善农民工居住条件的举措。

但与此同时，农民工的住房保障还没有破题。目前，农民工群体仍然被排斥在城镇住房保障体系之外。首先，在城镇保障房的分配中，农民工的机会还非常少，很多城市的保障房都难以覆盖到农民工；其次，作为重要住房保障制度的住房公积金，对农民工的覆盖面还极其有限，农民工有住房公积金的很少，购买住房难以获得住房公积金的支持。对于农民工来说，住房公积金的支持无疑是多渠道保障之一，住房公积金在推动城镇居民住房消费中起到了很大作用，但问题是公积金对农民工的覆盖率还非常低，其运行方式对农民工来说门槛还比较高，住房公积金对农民工购买住房的作用还十分有限。

当前，城镇居民的住房拥有率已经达到了 74.9%[①]，农民工进城买房成为一个新的消费趋势，特别是在中小城市，农民工已经成为推动房地产消费的主要力量之一。农民工购房缺少住房公积金支持，购房的资金成本高，这不仅不利于农民工市民化，也不利于实现高质量城镇化的目标。因此，如何让公积金制度能够惠及农民工值得探讨。不少研究认为应该把农民工纳入住房公积金制度，“建立和完善面向农民工的住房公积金制度”（彭加亮 等，2016），“将农民工纳入住房公积金体系是推动农民工在城市生根立足的破题之举”（祝仲坤 等，2017），一些地方也在探讨把农民工纳入公积金制度体系（郑小晴 等，2008），但总体来看，推进力度并不大，公积金制度并没有根本性的变化。

一、“单位嵌入型”住房公积金对农民工的保障性和排斥性

住房公积金是我国住房分配货币化的主要形式，其建立之初是面向城镇职工的一项住房保障制度。住房公积金制度建立初期，其保障对象是国

① 根据第六次全国人口普查数据计算得出，截至 2010 年全国城镇 19 971 345 户家庭中共有 14 950 147 户家庭拥有自己的住房，住房拥有率约为 74.9%，其中购买住房（包括商品房、二手房、经济适用房、原公有住房）占到了自有住房总数的 58%。

有大中型企业的职工，以后逐渐扩展到非公单位职工。1999 年国务院颁布的《住房公积金管理条例》规定，住房公积金是指国家机关、国有企业、城镇集体企业、外商投资企业、城镇私营企业及其他城镇企业、事业单位及其在职职工缴存的长期住房储金。住房公积金由单位和职工个人共同缴付，实行专户存储，归职工个人所有，缴存职工购买自住房时可以申请住房公积金个人住房贷款。《条例》首次明确将私营企业纳入到公积金范围内，并明确规定，建立住房公积金制度的目的是促进城镇住房建设，提高城镇居民的居住水平，住房公积金制度的适用对象主要是城镇单位的在职职工。2002 年 3 月 24 日，国务院根据实际情况，在总结各地经验的基础上对《条例》进行了修改，进一步将民办非企业单位、社会团体等也纳入进来，完善了相关的管理机构。随着住房公积金制度的“扩面”，更多非公企业城镇户籍职工也有了公积金。我国住房公积金参保人数不断增加，参保率也在不断攀升，城镇职工住房公积金参保率从 2012 年的 27.37%上升到了 2016 年的 31.54%①。在此期间，全国各地的住房公积金制度在具体操作上也进行了一些改革，制度逐渐完善。

2005 年，由建设部、财政部、中国人民银行联合发布的《关于住房公积金管理若干具体问题的指导意见》首次提出要将农民工纳入进来，住房公积金进一步从城镇户籍职工扩展到农民工。这一举措旨在通过缴存公积金提高农民工的住房消费能力，提升其在城市购买住房的比例，形成农民工市民化的“推力”（祝仲坤，2016）。这是国家第一次在政策上明确农民工缴存公积金的权利，是农民工进入城镇住房保障体系的重要标志。2006 年，国务院发布的《关于解决农民工问题的若干意见》再次明确指出，“有条件的地方，城镇单位聘用农民工，用人单位和个人可缴存住房公积金，用于农民工购买或租赁自住住房”。至此，住房公积金从制度上来说可以保障农民工了，但其功能的发挥却存在事实上的障碍。

住房公积金制度按照“个人存储、单位资助”的原则进行归集。住房公积金由在职职工个人及其所在单位按职工个人工资和职工工资总额的一定比例逐月缴纳，归个人所有，存入个人公积金账户。同时规定各单位原则上可以有偿使用本单位职工结余的公积金，用于住宅建设。各企事业单

① 根据住建部等发布的《全国住房公积金 2016 年年度报告》及国家统计局发布的《中国统计年鉴 2017》计算得出。

位也得以享受房改贷款，建造或购置住房分配给职工。因此住房公积金制度的实施和运作还是离不开职工的工作单位（边燕杰，1996）。无论住房公积金的缴纳还是使用，在实际操作中单位都起着至关重要的作用。无论是作为一种住房保障政策还是一种政策性住房金融（冯俊，2009），绝大多数人都是通过单位这一中介获得住房公积金的支持的。

因此，分析农民工的住房公积金制度，必须对这一制度进行结构分析，分析其与更大制度体系之间的关联性，分析它嵌入在一种怎样的制度环境中，以及由此对农民工产生的影响。住房公积金是我国住房保障制度改革从实物转向货币的一个环节，它依托于单位制度，是一种“单位嵌入型”的住房福利。计划经济体制下中国企业职工工资以“低工资”“高福利”为特征，住房是单位福利中非常重要的一种，一般国有单位会提供免费或者租金非常低廉的住房。职工工资中不包含住房的内容，同时没有住房信贷市场，所以无论是当时公房的私有化还是购买增量的新房，职工的购买能力都是不足的（李珍，2017）。住房公积金制度的建立在很大程度上是为了解决广大职工住房购买力不足问题，是我国住房分配货币化的制度基础，助推了城镇居民住房市场化。在从实物分房向货币化分房的改革过程中，住房公积金制度对于提高职工的住房购买能力起了重要作用。

住房公积金制度虽然扩大到非公企业和农民工，但是其享有的前提条件是单位，要依托于单位来惠及个人。如 2005 年，建设部等联合发布的《关于住房公积金管理若干具体问题的指导意见》提出，有条件的地方，城镇单位聘用进城务工人员，单位和职工可缴存住房公积金；进城务工人员购买自住住房时，可按规定提取本人及其配偶住房公积金账户内的存储余额，也可申请住房公积金贷款。2006 年，国务院发布的《关于解决农民工问题的若干意见》提出，有条件的地方，城镇单位聘用农民工，用人单位和个人可缴存住房公积金，用于农民工购房或租赁自住住房。因此，从参保的渠道看，单位这一“中介”仍然是进行住房公积金缴存和使用的条件。

由于住房公积金缴纳必须依托于单位，而不同类型的单位缴纳住房公积金的动力是不同的。在公有制企业中，住房公积金承接过去单位体制下实物分房的职能，是职工住房分配货币化的表现方式，所以公有制企业给职工缴存住房公积金是有制度延续性的，其缴纳的积极性较高。而非公有制企业，特别是中小型私营企业，先天就是靠低福利获取市场优势的，它们没有实物分房的历史，也没有解决职工住房的外在压力，在这种情况下，非公有制企业为员工缴纳住房公积金的积极性则明显偏低。这背后的逻辑在于，公有制企业的劳动报酬很大一部分通常以福利形式呈现出来，而非公有制企业的劳动报酬往往以工资形式呈现，一般称为“福利工资化”。因此，就公有制企业而言，住房公积金制度意味着单位由实物分配体制下的无限责任转变为货币分配体制下的有限责任，属于减负的改革；就非公有制企业而言，住房公积金制度则意味着劳动力使用成本的增加，属于增负的内容。背后的意义不同对它们积极性的影响是不同的（李文静，2013）。鉴于住房公积金缴纳必须依托于单位，如果单位不愿意为员工缴纳住房公积金，则员工就不能拥有住房公积金。

单位是否给农民工缴纳住房公积金决定了农民工能否享有住房公积金，具体来说又可以分为几种不同的情况。第一，单位福利好坏是最重要的决定因素，福利好的单位有能力给员工缴纳住房公积金，福利差的单位则没有能力给员工缴纳住房公积金。农民工学历低，一般是非正规就业，很难进入有住房公积金的单位，就业单位的福利通常比较差，不能给员工提供住房公积金。第二，在单位层面，一般都有不同的用工方式，如正式员工、合同制员工、临时工、劳务派遣工等，不同类型员工享受的单位福利也不同。一般正式员工的福利比较好，有住房公积金，其他类型职工的福利则比较差，没有住房公积金。农民工在单位一般处于边缘地位，很多都是临时工、劳务派遣工，单位不愿意给他们缴纳住房公积金。他们在单位的边缘地位决定了他们很难享有住房公积金。第三，还有一些单位内部存在户籍歧视，对于城镇户籍员工和非城镇户籍员工给予不同的福利待遇，单位为城镇户籍员工缴纳住房公积金，对于农村户籍员工则不予缴纳。这些不同形式的福利差别的最终结果都不利于农民工享有住房公积金。

总之，虽然农民工缴纳住房公积金从制度上没有障碍，但是从实际运行情况来看，“嵌入”在“单位体制”之内的住房公积金制度对于农民工来说存在事实上的排斥性。就业单位的不稳定性、就业身份的非正规性、职业福利的身份歧视性使得他们难以享有单位的住房公积金福利。真正能够享有住房公积金福利的农民工的比例是非常低的。

住房公积金难以惠及农民工，而城镇居民住房普及率已经很高，住房公积金的存在受到质疑。住房公积金制度最初增强了城镇单位职工的住房购买力，此后，国家开始利用住房公积金贷款支持保障性住房建设试点工作。但是，随着城镇居民住房自有率的大幅度提高和住房市场的形成，关于住房公积金制度合理性的争论却逐渐增多，甚至存废之争也逐渐出现。对于住房公积金的批评概括起来集中在以下几个方面：

（1）效率不高。认为住房公积金是一种强制储蓄，收益率低，增加了交易成本。相当于政府剥夺了部分收入的资金运用自主权，进而通过行政化委托代理的组织（住房公积金管理中心）来运用这部分资金，加大了社会的交易成本（王家庭，2004），也降低了资金配置的效率（周威 等，2009）。资金使用途径较为狭窄，大量资金处于闲置状态，造成了严重的资金浪费（彭兴庭，2006）。

（2）缺乏公平性。认为不同地区、行业和单位的缴存基数及比例都存在差别，住房公积金成了“第二工资”，单位缴存与个人收入相对应，扩大了收入差距，并且会导致“马太效应”（张新国，2006）。在使用上，住房公积金存在“劫贫济富”的嫌疑。高收入者的住房压力较小，却可以通过购房而使用住房公积金，住房压力较大的中低收入者，却因无力购房而无法充分享受住房公积金的保障作用，无法实现平等的互助互利（李燕 等，2016）。“强制性储蓄、低存低贷、存贷不匹配”的公积金信贷政策，也有“劫贫济富”的效应，在一定程度上加剧了收入分配不公，扩大了收入差距（汪利娜，2003）。

（3）使命已完成。有学者认为住房公积金已经完成了其历史使命，鉴于住房公积金制度的诸多弊端，建议取消住房公积金。如有学者从住房公积金的性质出发，认为从筹资来源和目标看，住房公积金制度既不是社会救助也不是社会福利，从运行机理看，它也不是社会保险，住房公积金制度应该是用人单位的福利。主张将管理权下放到用人单位，改强制性住房公积金为自愿性住房公积金制度。认为住房公积金制度作为一项改革的配套措施，在 20 世纪 90 年代发挥了重要作用，但随着住房制度由计划经济模式向市场经济模式转变的完成，住房公积金制度的历史任务也应完结（李珍，2017）。

但是也有不少学者认为，住房公积金制度应该继续完善并覆盖更多的群体，包括农民工。如有学者指出，依据人们收入水平和住房条件的转变，住房公积金制度的政策功能也在逐步变化。在早期阶段，住房公积金主要是为了解决广大工薪阶层的住房问题，之后，为了促进房地产市场的健康稳定发展，拓宽保障性住房建设资金来源，加快解决中低收入家庭的住房问题，开展了利用住房公积金贷款支持保障性住房建设试点工作。随着这一群体住房问题的改善，住房公积金的政策目标将转向外来常住人口尤其是农民工住房问题（王先柱 等，2015）。

笔者认为，效率不高、不公平不能作为取消的理由，因为不单是住房公积金，中国的城镇职工基本养老保险制度、城镇职工基本医疗保险制度等各类社会保险制度都是依托于单位而享有的保障，都存在不同程度的效率问题和逆向分配问题，即单位越好、工资越高，社会保障水平也越高，但这些制度弊端不是取消制度的理由。至于完成历史使命的说法，则属于立场问题。如果基于住房公积金建立的初衷，站在城镇居民住房保障的角度上，则在原城市居民住房自有率高达 91.2%，19.7%的家庭拥有两套以上住房，户均住房 1.1 套的情况下（李培林 等，2015），住房公积金的确完成了其历史使命，但是，如果把住房公积金制度放在当前我国城镇化、城乡一体化的大背景下，则城镇居民的住房问题不是解决了，而是任务更艰巨了。在房价高涨的今天，2 亿多进城农民工要顺利融入城市，实现市民化，住房问题是非常关键的问题，则住房公积金制度就不是取消而是如何完善以惠及城市新市民的问题。目前，最需要住房公积金支持的农民工也是最难以获得住房公积金贷款的群体，这恰恰是住房公积金亟待发展、改革和完善之处。

目前，高房价是推动城镇化成本不断上升的主要力量。在农民工市民化的众多排斥因素中，城镇住房所具有的排斥效应正在日益凸显，已成为大城市排斥流动者的主导因素（周蕾 等，2012）。在原城市居民住房问题基本解决的情况下，把住房公积金的保障扩大到农民工（流动人口）群体，是解决农民工住房问题的重要手段之一。农民工住房问题的解决需要社会保障，住房公积金作为一种住房保障制度，应该考虑如何继续发挥其共济作用，支持农民工在城市的住房消费，使其能够更好地融入城市。因此，打破“单位嵌入型”住房公积金制度对农民工的排斥性，为农民工城镇住房问题的解决提供必要的金融支持，是推动农民工市民化的长效机制之一。

长期以来，很多农民工因为缺乏稳定的工资收入和其他可抵押资产，在生产生活中获得金融支持一直比较困难，在住房消费方面更是如此。当前农民工住房消费需求很强，并有一定的消费能力，但非常缺乏必要的金融支持。很多人是通过向亲戚朋友借债购买住房。农民工难以获得商业贷款或者为之承担的成本较高，住房公积金这样的政策性金融就成为一种较好的住房消费金融支持（彭加亮 等，2016）。住房公积金能增强农民工的支付能力和融资能力，能有效改善农民工的住房条件（朱晶 等，2015）。因此，完善住房公积金制度，是推动农民工住房条件改善的一个重要途径。

二、农民工拥有住房公积金的基本情况

虽然农民工缴纳住房公积金没有制度障碍，但是从实际情况来看，能够享受住房公积金的农民工比例仍然比较低。从住房公积金的运行现状看，《全国住房公积金 2016 年年度报告》显示，2016 年，住房公积金实缴单位 238.25 万个，实缴职工 13 064.50 万人。在缴存单位中，国家机关、事业单位、国有企业和城镇集体企业占 42.00%，城镇私营企业及其他城镇企业、外商投资企业、民办非企业单位和其他类型单位占 58.00%。在缴存职工中，国家机关、事业单位、国有企业和城镇集体企业占 57.14%；城镇私营企业及其他城镇企业、外商投资企业、民办非企业单位和其他类型单位占 42.86%，比上年提高 6.79 个百分点①。但是，从职工的构成看，在我国城镇就业职工中，国家机关、事业单位、国有企业和城镇集体企业职工大约只占就业人口的 15.99%，其他各类非公企业就业人员的比例则达到了 84.01%②。超过 84%的非公企业职工，在住房公积金缴存职工中占比只有 42.86%，由此可见，虽然住房公积金制度扩展到了非公企业，但其覆盖率是比较低的，特别是农民工，在这一制度上更是处于不利地位。农民工缴纳住房公积金虽然从制度上来说没有障碍，但是实际上，这种“单位嵌入型”的住房公积金缴纳方式阻碍了农民工进入住房公积金的保障体系。

下面通过国家卫生计生委 2017 年全国流动人口动态监测调查数据具体

① 住房城乡建设部 财政部 中国人民银行关于印发《全国住房公积金 2016 年年度报告》的通知.（2017－05－31）. https：//www.mohurd.gov.cn/gongkai/fdzdgknr/tzgg/201705/20170531_232056.html.

② 中国统计年鉴 2017. http：//www.stats.gov.cn/tjsj/ndsj/2007/indexch.htm.

分析农民工参加住房公积金的基本情况①。

国家卫生计生委数据显示，在流动人口中，非农户籍的流动人口缴存住房公积金的比例是34.4%，而农民工（农业户籍）缴存住房公积金的比例只有9.9%，户籍对农民工参加住房公积金的影响非常显著（df=2，sig<0.001）。

从区域看，东部是人口流入大省，流动人口的比例高，参加住房公积金的人数也多，在参加住房公积金的农民工中，大约89.5%集中在东部地区，中西部都比较少。同时，东部地区农民工参加住房公积金的机会也较其他地区大。在东部，12.6%的农民工参加了住房公积金，而在中部，这一比例只有3.9%，在西部，这一比例为4.5%。总体上来看，东部地区农民工参加住房公积金的比例更高些。

更进一步看，整个东部沿海地区经济发展较快，市场化程度较高，社会保障的规范性程度高，农民工的住房公积金覆盖面更宽一些。拥有住房公积金的农民工主要集中于珠三角、长三角和京津冀三个区域。在所有参加住房公积金的农民工中，珠三角地区占40.4%，长三角地区占36.1%，京津冀地区占10.2%，这三个区域合计占86.7%，其他地区合计占13.3%。三个区域中，农民工参加住房公积金的机会也有所不同。珠三角地区农民工中参加住房公积金的比例是15.7%，高于长三角地区（11.3%）和京津冀地区（11.8%）。

从城市行政级别来看，不同行政级别的城市农民工参加住房公积金的情况不同。参加住房公积金的农民工主要集中在省会及以下城市，地级市及以下城市占比最高（占49.0%），其次是省会城市（占34.4%），直辖市占比为16.6%。但从参加住房公积金的机会来看则相反，农民工参加住房公积金的比例最高的是直辖市（占12.3%），其次是省会城市（占11.1%），

---

① 该调查采用分层、多阶段及与规模成比例的PPS抽样方法，按照随机原则在全国31个省（区、市）和新疆生产建设兵团流动人口较为集中的流入地抽取样本点，总样本量为169 000人。本研究将农民工定义为具有农业户籍身份，居住在城市地区，完全或主要从事非农业生产活动的劳动者。就住房公积金缴纳时间而言，一般规定连续缴纳6个月以上才可以申请贷款，也有一些城市规定连续缴纳12个月以上才可以申请，因此为了保证分析对象符合这一年限规定，本研究在数据分析时剔除了流入本地时间为2016年的样本，基本将流动时间为半年以内的样本剔除在外。此外，考虑到住房公积金制度的缴费年龄为18～60岁，分析前也将这个年龄段之外的样本进行剔除，最终获得总样本量为124 081个。

地级市及以下城市最低（占9.8%）。因此，城市等级越高，农民工的住房公积金权益越能得到保障。

从城市规模来看，不同人口规模的城市农民工参加住房公积金的情况也不同。参加住房公积金的农民工大约70%集中在超大、特大和大城市，其中超大城市占比21.1%，特大城市占比11.3%，大城市占比37.8%，中小城市的占比只有29.8%。城市规模越大，参加的比例越高。在不同规模城市中，农民工参加住房公积金的比例由高到低依次是超大城市（13.8%）、大城市（12.5%）、中小城市（8.9%）、特大城市（7.3%）。

从农民工参加住房公积金的性别差异看，男性参加住房公积金的比例高于女性。男性参加住房公积金的比例是11.6%，女性是9.5%。在参加住房公积金的所有农民工中，男性所占比例也高于女性，前者是56.4%，后者是43.6%。不同性别农民工在参加住房公积金方面有显著差异（df=2，sig<0.001）。

参加住房公积金的农民工主要集中在25～34岁和35～44岁这两个年龄段，其中25～34岁的占57.8%，35～44岁的占24.2%，这两个年龄段合计占82.0%，其他年龄段合计所占比例只有18.0%。但不同年龄段参加住房公积金的比例有较大差异，年龄较轻者参加住房公积金的比例较高，其中25～34岁的农民工中参加住房公积金的比例相对最高（15.4%），其次是15～24岁（10.7%），35岁以上各组参加住房公积金的比例都低于平均水平。

从受教育程度看，在所有参加住房公积金的农民工中，不同学历者占比差别不大，其中大专及以上占38.3%，高中及中专占30.6%，初中及以下占31.1%。但从参加机会看，则是受教育程度越高，参加住房公积金的比例越高。大专及以上参加住房公积金的比例是39.4%，高中及中专参加住房公积金的比例是15.2%，初中及以下参加住房公积金的比例是4.8%。受教育程度对能否享有住房公积金影响非常显著（df=4，sig<0.001）。

从职业看，各类单位负责人、办事人员和有关人员及专业技术人员中参加住房公积金的比例较高，而商业服务业人员、农林牧渔水利业生产人员、生产工人、运输工人和有关人员及其他不便分类人员中参加住房公积金的比例较低。此外，相关分析显示，被调查农民工的职业类型与是否参加住房公积金之间存在显著的相关性（df=14，sig<0.001）。

从行业看，参加住房公积金比例较高的主要是金融业（49.4%），公共管理、社会保障和社会组织（47.9%），信息传输、软件和信息技术服务（40.5%），科研和技术服务（38.9%），采矿业（36.3%），卫生和社会工作（35.2%），水利、环境和公共设施管理（32.2%）及教育（30.2%）。其余行业如建筑业、住宿餐饮业、批发零售业、居民服务业等传统行业中参加住房公积金的比例均比较低。行业类型与是否参加住房公积金之间存在显著的相关性（df=38，sig<0.001）。

三、农民工的住房消费状况及与住房公积金的关系

农民工在城市以租房为主，但进城买房正成为农民工住房消费的一个趋势。调查显示，租房的农民工达到 62.3%，自有住房者占比为 21.0%，单位提供住房者占比为 10.9%，非正规住房以及借住房者占比为 5.0%。只有 1.8%的农民工能享受住房保障，其中政府提供公租房和自购保障性住房分别占 0.9%（见图 10-1）。从调查来看，农民工的自有住房率远低于城镇居民，住房购买的需求强烈，但是购买能力严重不足。

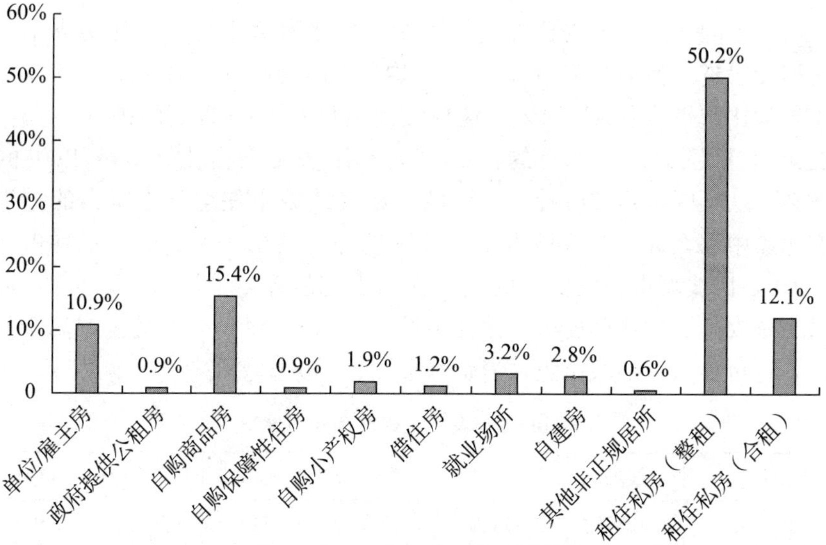

图 10-1　农民工现住房性质

虽然农民工流入大中城市的比例更高，根据2017年流动人口调查数据，32.8%的农民工流入大城市，但是购买住房主要集中在中小城市。分不同级别城市看，农民工住房状况差别较大。一线城市农民工中，租房居住的比例高达75.0%，仅有10.3%的农民工在一线城市拥有自有住房。而五线城市中，55.2%的农民工居住形式为租房居住，28.5%的农民工居住形式为自有住房（见表10-1）。

表10-1　不同级别城市农民工现住房性质

城市级别	自有住房	单位提供住房	政府提供住房	借住房	非正规住房	租房	总计
一线城市	10.3%	11.4%	0.1%	1.0%	2.2%	75.0%	100.0%
新一线城市	18.4%	13.6%	1.8%	0.7%	3.3%	62.3%	100.0%
二线城市	16.5%	13.4%	0.3%	0.7%	2.5%	66.6%	100.0%
三线城市	24.6%	9.6%	0.5%	1.0%	3.9%	60.4%	100.0%
四线城市	29.9%	8.4%	0.8%	1.5%	5.5%	53.8%	100.0%
五线城市	28.5%	6.2%	1.5%	2.7%	6.0%	55.2%	100.0%
总计	21.0%	10.9%	0.9%	1.2%	3.8%	62.2%	100.0%

农民工的住房支出占比高。样本中农民工家庭平均每月住房支出（包括房租和房贷）为760.79元，家庭平均月支出为3 448.74元，住房支出占总支出的比重平均为21.24%。住房支出占比在20%以下的占55.1%，住房支出占比为20%～30%的占17.8%，住房支出占比在30%以上的占27.0%。从不同级别城市看，一线城市和五线城市住房支出压力的差别并没有想象中那么大。一线城市中农民工的住房支出占比最高，平均占比为25.38%，四线城市中农民工的住房支出占比最低，平均为17.75%，而五线城市中农民工的住房支出占比并不低，达到了20.81%，甚至略高于三线城市，这可能与五线城市收入消费水平低、买房比例高有关（见表10-2）。

表10-2　农民工现住房支出情况

支出情况	一线城市	新一线城市	二线城市	三线城市	四线城市	五线城市
总支出（元）	4 495.93	3 605.20	3 425.20	3 361.24	3 255.58	3 107.44
住房支出（元）	1 140.87	867.50	722.58	674.80	577.92	646.65

续表

支出情况	一线城市	新一线城市	二线城市	三线城市	四线城市	五线城市
住房支出平均占比	25.38%	24.06%	21.10%	20.08%	17.75%	20.81%

平均来看，有超过半数的农民工存在买房困难，但一线城市存在买房困难的农民工比例高达 76.9%，五线城市中存在买房困难的农民工比例为 57.1%（见表 10-3），随着城市级别的提高，存在买房困难的农民工比例也有所提高。

表 10-3 不同级别城市农民工是否有买房困难

城市级别	有	没有	总计
一线城市（N=5 780）	76.9%	23.1%	100.0%
新一线城市（N=13 258）	65.0%	35.0%	100.0%
二线城市（N=15 528）	66.8%	33.2%	100.0%
三线城市（N=11 130）	64.4%	35.6%	100.0%
四线城市（N=7 157）	60.2%	39.8%	100.0%
五线城市（N=1 145）	57.1%	42.9%	100.0%
总计	64.5%	35.5%	100.0%

总体来看，农民工居住需求高，但住房支付能力不足。《2017 年农民工监测调查报告》显示，农民工在城市的月平均收入为 3 485 元，年收入即 41 820 元，而全国商品房平均销售价格为 7 892.24 元/平方米，按 60 平方米的小户型计算，一套房子大概需要 473 534.4 元，按一套房计算，房价收入比为 11.3。按照国际标准，这一比值在 3～6 之间比较合理，而中国农民工房价收入比远超出合理范围。目前，大多数农民工在购房上可支付能力不足，如果购房政策，特别是住房公积金政策能够支持农民工购房，则对于提高农民工的住房消费能力无疑具有很大作用。

从农民工住房消费的现状看，住房公积金一定程度上能够提高农民工在城市的住房消费能力。数据分析显示，有住房公积金的农民工中有 26.2%在流入地购买了住房，而没有住房公积金的农民工在流入地购买住房的只有 17.1%，有无住房公积金对农民工购房的影响是非常显著的，“是否参加住房公积金”与“是否在流入地购买住房”两个变量之间存在显著的相关性（df=2，sig<0.001）。在一、二线城市务工的农民工，在务工地购房的可能性较小，而在三、四线城市务工的农民工则基本具备了这一能力（王先柱 等，2018）。在具备一定的住房消费能力或者房价收入比较为合理的情况下，住房公积金对于提高农民工的住房购买力的确有重要作用。

四、多渠道解决农民工住房问题的政策建议

随着新型城镇化建设的推进，城镇落户的门槛逐渐降低，限制逐渐取消，农民落户城镇难度变小，但户籍对于农民工市民化的意义也在降低，对于农民工来说，买不起房子，即使落了户也很难成为真正的城市市民。城市房价越来越高，农民工在城市中定居的难度增加，这导致在农民工城镇化过程中住房成了关键因素。从政策上帮助农民工解决住房问题，对于推进农民工市民化，是非常重要的因素。因此，对于我国的城镇化战略来说，住房成为关键变量。

在学术界，对于我国的城镇化方向的选择，是大城市化还是中小城市化，一直存在争论。大城市发展机会多，具有聚集优势，日本和韩国等国家的城市化路径也是大城市化，因此发展大城市及大城市带动的都市圈成为我国未来城镇化的方向。但鉴于大城市化带来的“大城市病”，大城市对农民工的政策仍然存在很强的排斥性，而中小城市对农民工的吸纳政策虽然越来越宽松，但是住房福利并没有向农民工倾斜。很多农民工在大城市工作，在中小城市和县城买房的情况比较普遍。他们在大城市工作生活，更多的是为了追求更好的工作机会和更高的收入，完成自身的经济市民化，从而在中小城市实现市民化。因此，不同级别城市的房价高低已经成为我国城镇化路径的选择力量。

农民工住房消费目前仅仅依靠市场力量，政策保障非常匮乏。各级城市的住房保障政策关注的是吸引高层次人才，而非解决处于劳动市场弱势的农民工住房问题。随着国家对农民工市民化的逐步重视，农民工的住房保障问题也提上了议事日程。为农民工提供更多住房保障，多渠道解决农民工在城市的住房问题，成为住房保障政策的必然要求。地方政府要承担起农民工住房保障的职责，建议：

一要改革和完善户籍制度，短期内各农民工流入地地方政府应继续推行居住证制度或者户籍积分制，保证持证农民工能切实享受到城镇住房福利。长期来看，各级政府应打破户籍与住房保障的捆绑，使住房保障惠及外来人口。

二要建立符合农民工住房需求的多层次住房保障体系。地方政府要在中央政府确定的统一的住房保障政策体系内根据本地农民工特点和住房需求，健全地方性住房保障体系。对于定居型农民工，可以考虑提供公租房、限价商品房以及通过政策性住房金融手段，鼓励有一定购房条件的农民工以购房的方式解决其住房问题并提供相对优惠的资金支持。对于就业型农民工或季节性农民工，则可以考虑采用鼓励工业园区或单位建造宿舍、建造农民工公寓、改造城中村、提供住房租赁补贴等方式解决其住房问题。

三要创新地方性住房保障融资渠道。要完善各地住房保障体系，单靠政府来筹集资金并不能有效解决问题，需要充分吸纳市场和社会成分参与其中。例如，可采取公私合作方式引入民间资本；建立专业化住房保障融资平台，通过政策性住房金融吸引包括商业银行、保险公司、信托投资公司或国企及个人投资者进入住房保障领域；完善住房公积金制度，以住房公积金支持保障性住房建设等。

就住房公积金制度来说，由于"单位嵌入型"住房公积金制度对农民工存在事实的排斥性，要使住房公积金能够更好地支持农民工的住房消费，顺利实现市民化，需对住房公积金制度进行进一步改革。

首先，从"单位嵌入型"转向"社会嵌入型"保障，增强可及性。大多数农民工就业单位不稳定或者没有就业单位、收入来源不稳定或者不规律（如很多个体户收入有淡季、旺季之分），无法依托单位而享有住房公积金。如果住房公积金制度能够像城乡居民医疗保险或者城乡居民养老保险那样，不依赖于单位而享有，就有可能提高农民工住房公积金的可及性。中国人具有很强的储蓄动机，很多农民工都是通过省吃俭用攒钱盖房、买房或者用于其他大额开支。如果住房公积金能够采用"储蓄保障"模式，每个农民工可以拥有一个公积金账户，只要在公积金账户内积累一定数额的存款，就有资格获得相应比例的"低息住房贷款"，则住房公积金就能够很好地发挥其资金共济作用，支持农民工的住房消费。这样就会大大扩展住房公积金对农民工的覆盖率，增强对农民工住房消费的金融支持。

其次，创新住房公积金的运作方式，增强缴纳和使用的灵活性。可以创新缴存和还款的具体方式。现在住房公积金都是按月由单位统一缴存，单位不稳定或者没有单位的农民工，则无法参加该项制度。如果能够采取按年或季度或者更加灵活的缴存方式，则会有更多农民工加入该体系。这将进一步扩大住房公积金的住房金融功能和住房保障功能，提高农民工住房公积金的可及性。要扩大住房公积金的使用范围。现在，住房公积金还是区域统筹，异地使用还存在不少障碍。在人口流动比较普遍的情况下，异地使用住房公积金很有必要。我国人口流动的基本趋势是从农村和中小城市流向大城市，从经济不发达地区流向经济发达地区。在大城市，在经济发达地区，劳动用工比较规范，农民工拥有住房公积金的可能性也大，而在中小城市，农民工拥有住房公积金的可能性则更小。很多农民工是在大城市打工，到中小城市买房安家。如果能破除住房公积金异地使用的阻碍，建立全国统一的住房公积金账户，农民工可以异地缴存、提取住房公积金，则会大大提高农民工的住房消费能力。

参考文献

边燕杰，1996. "单位制"与住房商品化. 社会学研究（1）.

陈杰，2010. 中国住房公积金制度的制度困境与改革出路分析. 公共行政评论（3）.

冯俊，2009. 住房与住房政策. 北京：中国建筑工业出版社.

顾昕，2004. 自愿性与强制性之间：中国农村合作医疗的制度嵌入性与可持续发展分析. 社会学研究（5）.

李培林，陈光金，张翼，2015. 社会蓝皮书：2016 年中国社会形势分析与预测. 北京：社会科学文献出版社.

李文静，2013. 住房公积金之分配正义：兼谈《住房公积金管理条例》修订中关于"职工"范围的争议点. 法学杂志（6）.

李燕，刘传哲，2016. 我国住房公积金制度改革的实质与向度研究. 山东社会科学（3）.

李珍，2017. 论政府责任边界视域下中国住房公积金制度的改革方向. 社会保障评论（4）.

彭加亮，罗祎，2016. 建立和完善面向农民工的住房公积金制度研究. 华东师范大学学报（哲学社会科学版）（6）.

彭兴庭，2006. 住房公积金不应成为"沉淀资金". 中国改革报，2006 -

07 - 10.

汪利娜，2003. 住房公积金信贷政策与收入分配. 中国房地产金融 (2).

王家庭，2004. 建立中国住房储蓄银行的构想. 理论学刊 (4).

王先柱，王敏，吴义东，2018. 住房公积金支持农民工住房消费的区域差异性研究. 华东师范大学学报 (哲学社会科学版) (2).

王先柱，张志鹏，2015. 住房公积金制度的改革方向与现实选择. 哈尔滨工业大学学报 (社会科学版) (4).

张新国，2006. 住房公积金凸显马太效应. 中国审计报，2006 - 08 - 14.

甄志宏，2006. 从网络嵌入性到制度嵌入性：新经济社会学制度研究前沿. 江苏社会科学 (3).

郑小晴，胡章林，2008. 将农民工纳入住房公积金制度保障体系的探讨. 重庆大学学报 (社会科学版) (6).

周蕾，等，2012. 农民工城镇化的分层路径：基于意愿与能力匹配的研究. 中国农村经济 (9).

周威，叶剑平，2009. 住房公积金制度的法律与经济分析：写在变法之前. 经济体制改革 (1).

朱晶，左楠，2015. 我国现行农民工住房公积金的运行症结与制度构建：基于农民工商品房购买行为的研究视角. 理论探讨 (2).

祝仲坤，2016. 农民工住房公积金制度的“困境摆脱”. 改革 (7).

祝仲坤，冷晨昕，2017. 农民工住房公积金制度的运行现状：基于中国劳动力动态调查数据的分析. 城市问题 (3).

第十一章　都市中间阶层可持续消费的研究框架及实证分析

21 世纪以来，我国在环境可持续发展和可持续消费方面出台了一系列战略规划和政策措施，以协调经济持续增长和居民消费需求的满足与生态环境保护之间的矛盾。作为一种新兴的国际话语和社会治理思路，“可持续消费”主要指物质产品和服务在满足人类的基本需求、提高生活质量的同时降低对资源和有毒材料的使用，从而不危及后代的发展需求。消费者作为物质资源使用的主体，成为很多可持续消费政策的对象。中间阶层作为具有一定知识水平、生活比较优越的人群，是消费文化和扩大消费的中坚力量，也往往被视作可持续消费的先驱，因为他们有责任也有能力对消费行为进行反思——在通过消费提高生活质量的同时考虑对环境的影响，从而在实践中转变为可持续消费。因此，比较典型的可持续消费——新能源汽车、垃圾分类等政策措施通常在中间阶层较为集中的经济发达城市和中高档社区试点。

从消费者的角度出发，消费者具有自由选择商品和服务以及生活方式的权利。消费行为是否具有可持续性不属于越轨行为的讨论范畴，因此使用强制性或规范性的手段是不合适的，只能使用激励性、引导性的手段提高人们转向可持续消费的积极性。现有政策大多通过经济杠杆或者观念教育来引导消费者作出改变。

经济杠杆是我国常用的政策工具，在新能源汽车的推广中广泛使用。

从 2010 年开始，国家密集推出一系列财政补贴政策鼓励新能源私家车的购买，新能源汽车销量呈井喷式增长。中国汽车工业协会提供的数据显示，2013 年中国新能源汽车产量为 1.75 万辆，同比增长了 39.7%，2015 年新能源汽车生产 34.05 万辆、销售 33.11 万辆，同比分别增长 3.3 倍和 3.4 倍①。但是，补贴落实中出现了难以及时到位、企业骗补等问题，消费者的积极性受到挫折，新能源汽车的销量持续增长不容乐观，同时新能源汽车产业受到补贴驱动的发展态势也令人担忧（章睿，2016）。

消费者教育是另一个常用的政策工具，环境保护和绿色消费观念的宣传是典型的例子。我们经常看到鼓励绿色出行、垃圾分类的宣传标语，通常会产生共鸣和认同，但是由于受到工作和家庭的责任、生活节奏以及公共出行系统和垃圾分类设施的便利性等因素的制约，消费者常常感到心有余而力不足。很多实证研究也指出环保观念与环保行为的背离。城市居民表现出较高的垃圾分类意愿，但是实际参与垃圾分类行为的比例却低很多，影响垃圾分类行为的主要因素在于有无垃圾分类设施以及相关设施的便利性（陈绍军 等，2015）。

此外，过于强调消费者主权既削弱了可持续消费的合法性，也不利于可持续消费的推广（朱迪，2016）。首先，着力消费端和消费者教育的结果是将可持续消费与消费者主权对立——人们为什么要给自己增加麻烦而转向可持续消费？仅仅因为保护环境的价值观就削弱消费者自由选择的权利？这一逻辑从根本上削弱了可持续消费的合法性。其次，消费者处于整个生产—消费体系的末端，之前还有生产、分配、供给等环节，政府、企业、市场、消费者都是重要的利益相关者，没有相应的机会结构，消费者能动性即为空想。

针对我国目前的可持续消费政策存在的不足，本研究强调实践理论的框架，主张从消费者对日常生活的参与来理解消费行为，并结合供给—消费体系和时间秩序，来分析可持续消费行为。本研究关注都市中间阶层，在理解中间阶层消费模式的同时，探析可持续消费动力不足的症结所在，并给出相关的政策建议。在此基础上，本研究也试图对消费社会学的发展方向提出一些思考。

本研究数据来源于 2015 年特大城市居民生活状况调查，由上海大学、

① 数据源自 http://finance.cnr.cn/gundong/20161130/t20161130_523296270.shtml。

中国社会科学院社会学研究所以及中山大学共同主持。调查实施分为两个阶段：第一阶段使用地图法随机抽样，北京、上海、广州三个城市各获得约 1 000 个样本，能够代表三城市居民的总体情况；第二阶段使用受访者驱动的方法抽样，侧重获得中间阶层样本。两个阶段调查总共获得有效样本 6 010 个，其中北京的样本为 2 000 个，上海的样本为 2 002 个，广州的样本为2 008 个。

一、实践理论与基础设施视角

总体上，应用于可持续消费领域的实践理论主要来自两个理论脉络：一是吉登斯的结构二重性理论，二是布尔迪厄的实践理论。

Gert Spaargaren 是前一种理论脉络的代表。延续吉登斯的理论，Spaargaren 同样认识到社会实践的常规性和重复性，主张可持续消费的分析应当关注人类行动者所参与的社会实践及其背后的原因、利益和动机；但他更强调实践受到社会结构的制约，而社会结构主要由规则和资源构成（Spaargaren et al.，2000）。具体来讲，行为的规范和价值存在于情境（context）之中，属于社会实践的“规则”；行动者所拥有的改变特定情境的行动过程的权力，则属于社会实践中的“资源”。以家庭消费为例，Spaargaren et al.（2000）应用结构二重性理论的框架，引入生产—消费循环中环境科技创新的因素，提供了一个可持续消费的研究模型。模型列出了取暖、洗涤、烹饪等日常实践，将生产—消费循环操作化为生产、供给、获得和使用四部分；模型的左侧是人类行动者，目的在于减少生活方式的环境影响；模型的右侧是公司、公用事业机构以及政府部门等为人类行动者开发可持续性商品和服务的机构，它们掌握规则和资源，建构了社会实践的结构；环境创新技术是连接生产者与消费者的关键，由供给方研发，但也需要由消费者认可其适合他们的生活方式以及满足舒适、清洁和便利的生活标准，当然这种认可也会反过来推动技术创新。

Alan Warde 和 Dale Southerton 则是后一种理论脉络的代表。布尔迪厄的“惯习”概念是实践理论的核心，强调人们对于物质的处置并非完全有意识、有目的，指出了日常行为的重要特征——人们不需要停下来思考或者作出反思性的决定却可以在大多数情况下顺利地、自信地进行日常生活。Warde 等学者将布尔迪厄及后辈学者继续发展的实践理论应用到可持续消费领域，不仅为可持续消费的分析提供了有力的理论视角，也为消费社会学的发展作出了贡献。

一是强调社会技术和时间秩序，推动实践理论和消费社会学相关理论的实证化。Warde et al.（2016）讨论了相关实证研究的三个领域——社会技术演变、时间秩序和主导政策范式的批判。Shove et al.（2012）认为实践主要有三个要素——意义、能力和物质，而技术和物质重新塑造了实践的要素及它们之间的关系。比如，Shove（2003）指出新技术和基础设施如何实现了舒适、清洁和便利的新思路。此乃社会技术演变研究的关注点。时间秩序研究则强调一种实践行为与其他实践行为的同步性（比如吃饭与工作、娱乐、社交等习惯的同步（Southerton et al.，2012）），以及实践行为的时间顺序（比如从分类到洗涤、烘干、整理干净衣物的洗衣顺序（Warde et al.，2012））。时间秩序研究反映了习惯和常规的重要性，而这些实践行为在时间上的交叉则可能成为行为干预的最佳机会。传统的政策干预可以总结为 ABC（attitude，behavior，choice）模式，即态度、行为、选择，但是这种政策范式忽略了日常行为的相互交织，并且忽视了供给系统的支持，从而不能有效改变消费者的行为。Evans（2014）对垃圾的研究显示，人们常常具有可持续消费的意愿，但是由于日常生活中要承担繁杂的责任和义务，从而无法达到可持续消费行为。实践理论认识到，日常实践行为是相互依赖的，主张多重利益相关者、多重任务的干预方法，以干扰一种或多种实践行为或者以一种实践要素来取代另一种实践要素以促成行为的改变（Warde，2016）。

二是强调社会结构的制约和实践的“不显著性”，推动与经济学的对话以及消费社会学内部的对话。经济学经典理论假设人是能够作出理性决策的个体，这种视角强调消费者自由和消费者主权，认为消费者能够为他们的需要作出决策，在拥有这些商品或服务所需的物质资源或社会权利的前提下，消费者拥有绝对的选择自由。然而，在行动—结构理论看来，人的行动受到由资源和规则构成的结构所制约，人并非具有完全能动性的个体。实践理论则强调日常生活的常规性、琐碎性和无意识，反思性的选择只出现在极少数情况下。实践理论也并不认为消费总是表达性的、符号性的、炫耀性（显著）的，Gronow et al.（2001）提出“普通消费”的概念，指向那些几乎不传达任何符号意义也并不显著的消费行为，比如水电消费、做饭、洗衣等。这些对话强化了实践理论解释消费行为的独特性和创新性，也在更广阔的消费研究中讨论了实践理论的位置和作用。

无论何种理论脉络中的实践理论，都认为改变态度并非改变行为的有效途径，依赖消费者教育难以达到行为干预的目的。反之，实践理论强调供给端和“基础设施视角”。本研究接下来重点讨论这些研究中的三个主要维度——供给—消费体系、时间性和中间阶层消费者，以形成实证分析的理论框架。

（一）供给—消费体系：基础设施视角

行动—结构视角强调资源和规则构成的社会结构对行动者的制约作用，应用到可持续消费领域，实则强调供给端作为实践的结构对于消费者的制约作用，也称“基础设施视角”。Spaargaren（2003）提出，“基础设施视角”可以作为衡量公用事业服务水平的一种分析工具，即研究供给端的设计、生产和分配模式是否与消费端的获得、使用和处置模式相匹配。由此也可发现不同消费领域在可持续性上的差异，一些日常实践比另外一些更难改变，很大的原因是绿色选择在供给水平上具有差异，一些日常实践的绿色选择更少或者消费者难以获取，从而阻碍了消费者行为的改变。

社会学家与行为经济学家在“基础设施视角”上不谋而合。理查德·泰勒等（2015）使用“助推”的理念改变人们的行为。“助推”指的是“这种选择体系的任何一方面都不采用强制的方式，而是以一种语言的方式去改变人们的选择或者改变他们的经济动机及行为。若要称得上是‘助推’，则必须使副作用降低到最小，甚至是可以轻而易举地避免副作用”。泰勒等将这种策略定义为“自由主义的温和专制主义”，激励人们去自由选择自己喜欢做的事情，但选择设计者努力去影响人们的行为，以使他们生活得更加健康、幸福。借用“助推”的策略对人类认知系统进行分析，泰勒等认为人们在日常生活中使用两种思维方式，一种是直觉和自动的，另一种是思考和理性的，前者的使用更为普遍，“助推”的目的则是设计选择符合人们的认知习惯却能够避免直觉思维可能带来的不利后果。

“选择设计者”既包括政策设计和制定者，也包括供给端——企业、公用事业单位等商品和服务的提供者。比如商家设计食品的摆放方式，将健康食品和绿色食品摆放在更显眼、更易拿的地方，吸引消费者优先选择这些商品，是一种"助推"；酒店使用插房卡的方式取电，则是节能减排的一种"助推"。Warde（2016）特别指出公司和企业在"助推"中的重要作用，公司官僚制的组织方式、强制性的协调方式以及目标制的管理和评估机制，对于推动节能减排有正面作用，而且公司对于成本、补贴和税制的反应比个人更加迅速。

可持续消费推广中的基础设施视角固然重要，但也不能忽略消费端的实践及其要素和特征。Mylan（2015）从三个方面总结消费实践如何影响可持续供给服务体系（sustainable product-service system）。首先，消费实践及其需求并非稳定不变的，供给端应当"转变"而非"满足"消费者需求，可持续供给服务体系的创新应当引导消费实践与新的产品、商业模式和基础设施共同发展。其次，一些消费实践的转变可能意味着技术或意义的改变，比如从高温洗涤到低温洗涤、从开车到步行，因此消费者更难作出改变，需要可持续供给服务系统思考如何重新建构这类消费的意义或自我形象的呈现。再次，一些与其他行为联系不太紧密的行为更容易发生改变，比如园艺，需要较少的资源并且相对独立于其他行为，但是开车关系到购物、通勤、社交、家庭责任等其他日常实践，则相对更难改变。

（二）实践的时间性（temporalities）

时间不仅具有抽象的物理学含义，也具有社会性和经济性。社会性指时间本身是一种社会机构（social institution），因为我们关于时间的理解和体验来自集体社会活动的间隔；经济性指时间在社会经济活动中供分配的资源属性（Southerton et al.，2012）。通过比较西班牙和英国的饮食行为，Southerton et al.（2012）揭示了实践的时间维度，即持续时间、周期性、顺序、节奏以及同步性，从而证明实践作为一种实体的特征；陪伴家人吃饭在英国的频率下降显著，而在西班牙依然频繁发生，结合两个国家的社会和文化背景的差异，这说明"实践模式的特征塑造实践本身的文化含义和理解"。研究强调时间的机构性和资源性，从表面上看个体可以自由支配时间，但实际上受到社会习俗、社会规范以及经济和社会制度的塑造。至于如何利用"时间"改变人们的行为，文章建议重视与吃饭相关的实践行为的时间性，比如，公司如果想鼓励人们在规定的时间吃饭从而形成规模效益以达到节能的目标，那么应当关注工作时间的安排，也应当考虑食物供给的时间顺序（比如从购物、储存、烹饪到吃饭）；如果想鼓励人们购买当地食材、较少使用冰箱或者减少剩饭剩菜，则可以从时间维度中找到合适的环节进行干预。

Southerton（2013）强调日常实践的时间条件性，提出理解日常实践的三个重要的时间概念：（1）时间是一种资源；（2）日常实践需要花费时间成本；（3）不同实践的时间节奏有所区别。习惯和常规是实践理论的核心概念，Southerton（2013）指出习惯和常规是两种可观察的行动，具有社会条件性，也是很多日常行动的基础；实践的时间性以及时间性如何与习惯和常规的概念形式相关联，为探索实践的重新配置从而促进可持续消费提供了一种指导性的路径。

（三）中间阶层消费者

中间阶层作为消费文化的核心力量，在可持续消费和环保行为的研究中广受关注，但是很多实证分析指出，中间阶层进行可持续消费的积极性并不高。孙中伟等（2015）在对上海市黄浦区居民的调查中发现，在控制了性别、年龄、教育、职业等变量后，“中产”市民（家庭收入 10 万元以上）对所居住小区的环境以及政府采取的低碳社区建设措施更不满意，低碳认知行为和低碳生活行为更少，参与创建低碳社区的积极性也低于“非中产”市民。文章将中产阶层不积极参与低碳节能行为解释为不愿意为低碳环保而降低生活质量、缺乏社会公德，其实正是忽视了供给端和基础设施的视角。叶闽慎等（2016）使用 2013 年中国社会状况综合调查，发现受教育程度对于居民的生态价值观有一定的正面作用，受教育程度越高的人越重视和认同自己的环保责任、越自信自己的环保知识储备，但是对于环保行为的促进作用极为有限，受教育程度与环保行动参与之间相关不显著。现有研究揭示了中产阶层可持续消费实践的特征，也指出了态度与行为之间的鸿沟，但是并未提供令人信服的解释。

基于以上的理论梳理，本研究拟建立一个可持续消费实证分析的理论框架，从基础设施和时间/生活节奏出发来考察和解释中间阶层的可持续消费行为。理论框架如图 11－1 所示。

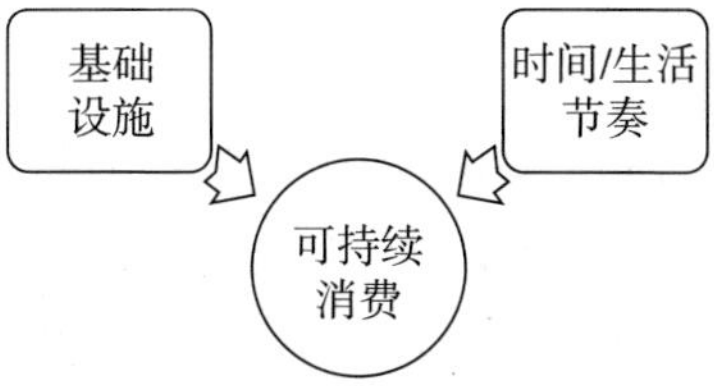

图 11-1　可持续消费的分析框架

二、中间阶层的可持续消费行为与态度

本研究将中间阶层定义为权力精英、专业精英和收入高于平均水平的普通白领（具体定义请见朱迪，2013）。根据调查数据，中间阶层占总样本的 42%，占就业人口的 54%。就食品消费来讲，中间阶层偏好绿色、高质量的食品。如图 11-2 所示，71%的中间阶层经常去大型超市购买食材，75%的中间阶层经常食用绿色食品，38%的中间阶层经常食用进口品牌的食品，而分别只有 56%、60%和 16%的中低阶层进行这些消费。中间阶层进行垃圾分类的比例也高于中低阶层，63%的中间阶层有这种习惯。

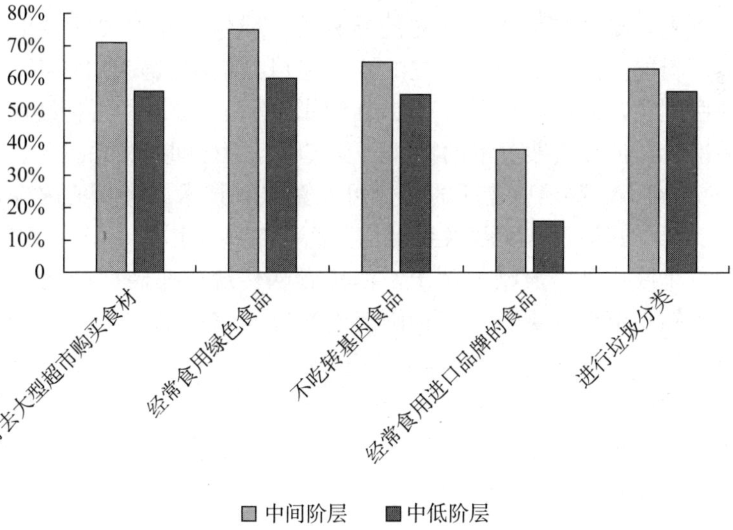

图 11-2　日常绿色消费

虽然中间阶层在食品消费中转向可持续消费的积极性较高，但是在汽车消费中却显示出了“保守”的一面。如图11－3所示，只有40％的中间阶层在添置新车时会选择购买新能源汽车，中低阶层反而积极性较高，46％的中低阶层会选择新能源汽车。从三大城市比较来看，广州居民对新能源汽车的积极性最高，52％的受访者表示添置新车时会购买新能源汽车，北京居民的积极性最低，只有36％的受访者表示了这种倾向。

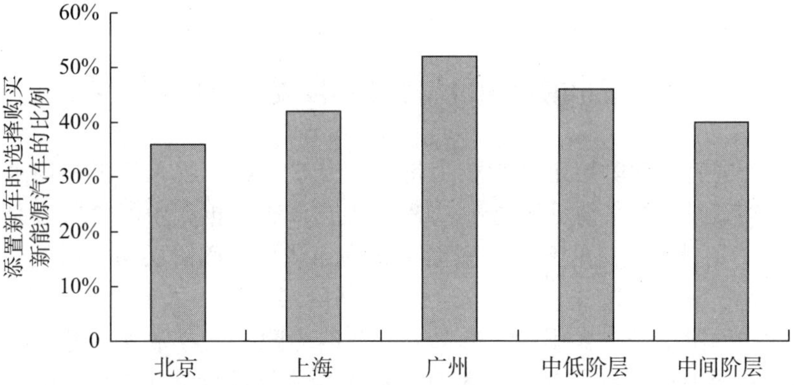

图11－3　新能源汽车消费

如何理解中间阶层消费者在绿色食品消费和新能源汽车消费中的不一致性？首先，与供给服务水平的差异有关，绿色食品相关的供给越来越广泛，然而新能源汽车所需充电桩的覆盖率以及电池的安全性和续航能力仍存在一些问题，由此影响了消费者在不同消费领域偏好的可持续性。

其次，与消费实践要素的特征以及实践行为之间的联系有关。如Mylan（2015）提到，一些消费实践的转变可能意味着技术或意义的改变，或者一些消费实践与其他日常实践联系更加紧密，这些都增加了行为改变的难度。新能源汽车或许是个典型的例子。消费者从传统汽车转向新能源汽车所需的技术和知识都需要更新，而且围绕着新能源汽车的文化意义和符号意义都有所变化，是否还符合消费者的自我认同？如图11－4所示，40％的中间阶层经常使用的私家车排量是2.0～2.5升，而只有23％的中低阶层经常使用这种中高排量的私家车，由此可见中间阶层强调汽车的性能，既有着实用的动机，也暗含着符号的动机。

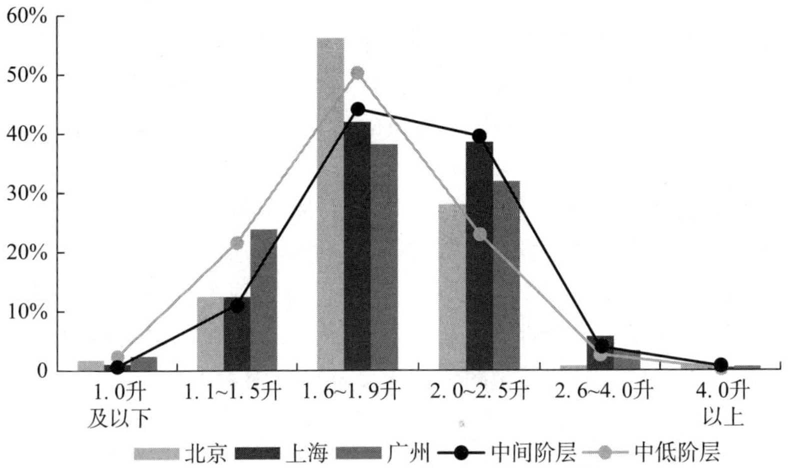

图 11－4　经常使用的私家车的排量

汽车不仅关系着日常的通勤、接送孩子，也被很多家庭作为过年回家或者外地度假的工具，再加上大城市由于停车难、停车贵的问题，一些家庭只有在周末或假期才使用私家车，而且大部分做长途或者近郊旅行用，但是新能源汽车由于电池续航能力等问题无法很好地满足这些需求。

然而，绿色食品无论在文化意义还是符号意义上都没有发生太大变化（如果有变化，也是朝着健康生活方式、提高消费者社会地位的方向），从普通食品转向绿色食品对于消费者来讲主要是开销的增加，并不需要改变其他相关的日常实践，采购、储存、烹饪这些环节没有受到影响，因此相对于新能源汽车，绿色食品消费被消费者接受的可能性更大。

当然，中间阶层对绿色食品的偏好可能不仅出于环境考虑，也出于对安全、优质、健康食品的偏好。如“反向隔离”（inverted quarantine）理论指出（Szasz，2009），人们在对待环境威胁时并非积极行动保护环境，而往往将自己与存在威胁的环境隔离起来进行自我保护，中间阶层显然拥有更多建立“反向隔离”的资源。

调查也询问了都市居民不购买新能源汽车的原因（见图 11－5）。无论是中间阶层还是中低阶层，不购买新能源汽车的最重要原因都是“加气或者充电不方便”，66％的中间阶层和 62％的中低阶层选择此项；“不太了解这种车”是第二位的原因，第三位的原因才是“价格不实惠”。可见，便捷性是新能源汽车的显著短板，与三分钟加完油相比，半小时找到充电桩再花三小时充电，时间和精力成本仍然很高，相关基础设施的建设和维护不完善也使得消费者缺乏信心。而且中间阶层比中低阶层更加重视便捷性的因素。此外，公众缺乏相关知识和技术，容易产生畏怯心理从而抬高了新能源汽车的门槛。而政策中比较关注的价格或说补贴因素并不占最重要地位。

便捷性之外，中间阶层比中低阶层更加强调性能和社会压力因素，19%的中间阶层选择“性能不好”，10%的中间阶层选择“周围没朋友开这种车”。可见，在新能源汽车的推广过程中，交易成本固然重要，但使用成本也需要得到重视，便捷性、性能以及消费者个性和地位的体现对于中间阶层具有显著影响，消费行为的干预也要从这些因素入手。

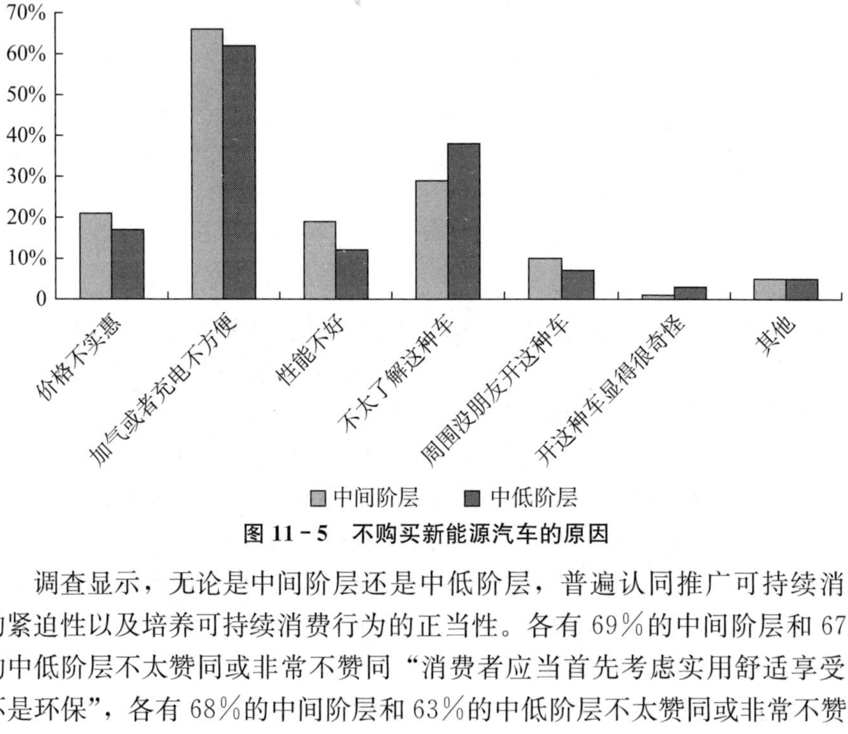

图 11-5　不购买新能源汽车的原因

调查显示，无论是中间阶层还是中低阶层，普遍认同推广可持续消费的紧迫性以及培养可持续消费行为的正当性。各有 69%的中间阶层和 67%的中低阶层不太赞同或非常不赞同“消费者应当首先考虑实用舒适享受而不是环保”，各有 68%的中间阶层和 63%的中低阶层不太赞同或非常不赞同“鼓励可持续消费在我国目前的情况下为时过早”。

但是，可持续消费的态度和行为之间存在鸿沟。图 11-6 是都市居民可持续消费的多元对应分析。是否认同可持续消费和环境保护的态度构成了都市居民可持续消费模式的主要维度，维度 1 可以解释 62.5%的变异。而是否实践可持续消费——包括购买绿色食品、购买新能源汽车、垃圾分类——则构成了另一维度，并且行为维度是解释都市居民可持续消费的次要维度，维度 2 仅可解释 4.3%的变异。也就是说，人们表达态度时往往倾向于可持续消费，但是行为却并不总是受到态度的影响和决定，这并不能简单归结于消费者的"虚伪"，而应当理解为消费者主权的局限性，并且消费实践也受到供给服务体系、时间安排等因素的影响。

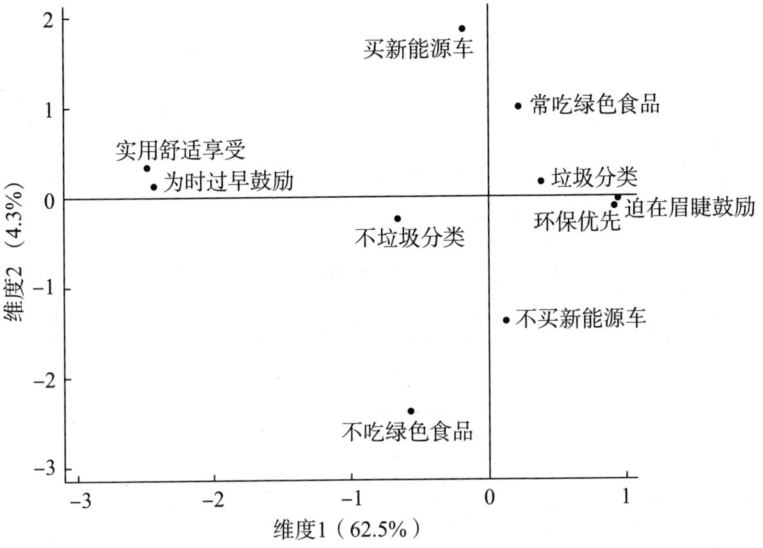

图 11－6　都市居民可持续消费的多元对应分析

三、中间阶层的可持续消费模型

按照前文构建的理论框架，本研究主要从基础设施和时间安排的维度，分析都市中间阶层的可持续消费模式。我们主要关注两类可持续消费实践——垃圾分类和食用绿色食品。由于调查中没有直接测量居住社区基础设施的变量，我们使用被访者居住的小区类型和小区物业费两个变量近似测量基础设施完善的程度。分析的假设是，居住的小区商品化程度越高、档次越高，基础设施越完善，小区的物业费越高也说明基础设施及其管理越完善。绿色食品消费与基础设施的管理关系不大，因此模型中去掉了小区物业费变量。

另外，我们使用被访者工作日和周末的休闲时间测量生活节奏和时间安排是否紧张，休闲时间越多，表示工作和家庭责任所占用的时间越少、时间安排越宽松。分析的假设是，生活节奏越慢、时间安排越宽松，一个人更可能转变为可持续消费。

自变量中也加入被访者所属阶层，测量是否中间阶层更可能进行可持续消费。我们选择了是否认同“鼓励绿色消费和可持续消费在我国目前的情况下还为时过早”的变量测量被访者的可持续消费态度，主要原因是相对于其他绿色消费态度，这种观点对可持续消费实践的影响以及在不同阶层中的差异相对显著。人口特征的自变量包括受教育程度、性别和年龄。表 11－1 列出了模型所用到的变量描述。

表 11－1　都市居民可持续消费回归模型所用到的变量描述

变量	样本	均值	标准差	变量值描述
是否垃圾分类	2 925	0.587 692	0.492 334	0＝不进行垃圾分类，1＝进行垃圾分类
是否经常食用绿色食品	2 930	0.657 338	0.474 681	0＝不经常食用绿色食品，1＝经常食用绿色食品
是否中间阶层	4 928	0.422 890	0.494 068	0＝中低阶层，1＝中间阶层
休闲时间	2 785	7.650 987	5.461 686	范围为 0～48 小时
物业费（每月每平方米）	3 554	5.694 797	16.901 250	范围为 0～100 元
小区类型	5 911	2.595 500	0.771 296	1＝未经改造老城区，2＝单位社区、农转城社区或保障性社区，3＝普通商品房小区，4＝别墅区或高级住宅区
是否认同“鼓励绿色消费和可持续消费在我国目前的情况下还为时过早”	2 929	0.347 559	0.476 276	0＝不认同，1＝认同
受教育程度	5 991	2.493 908	1.247 871	0＝未上学或小学，1＝初中，2＝高中职高中专技校，3＝大专，4＝本科及以上

续表

变量	样本	均值	标准差	变量值描述
性别	5 989	0.535 315	0.498 793	0=男，1=女
年龄	5 952	42.121 300	13.745 760	范围为 18～70 岁

本研究构建了两个 logit 回归模型，解释都市居民垃圾分类和绿色食品消费的影响因素，表 11－2 列出了模型结果。分析显示，无论是在垃圾分类还是绿色食品消费的模型中，基础设施和时间的影响都是显著的，但是认同可持续消费的态度影响都不显著。

物业费越高、居住在别墅区或高级住宅区，被访者更可能进行垃圾分类；从生活节奏的角度，休闲时间越长，被访者也更可能进行垃圾分类。结果验证了分析假设。如果小区配套有便捷、实用的垃圾分类设施，则可以显著提高居民的垃圾分类积极性；生活节奏越慢、时间安排越宽松，更有可能组织好日常生活垃圾的分类，反之生活节奏越快，工作和家庭的责任占用了很大一部分精力，相比较而言不那么急迫、必要的垃圾分类实践往往会受到干扰，但是垃圾分类基础设施的完善和便利性会抵消时间安排紧张带来的负面效应。

在垃圾分类的模型中，阶层的变量不显著，说明中间阶层与中低阶层进行垃圾分类的可能性差异并不显著。态度的影响也不显著，说明是否认同可持续消费对于是否进行垃圾分类并无实质影响。受教育程度的影响显著但并不稳健，只有受教育程度为大专的居民进行垃圾分类的可能性显著高于受教育程度为未上学或小学的居民。

绿色食品消费的模型同样强调了基础设施和时间的作用。居住社区商品化程度越高、档次越高，小区周边更可能配套可靠、方便的绿色食品购买场所，从而居民更可能经常食用绿色食品。居民的时间安排越宽松，更可能思考食品质量、安全和环境问题，从而更可能改变传统的饮食习惯，转向绿色食品消费。

与垃圾分类模型的区别在于，阶层在绿色食品消费模型中的影响显著，中间阶层更可能经常食用绿色食品，这与中间阶层购买力较强以及“反向隔离”的能力较强有关。受教育程度的影响也显著，与学历为未上学或小学比起来，其他较高受教育程度的居民都更可能经常食用绿色食品。是否认同“鼓励绿色消费和可持续消费在我国目前的情况下还为时过早”的态度影响不显著，这一方面说明了价值观教育改变行为的策略效果不明显，另一方面可能也反映了居民食用绿色食品的动机超越了环境考虑。性别和年龄的影响也显著，女性或者年龄较大的人更可能经常食用绿色食品，瞄准这两类人群进行可持续消费行为干预可能更有效。

表 11-2 都市居民垃圾分类和绿色食品消费的 logit 回归模型

自变量	是否垃圾分类	是否经常食用绿色食品
中间阶层	0.032	0.563***
休闲时间	0.017*	0.031***
物业费（每月每平方米）	0.010***	—
小区类型（以未经改造老城区为参照）		
单位社区、农转城社区或保障性住房	−0.101	0.079
普通商品房小区	0.090	0.713***
别墅区或高级住宅区	1.300***	0.819***
认为绿色消费为时过早（态度）	−0.167	−0.024
受教育程度（以未上学或小学为参照）		
初中	0.030	0.463**
高中职高中专技校	0.127	0.728***
大专	0.642**	0.897***
本科及以上	0.426	0.767***
性别	0.120	0.344***
年龄	0.003	0.011***
样本量	1 397	2 279

注：*** $p<0.01$，** $p<0.05$，* $p<0.1$。

为了详细考察中间阶层可持续消费行为的影响因素，本研究针对中间阶层和中低阶层分别构建了垃圾分类的 logit 回归模型，结果如表 11-3 所示。在两个模型中，物业费和小区类型的影响都是显著的，表示基础设施的完善对于鼓励中间阶层和中低阶层进行垃圾分类都是有效的。但是休闲时间和受教育程度的影响不再显著，主要的原因是中间阶层内部和中低阶层内部在生活节奏和受教育程度上具有同质性，从而这些变量的作用不明显。

有意思的是，可持续消费态度的影响在中低阶层模型中显著，不同意“鼓励绿色消费和可持续消费在我国目前的情况下还为时过早”也即认同可持续消费紧迫性的中低阶层更可能进行垃圾分类。如果一定要加强价值观教育的话，那么对中低阶层可能更有效，这对于可持续消费的政策实施有一定启示。

表 11-3 都市中间阶层和中低阶层进行垃圾分类的 logit 回归模型

自变量	中间阶层进行垃圾分类的模型	中低阶层进行垃圾分类的模型
休闲时间	0.022 9	0.017 7
物业费对数	0.164**	0.220***
小区类型（以未经改造老城区为参照）		
单位社区、农转城社区或保障性住房	−0.104	−0.086 1
普通商品房小区	0.495	−0.211
别墅区或高级住宅区	1.785***	0.827*
认为绿色消费为时过早（态度）	0.188	−0.511***
受教育程度（以未上学或小学为参照）		
初中	1.823	−0.179
高中职高中专技校	1.557	−0.040 5
大专	1.985	0.485
本科及以上	1.814	0.361
性别	−0.119	0.378**
年龄	0.009 23	0.002 71
样本量	647	745

注：*** $p<0.01$，** $p<0.05$，* $p<0.1$。

四、主要结论和启示

本研究从供给—消费体系和日常生活实践的视角，分析了中间阶层可持续消费行为的主要特征及影响因素。研究发现，都市中间阶层在不同领域的可持续消费倾向并不一致，他们偏好绿色食品消费，更高比例进行垃圾分类，但是对于新能源汽车的积极性相对较低。这既与中间阶层本身的消费偏好和动机有关，也与不同可持续消费实践的特征有关。新能源汽车对于基础设施的要求较高，意味着更多的知识和技术，也改变了汽车消费的含义，而且汽车协调着日常生活安排、工作和家庭的责任，因此中间阶层在汽车的使用上作出转变更加困难。

模型显示，无论是垃圾分类还是绿色食品消费，基础设施和时间的影响都是显著的，但是认同可持续消费的态度影响都不显著。阶层对于垃圾分类的影响不显著，说明中间阶层与中低阶层进行垃圾分类的可能性差异并不显著。进一步的分析显示，基础设施的完善对于鼓励中间阶层和中低阶层进行垃圾分类都是有效的。如果小区配套有便捷、实用的垃圾分类设施，则可以显著提高居民的垃圾分类积极性。可持续消费态度对于中低阶层的影响显著，但对于中间阶层的影响不显著。

从政策启示看，应将政策范式从强调“教育”和“补贴”转变为强调“供给”、从“教育消费者”转变为“服务消费者”，整体规划和完善基础设施，为居民绿色出行和垃圾分类提供多种便利条件，激励消费者改变原有的消费行为。

从供给服务体系的视角出发，绿色出行和新能源汽车推广方面的政策建议包括：完善公共交通系统以及私家车、自行车、电动自行车等个体交通工具与公共交通体系的对接；采取多种措施鼓励单位、住宅、商场以及公共停车场等消费者长时间停留的场所修建充电桩并有效维护，增加新能源汽车的便捷性；推动技术创新，提高安全性，增加消费者的信心。垃圾分类的政策建议包括：完善和定期维护垃圾分类设施，提高便利性和易辨识性；增强物业、街道、市政多层次的环卫服务体系的管理，从供给服务方面保障垃圾分类并提高居民的配合度。

本研究仍然存在一些不足，主要是基础设施的测量变量不够准确，未来应当收集充电桩、垃圾分类设施、绿色食品购物设施等数据更直接地测量基础设施；另外，时间性和生活节奏的测量有些粗糙，鉴于这个问题的测量比较复杂，未来将继续探索更好的实证研究策略。但是，从本研究的理论框架和实证分析来看，可持续消费为消费社会学提供了一些新的发展方向。

首先，提供了实证化的发展方向。消费社会学常常等价于建构的符号意义和认同的解释范式，然而，可持续消费的研究使得消费社会学的理论和方法及其应用更为现实主义和实证化。可持续消费讨论具体的实践行为（饮食、出行、用水、照明、垃圾分类等）在不同结构（家庭结构、时间秩序、供给体系、制度体系等）中的安排，并通过这些实证分析论证了实践的要素及其相互之间的关系，从而进一步发展了实践理论。

其次，抓住了消费与科技紧密结合的时代特征。在布尔迪厄和吉登斯等经典社会学家看来，物质、科技、基础设施仅仅是工具性的，但是可持续消费的相关研究指出，科技和基础设施在人类行为中的作用已经超越了工具性，而是具有一定的自主性或能动性（Warde et al.，2016）；更极端的“行动者网络理论”（Actor Network Theory）认为在解释社会过程的时候，人和物应当被放在同等的位置、使用同样的方法被考察（Latour，2005）。可持续消费强调供给服务体系中的技术创新，从而将消费和物质的研究与科技、信息、互联网等研究紧密联系，为消费社会学开创了新的发展契机和研究课题。

再次，构建了更为有效的政策范式。不同于现有的制度规范、经济刺激、观念教育等政策路径，可持续消费研究从供给服务体系着手强调供给端的改善，结合消费者的日常生活实践特征，主张提供引导性、助推式的行为激励，强调基础设施的设计更为便利、友好，使得消费者在生活中的“默认选项”（使用无意识的直觉思维）变为垃圾分类、绿色出行等可持续消费行为。可持续消费研究指向的政策范式转变了社会治理思路，形象点说就是从“方便治理”到“方便人民”，从而增强了消费社会学的政策意义和实践意义。

参考文献

陈绍军，李如春，马永斌，2015. 意愿与行为的悖离：城市居民生活垃圾分类机制研究．中国人口·资源与环境（9）.

孙中伟，黄时进，2015.“中产”更环保吗？城市居民的低碳行为及态度：以上海市黄浦区为例．人口与发展（3）.

泰勒，桑斯坦，2015. 助推：如何做出有关健康、财富与幸福的最佳决策．北京：中信出版社.

叶闽慎，周长城，2016. 从观念到行为：教育、生态价值观与环保行为. 黑龙江社会科学（1）.

章睿，2016. 财政补贴不能让新能源汽车野蛮生长．上海企业（3）.

朱迪，2013. 城市化与中产阶层成长：试从社会结构的角度论扩大消费. 江苏社会科学（3）.

朱迪，2016. 我国可持续消费的政策机制：历史和社会学的分析维度．广东社会科学（3）.

Evans D，2014. Food waste：home consumption，material culture and everyday life. London：Bloomsbury.

Gronow J，Warde A，2001. Ordinary consumption. London：Routledge.

Latour B，2005. Reassembling the social：an introduction to actor-network-theory. Oxford：Oxford University Press.

Mylan J，2015. Understanding the diffusion of sustainable product-service systems：insights from the sociology of consumption and practice theory. Journal of cleaner production，(97)：13－20.

Shove E，2003. Comfort，cleanliness and convenience：the social organization of normality. Oxford：Berg.

Shove E，Pantzar M，Watson M，2012. The dynamics of social practice：everyday life and how it changes. London：SAGE Publications Ltd.

Southerton D，2013. Habits，routines and temporalities of consumption：from individual behaviours to the reproduction of everyday practices. Time and society，22（3）：335－355.

Southerton D，Díaz-Méndez C，Warde A，2012. Behavioural change and the temporal ordering of eating practices：a UK-Spain comparison. International journal of sociology of agriculture and food，19（1）：19－36.

Spaargaren G，2003. Sustainable consumption：a theoretical and environmental policy perspective. Society and natural resources，(16)：687－701.

Spaargaren G，Bas Van Vliet，2000. Lifestyles，consumption and the environment：the ecological modernization of domestic consumption. Environmental politics，9 (1)：50－76.

Szasz A，2009. Shopping our way to safety：how we changed from protecting the environment to protecting ourselves. University of Minnesota Press.

Warde A，2016. Consumption：a sociological analysis. London：Palgrave Macmillan.

Warde A，Southerton D，2012. The habits of consumption. COLLeGIUM：studies across disciplines in the humanities and social sciences. Helsinki collegium for advanced studies，(12)：1－25.

Warde A，Welch D，Paddock J，2016. Studying consumption through the lens of practice//Keller M，Halkier B，Wilska T，et al.. Handbook of consumption. London，Routledge.

第十二章　面向社会责任消费

一、引言

按照目前学界较为普遍认可的说法，所谓社会责任消费，是指个人将其消费对环境及多种社会问题带来的影响纳入到获取、使用和处置产品的决策中，并用购买权力实现对社会问题关注的消费行为（Mohr et al.，2001）。显然，在资源浪费、环境污染等社会问题业已成为人们所普遍关注的话题的当下，如何让消费者担负起相应的社会责任，尽可能减少消费对环境和社会的负面影响，从而实现社会责任消费更广泛而深入地融入我们的日常消费生活，不仅是当今学界相关学科所共同面临的一个亟须探讨的话题，更是以消费为研究对象的消费社会学责无旁贷的重要研究课题。然而值得注意的是，与国内外相关学科开始陆续对社会责任消费展开研究的状况形成鲜明对照的是，国内消费社会学则很少把社会责任消费纳入其视野并发挥其应有的作用。那么，究竟是什么原因导致了我国消费社会学对社会责任消费的关注严重不足呢？我们如何才能更好地把社会责任消费纳入消费社会学的研究视野之中？进而又该在什么样的研究框架下探讨社会责任消费？针对这些问题，本研究将在社会责任消费的既有研究脉络中确认我国消费社会学对社会责任消费关注不足的现实，进而从我国消费社会理论的批判性及其局限性出发，分析我国消费社会学在社会责任消费研究中缺位的原因，并通过借鉴国外消费社会学研究的最新理论成果，尝试提供一个从消费社会学视角探讨社会责任消费的研究框架，为今后开展相关实证研究打下基础。

二、社会责任消费研究的兴起

社会责任消费研究兴起于20世纪70年代，不过起初学界对社会责任消费的理解基本上囿于对环境和生态问题的关注（Anderson et al.，1972）。此后，“社会责任消费”的内涵被拓展至“环境意识消费”和“社会意识消费”两个维度，但其仅仅关注了消费者的“消费决策”环节（Roberts，1995）。在此基础上，有学者把社会责任消费的研究领域又进一步扩展至多样的社会责任问题，并涵盖了从消费决策到产品使用、处置等消费活动的整个过程（Mohr et al.，2001）。虽然学界陆续出现了有关社会责任消费的多种概念提法，如“伦理消费”“道德消费”“社会意识消费者”“社会性消费”等，但其所指涉的内涵大同小异①。

（一）经济学及其周边学科的社会责任消费研究

社会责任消费作为一种经济现象，它的兴起自然而然率先得到了经济学及其周边学科的关注。相关研究虽然方兴未艾，但总的来说，它们依然体现着经济学一贯的经济理性倾向。概括起来，这些研究可以分为以下几个类型：

一是对社会责任消费概念的测量工具的建构和完善。比如有研究建立了包括“基于企业责任行为的消费”“购买本国或本地区产品”“支持当地

① 为了尊重并保留各研究者的原文表述，本章中多处出现了“伦理消费”和“社会性消费”的提法，在此笔者将其视同于“社会责任消费”概念。

企业或小企业”“购买有善行的产品”“适度消费”5个维度共计20个测项的测量工具（Francois-LeCompte et al.，2006）。而国内学者则从我国文化背景出发开发出了具有中国特色的社会责任消费量表。比如阎俊等开发的量表共包括34个测项涵盖9个维度，即“保护环境”“节约能源”“保护动物”“监督企业和维权”“适度消费”“支持企业的负责任行为”“抵制企业的反责任行为”“支持中小企业”“支持国货”（阎俊 等，2009）。这些测量工具的不断建构和完善已经为我们开展社会责任消费研究打下了基础。

二是关于社会责任消费的企业响应的研究。由于一方面消费者在如何消费、消费什么等消费决策上通常有赖于企业的生产和所提供的产品，而另一方面企业的生产和消费也需要时刻迎合消费者的需求特点，因此消费者的社会责任消费与企业的社会责任行为之间有着密切联系，有关社会责任消费的企业响应的研究较为多见（如Creyer et al.，1997）。然而不难发现，此类研究往往对消费者的社会责任消费的影响因素和形成机制并不作深入探讨，而更多地把最终关心的重点放在企业利用社会责任营销策略或者企业对消费者的社会责任消费的响应是否能为其带来相应的经济绩效问题上。

三是关于社会责任消费的影响因素和形成机制研究。由于影响社会责任消费的因素极为复杂多样，因而此类研究也呈现出了丰富的多样性，构成了既有社会责任消费研究的主流。不过总的来说，这些研究侧重于建构社会责任消费形成机制的“态度—行为”模型，即探讨消费者的各种价值观、态度与其社会责任消费行为之间的关联（如Webb et al.，2008），往往并没有对与社会责任消费关联的各种价值观、态度形成的背后更深层面的社会因素加以充分而深入的挖掘。虽然也有研究从社会规范层面上探讨社会责任消费的形成机制（如龙晓枫 等，2016），但这些研究更多的是从心理学和管理学的角度分析社会规范如何内化为个人规范或在外在压力下消费者对社会规范的服从，缺乏个体与规范之间的互动建构的社会学视角。

（二）社会学及其周边学科对社会责任消费的探索

上述经济学及其周边学科对社会责任消费展开的广泛关注和探讨基本上是以经济理性为目的的，与此不同的是，社会学及其周边学科的相关研究虽并不那么多见，其影响力也较为有限，但其关注的重点在于对社会责任消费本身及其社会动因的分析。比如有学者基于“消费者的公民化”脉络，认为伦理消费的出现和普及是高度消费社会的一种反转现象，意味着日常生活中的消费正从一种私人性质的现象逐渐向具有公共性质的现象转变。曾作为一种社会地位竞争和满足个人欲求手段的消费，如今正成为一种解决社会问题和环境问题的手段（Trentmann，2007）。在此基础上进而把这种超越消费主义和市场原理的消费者称为“公民—消费者”（citizen-consumer），认为其是作为公共领域主体的“公民”和作为私人领域主体的“消费者”之间的融合（Soper et al.，2008）。同样，也有研究把伦理消费视为一种消费者的公民化现象，并认为这是20世纪90年代以来出现的一大社会变化（Micheletti，2003）。然而，有学者虽然认同上述“公民—消费者”概念框架，但认为大多数情况下伦理消费的驱动力终究在于消费者的私人欲求，认为纯粹依靠公共规范意识所驱动的伦理消费是非常有限的，比如关注第三世界贫困问题的公平贸易（fair-trade）既是一种伦理消费，同时也给消费者提供了可选择的生活方式，而这种消费者试图建构与众不同生活方式的欲求正是伦理消费的动机所在（Soper，2007）。与此相类似的是，也有学者认为公平贸易是一种炫耀性消费，其消费的目的在于旁人目光审视下的“伦理性救赎”（Varul，2008）。伦理消费本身很可能仅仅是传统商业主义下的一种新的营销策略，是商家凭借其巧妙地操控“伦理性”符号而对消费者的一种兜售（Sassatelli et al.，2006）。

日本学者间间田孝夫指出，社会责任消费在20世纪中叶还不见其踪影，但如今，社会上已经出现了以“绿色消费主义”“慢餐”“乐活”“公平贸易”为代表的多种形式的发展并得到了广泛讨论，不少消费者也开始或多或少与其发生关联，由此我们可以断定社会责任消费正在不断兴起（間々田孝夫，2016：435－437）。在这样的背景下，一些日本学者开始关注社会责任消费并展开了相应的实证研究。畑山要介关于日本社会“公平贸易”的研究显示，日本消费者参与“公平贸易”的动机与其说在于支援弱者这一公共规范意识，倒不如说在于建构具有个性的生活方式（畑山要介，2015：7－22）；寺岛拓幸关于日本社会“绿色消费主义”（green-consumerism）的研究则认为，不同特征的消费主义态度与环保型消费行为之间存在不同的相关关系，某些类型的消费主义态度（如品质志向型消费主义）甚至与环保型消费行为之间存在正相关关系，因此绿色消费主义并不等同于反消费。在消费主义伦理支配下的现代社会，人们的环境保护意识日益高涨，日本消费者在不否定自身生活方式的前提下去不断追求消费生活品质的态度，推动着绿色消费主义的发展（寺島拓幸，2015：23－38）。然而遗憾的是，与上述国外研究渐成气候形成对照的是，国内消费社会学领域对有关社会责任消费的关注和研究依然十分鲜见，甚至可以说是难觅其踪影。

三、我国消费社会理论的批判性及其困境

至此我们可知，在国内外多学科共同关注和探讨社会责任消费的背景下，国内消费社会学对社会责任消费的关注存在明显的不足。那么导致这一状况出现的原因究竟是什么呢？从逻辑上推理可知，其原因不外乎以下两个方面的可能性：一个方面的可能性是社会责任消费这一现象本身就不存在，或者说即使存在但不足以让我们轻易地观测到；另一个方面的可能性是我们审视社会责任消费这一现象的理论视角处于缺失状态，或者理论视角的局限性使我们无法看到它。在此，我们可以排除的是前一个方面的可能性。这是因为，我们从前述相关学科的既有研究中可知，我国社会责任消费的存在和发展已是不争的事实。由此可见，导致我国消费社会学对社会责任消费的关注严重不足的原因就在于相应理论视角的缺失，这可以从我国消费社会理论发展中所形成的鲜明批判性倾向上加以确认。

（一）我国消费社会理论发展及其批判性

1. 消费批判基调的铺设

正如 20 世纪前半期西方消费社会诞生的历史所示，在相关政策和制度得到不断完善的背景下，市场经济的发展和消费文化的普及是推动并实现消费社会化的两个必要前提条件。就我国而言，1978 年末改革开放政策的实施为这两个前提条件的形成提供了可能，并随着 20 世纪 90 年代末国家消费政策的大转变而正式开启了消费社会化进程（吴金海，2019：142－143）。

一方面，随着改革开放一系列政策的实施，计划经济时代以“一大二公”“大锅饭”为特征的生产—分配体制逐渐退出历史舞台，私有制经济和个人利益追求也逐渐获得了其合法性，个体工商户不断涌现，以市场为载

体的自由经济成分越来越在国民经济发展中发挥其高效且有活力的特点，我国经济的市场化初现端倪。虽然经济的市场化逐渐缓解了计划经济时代商品极度匮乏的状况，但由于国民经济发展的起点低、底子薄，市场化的程度和规模也较为有限，因此改革开放初期的经济市场化并没有立刻彻底扭转物资匮乏和商品短缺的问题。可以说，在整个 20 世纪 80 年代和 90 年代前半期，“短缺”仍然是整个国民经济所呈现的最显著特征。

另一方面，改革开放也给消费文化的普及提供了可能性。逐渐推进的市场化使得那些率先拥抱市场的“弄潮儿”不少都成为改革开放后的先富者，他们也因此成为前所未有“奢侈”消费生活的追随者和实践者，而他们光鲜亮丽的消费形象同时也影响着周围人群开始萌发对美好消费生活的向往，这使得消费文化在我国迅速普及开来。一时间以电视机、电冰箱、收录机为代表的耐用消费品成为展示消费者财富和地位的象征。虽然购买这些耐用消费品需要消费者花费其一整年甚至数年的积蓄，但依然供不应求。

如上所述，改革开放后社会上逐渐出现了消费“高档化”和“奢侈化”的现象，与此同时，当时的国民经济却依然处于明显的“短缺”状态。在这样的背景下，国家和政府大力倡导“勤俭节约”和“反对奢侈浪费”的传统价值观就成为顺理成章的事。再加上长期受“以阶级斗争为纲”的影响，消费和消费文化在国家消费政策的限制和学界的广泛批判下依然没能顺利获得其合法性。但由于缺少相应的消费社会批判理论工具，这一时期的消费批判主要依据的是我国“勤俭节约”的传统价值观和“奢侈和享乐即资本主义”这一计划经济时代遗留下来的意识形态，通过各大主流媒体大力倡导“勤俭节约”，反对“奢侈享乐”。对此王宁曾指出，在商品短缺的时代，消费需求往往是需要抑制的。也就是说，国家不但采取抑制消费的经济政策，而且利用其宣传机器和话语动员能力不断地抨击欲望、享乐、奢侈和浪费（王宁，2009：241）。与此同时，我国早先关注消费的一些社会学者则开始使用“消费主义”这一概念，认为其是西方资本主义所推崇的一种极力追求炫耀性、奢侈性消费，追求无节制物质享受的意识形态，并把“消费主义”与“消费文化”加以严格区分，在此基础上展开了与国家步调一致的消费批判（如黄平，1994；尹世杰，1995，1996，2002）。而这无疑为国内此后的消费社会学研究铺设了鲜明的批判基调。

2. “符号消费”理论的广泛传播

正如王宁所言，国家在对待消费的态度上，1998年可以说是一个转折点。商品供应开始出现过剩、亚洲金融危机爆发、通货紧缩出现等多种因素促使国家为了维持经济的持续增长而不得不采取一系列扩大内需促消费的政策（王宁，2009：242-243)。甚至可以说，1998年国家消费政策从实施抑制、倡导节俭向扩大内需促消费的大转变，实际上标志着我国消费社会化进程的正式开启。这是因为，国家消费政策的这一大转变，意味着国家赋予了消费和消费文化合法性和正当性。从此，我国在社会主义市场经济和消费文化这两股力量的合力推动下开启了消费社会化进程。当然，正如间间田孝夫所指出的那样，作为一种补充市场原理的社会体系，消费社会是一系列社会政策、制度或社会结构得到完善的结果（間々田孝夫，2000：35)。消费政策的大转变不仅赋予了消费和消费文化合法性和正当性，也推动了社会各方面制度的不断建立和完善。20世纪90年代末开始全面启动的社会保障制度、收入分配制度、休假制度等方面的改革举措，使我国的消费社会化进程因逐渐有了各种制度层面上的保驾护航而得以顺利推进。与此同时，曾经充斥于国内各主流媒体的消费批判论调也出现了迅速收敛的倾向（王宁，2009：241)。

然而遗憾的是，与上述国家消费政策的大转变形成鲜明对照的是，国内消费社会学界却延续了对消费加以一味批判的立场。而这显然会遇到一个问题，即这种批判性立场如何避免和“扩大内需促消费”的国家意志之间的冲突。事实上，国内消费社会学界早先对“消费文化”和“消费主义”加以严格区分的做法使其“巧妙”地回避了这一问题。因为这种区分的言外之意是，我们批判的是“消费主义”而非“消费文化”。正是这一看起来甚为“巧妙”的做法，恰恰把此后我国消费社会理论发展推向了批判性的极端。当然在这个过程中，西方消费社会理论的进入和传播起着不可忽视的作用。在这些西方消费社会理论中，尤其值得一提的是波德里亚的“符号消费”理论。这一理论认为，现代消费者所消费的并不是商品的使用价值，而是在资本操控下不断被制造出来的符号象征意义，因此现代消费就是一种与消费者欲望无关的永无止境的破坏和浪费活动（波德里亚，2008：60-69)。随着波德里亚的“符号消费”理论在我国的广泛传播和深入解读，一些国内学者逐渐把“消费主义”与“符号消费”之间画上了等号，进而借此对我国不断推进的消费社会化进程中涌现的消费展开了广泛的批判性研究（如陈昕，2003；郑红娥，2006；李辉，2016）。

从上可知，进入21世纪的国内消费社会学不但继承了20世纪90年代学界所铺设的批判基调，还通过对以波德里亚为代表的西方消费社会理论的借用而进一步获得了消费批判工具，使得“消费主义”“符号消费”成为我国消费社会批判中所广为使用的核心概念。

（二）消费社会批判理论的合理性和局限性

1. 消费社会批判理论的合理性

虽然在如今看来，以波德里亚为代表的消费社会理论所呈现的强烈批判性倾向是非常值得反思的，但需要承认的是，在世纪之交的中国社会所处时代背景下，消费社会理论的这种批判性倾向实际上是有其一定的合理性可循的。依据笔者在别文中所作的梳理和归纳，其合理性主要来自以下三个方面（吴金海，2012）：一是我国社会长期以来的“崇俭”文化和计划经济时代禁欲式消费观念的存续，在一定程度上依然让我们对消费，特别是具有“奢侈”性倾向的消费持有负面评价甚至否定的倾向。二是波德里亚的“符号消费”理论的批判立场与作为新马克思主义典型代表的法兰克福学派大众文化批判理论之间有着一脉相承的联系，这很容易促使“符号消费”理论在国内学界被过分地推崇和传播。三是改革开放以来，我国社会现实中确实不乏以“炫耀”和“奢侈”为特征的符号消费现象，并且得到了国内相关研究的呈现和印证。

因此不得不说，以“符号消费”理论为代表的消费社会批判理论在一定的时代背景下和一定的对象范围内确有其合理性，它不仅给我们提供了理解现代消费和消费社会的崭新视角，也为消费研究抹上了浓厚的社会学色彩（吴金海，2018）。然而，随着我国消费社会化进程的不断深入和消费的日益多样化，这种批判性消费社会理论的局限性及其所引发的困境正逐渐呈现在我们面前。

2. 消费社会批判理论的局限性及其困境

那么，以“符号消费”为代表的消费社会批判理论的局限性究竟体现在哪里呢？为了回答这一问题，我们需要找出消费社会批判理论局限性的根源。郑震在评析波德里亚消费社会理论时指出，我们并不否认波德里亚的现代性批判在一种有所节制的意义上是颇具启发性的，但是他的极端发挥则将其思想引入歧途，他那彻底否认主体地位的客体主义立场使他笔下的社会秩序的变革只能荒谬地呈现为一种被人格化了的客体游戏（郑震，2014）。间间田孝夫也指出，以波德里亚为代表的消费文化批判论把超越生活所必需的消费都纳入“符号消费”范畴加以批判和否定的做法是难以让人接受的（間々田孝夫，2016：125）。而另一位日本学者山崎正和在揭示“人都具有永无止境的差异化欲望”这一“符号消费”理论前提条件的伦理性谬误基础上进一步认为，波德里亚的“符号消费”只不过是出现于产业社会一定条件下的历史阶段性现象，并非现代消费的普遍本质（山崎正和，1987：160－164）。从上述几位学者的相关评析中我们可以看出，以“符号消费”为代表的消费社会批判理论局限性的根源主要来自以下两个方面：

首先，这种消费社会批判理论是立足于彻底的生产者主权论基础上的，它完全无视了消费者的主体性。正是在这一缺乏足够证据的武断立场指引下，我们的消费都被视为受资本操控的被动行为，是生产者强加于消费者的一种无欲的浪费。无论是消费者购买性能更出色、舒适性更优秀的汽车，还是消费者在环境优雅的饮食店享受美食和闲暇时光等消费现象，在彻头彻尾的生产者主权论者看来，它们都是生产者主导下的表象，其实质是毫无意义的符号游戏而已。正如间间田孝夫所言，至今为止的批判性消费文化论热衷于把所有消费都强行贴上“符号消费”的标签，进而对其加以波德里亚式的批判和否定（間々田孝夫，2016：128－129）。之所以这种消费社会批判理论能够做到这一点，是因为在现代社会，我们的确已经越来越难觅仅仅只有使用价值的商品了。小到一双筷子，大到一辆汽车，使用价值之外的附加价值总是或多或少附着于其中的。

其次，正因为商品的使用价值和附加价值总是结合在一起，我们可以发现这种消费社会批判理论局限性的另一个根源，即认为社会上存在一个判断或划分某种商品是否超越生活必需品范畴的固定标准。这样一来，只要商品具有使用价值之外的任何附加价值，那么消费这种商品的行为就可以被视为超越生活必需品范畴的“符号消费”，使其可以通过无视消费的其他价值，一味地强调消费的符号价值而对其进行彻底的批判和否定。然而就像凡勃伦曾指出的那样，奢侈品和必需品之间并不存在绝对的界限，两者之间通常是可以相互转换的（凡勃伦，2007：108）。在此基础上，凡勃伦还进一步认为，如果任何商品或劳务的根本目的是明显浪费，即使是显而易见的，也不能就此断定它不存在任何实用性。因为在消费品甚至产品效用构成中，实用和浪费这两种成分往往是结合在一起的（凡勃伦，2007：109）。由此可见，消费社会批判理论对某种商品是否超越生活必需品范畴的固定标准的设定，不得不说是波德里亚及其追随者们的另一个主观武断，同时也是试图用这一武断去弥补前一个武断所犯下的错误的“拆东墙补西墙”的做法。

因此，当以波德里亚“符号消费”为代表的消费社会批判理论在上述两个主观武断的基础上试图把现代社会中的所有消费现象都纳入其解释范畴并对其展开彻底批判时，实际上已经预示着它作为社会理论的生命力的丧失。然而纵观国内消费社会学研究可知，波德里亚的“符号消费”理论长期被广为传播和推崇，这种极端而激进的批判理论已经给我们带来了以下两个层面上的困境：

首先，就理论层面而言，上述消费社会批判理论使得我们研究消费的社会学视角变得狭隘和单一，这种一提消费就给其贴上“符号消费”标签来加以批判和否定的理论视角，无视了消费的多样性和复杂性，让我们失去了审视现代消费更为广阔的视野，使得我们的消费研究面临着单调乏味的理论瓶颈，大大阻碍了消费社会学的进一步发展（吴金海，2018）。正因为这样，当面对社会上各种新的消费现象时，我们要么固守波德里亚式的做法而对其强行批判，要么只能熟视无睹或束手无策。因此，在国内学界，诸多对消费的批判性研究都免不了有一种“为了批判而批判”之嫌，大都是一种带有强烈精英主义色彩的道德说教。

其次，从现实层面来说，随着消费对个人和社会经济发展的重要性与日俱增，在当前国家大力推进“扩大内需促消费”目标实现的背景下，这种具有极端倾向的消费社会批判理论越来越背离了国家在社会经济发展上的大目标和大方向，使得消费社会学研究无法在“扩大内需促消费”这一宏大目标实现进程中占据一席之地而发挥其应有的作用。我国社会主义市场经济发展至今，正迎来一个越发需要依靠消费需求（在当前贸易保护主义抬头下更需要依靠内需）拉动经济发展的时代，而这种对消费加以一味批判和否定的社会理论说到底实质上是对市场经济的一种变相否定，在很大程度上是与我国的消费社会化和国家发展经济的目标背道而驰的。正是由于上述消费社会批判理论过于极端的批判立场，反而使其呈现出物极必反的无力感，使得其在现实面前越来越成为一种无的放矢的批判而陷入困境。

四、面向社会责任消费：消费的三相理论

至此，我们阐述并确认了我国消费社会研究在对波德里亚“符号消费”理论的广泛传播和推崇下所呈现的极端批判性倾向及其带来的困境。因此当我们把话题重新回到本研究开头提到的“社会责任消费”，思考我国消费社会学为何对社会责任消费的关注会出现严重不足这一问题时，其答案已经是显而易见了。总而言之，正是由于这种消费社会理论的极端批判性倾向及其局限性，使得我们失去了审视社会责任消费的理论视角，导致了对社会责任消费的关注严重不足。

而我们知道，社会责任消费作为个人将其消费对环境及多种社会问题带来的影响纳入到获取、使用和处置产品的决策中，并用购买权力实现对社会问题关注的消费行为，无疑是对消费者主权的一种体现及其主体性的一种实践。然而在完全立足于生产者主权论立场的批判性消费社会理论那里，消费者是被生产者（资本）所操控的棋子，消费者的消费行为说到底是为生产者（资本）服务的，这种完全否定消费者主体性的立场注定了其无法很好地正面应对社会责任消费，更不可能对其作出客观的分析和理解。如间间田孝夫所言，消费社会并不是意味着我们的社会中只有以“炫耀”“毫无意义的差异化”“空虚”等为特征的消费，相反，消费社会中充满着消费者在达到一定生活水平后积极、自由地追求充实生活的各种消费。即便如此，批判性消费文化理论却对其加以无视，或者即使没有对其无视，也只能把它们强行纳入批判性消费文化范畴来加以解释（間々田孝夫，2016：136）。因此，为了扭转这一状况，我们有必要对上述消费社会批判理论作出深刻反思，摆脱对现代消费和消费社会加以一味批判的做法，把社会责任消费真正纳入消费社会学的研究框架，从而使我们在客观深入地理解社会责任消费的基础上更好地为推动我国实现扩大内需和发展经济的目标作出贡献。

与国内的消费社会学研究依然广泛传播并借用“符号消费”理论形成对照的是，国外学界至今为止对这一理论的批判和质疑已不鲜见，“符号消费”这一概念的有效性亦已不可同日而语。但是，在批判和质疑之余如何

重建一套替代性消费社会理论这一问题上，学界似乎还处于摸索和起步阶段。无论是瑞泽尔重拾韦伯的理性化传统而提出的“消费的麦当劳化”理论（瑞泽尔，2013），还是费瑟斯通基于后现代主义思潮背景提出的“日常生活的审美化”消费理论（费瑟斯通，2000），虽然他们给我们展示了在理解现代消费时有别于波德里亚的“符号消费”理论的独到视角，但归根到底，这些理论或概念所涵盖的消费均只是纷繁复杂现代消费中的一个组成部分而已，并没有给我们提供理解现代消费的一整套更为完整的理论体系，也没能让我们获得在面对社会责任消费时的有效理论工具。在这样的背景下，长期以来致力于消费社会研究的日本学者间间田孝夫在其“第三种消费文化”理论基础上所提出的“消费的三相理论”，尤其值得我们关注。

在间间田孝夫那里，第三种消费文化是自古至今存续于人类社会，并在当前日益扩散的一种消费现象，是以追求商品或服务的文化价值并有意无意地回避对自然和社会带来负面影响为原则特征的（間々田孝夫，2011）。其主张的第三种消费文化理论，是对以瑞泽尔为代表的现代性消费文化理论和以波德里亚为代表的后现代性消费文化理论进行批判性反思的基础上提出的（間々田孝夫，2007：271－276）。他认为，不管是现代性背景下关注商品的功能性、便利性等理性化价值的第一种消费文化理论，还是后现代背景下关注商品的符号意义或反常识、反秩序等非理性化价值的第二种消费文化理论，都由于受到“现代—后现代”框架的束缚而具有明显的局限性，这使得我们的研究视野受阻并出现了消费研究的贫困化，严重忽视了第三种消费文化的存在及其日益扩大的现实（間々田孝夫，2011）。

在此基础上，间间田孝夫进一步提出消费的三相理论，认为现代社会中的第一、二、三种消费文化如同调色板上的红、黄、蓝三种颜色，在它们相互渗透和作用下构成了纷繁复杂的消费现象，因此通过分析消费文化的色相，我们就可以把握现代消费文化的全貌、特征和变化趋势（間々田孝夫：2016：45－46）。消费的三相理论是一个既具批判性又不乏包容性的理论体系。其批判性在于，这一理论是立足于对第一种消费文化理论和第二种消费文化理论的批判之上的，特别是对以波德里亚为代表的第二种消费文化理论被学界过度推崇的做法表达了强烈的质疑，认为第二种消费文化仅仅是追求功能性价值或文化性价值的消费的派生物，是以这两者为前提而存在的。正是因为汽车具有高速行驶的功能，拥有汽车才能成为社会地位的象征，同样，正是因为上大学可以增加知识、习得文化教养，带来更高的社会地位和经济收入，它才具有夸耀的意义（間々田孝夫，2016：341）。而这一理论的包容性在于，它并没有完全否定第一、二种消费文化理论，而是通过分析和梳理三种消费文化之间相互渗透、相互作用的关系，强调了第三种消费文化的重要性。因此，消费的三相理论给予了我们审视复杂的现代消费的合理视角，促使我们摆脱既有消费理论的束缚而把目光投向对第三种消费文化的关注。与此同时，由于这一理论把有意或无意地回避消费对环境和社会的负面影响视为第三种消费文化的原则性特征之一，这也为消费社会学与社会责任消费之间架起了沟通的桥梁。

在此需要强调的是，消费的三相理论虽然是基于消费的功能性价值、关系性价值和文化性价值而提出的，但这一理论并非简单机械地把现代消费文化进行三分类，而是基于消费的三大价值归纳出当前最具代表性的三种消费文化，并把现代消费文化视为这三种消费文化之间相互渗透和相互作用的结果。因此，现实生活中某一特定的消费现象往往很难完全用某一种消费文化理论来加以解释（間々田孝夫，2016：299）。比如在现今款式多样的时尚服饰消费中，虽然我们认可这样的消费主要体现了追求关系性价值的第二种消费文化，但我们也不能否认消费者同时对保暖、蔽体等功能性价值和满足审美需求的文化性价值的追求。同样，就社会责任消费而言，我们也不能完全囿于第三种消费文化理论框架来对其加以分析和理解。比如，在那些“公平贸易”积极参与者从第三世界国家的咖啡农那里直接购买咖啡这一典型的社会责任消费中，我们也不能否定消费者同时在追求功能性价值（咖啡的品质和口味）和关系性价值（通过这种消费行为建构身份地位和与众不同的生活方式）的可能性。甚至可以说，几乎所有的消费其实都可以和社会责任消费沾上边，只不过有些是切实地注重对社会责任的担当，而有些则近似于停留在“挂羊头卖狗肉”层面。比如互联网上不计其数的商家，不管其推销的是什么，都会向消费者提示“每一笔交易都将为××公益事业作出一份贡献”之类的承诺。但在很多时候，这种“社会责任”名义下的交易很可能会对我们的资源、环境问题带来得不偿失的后果。的确，社会责任消费可以附着于各种消费之中。而间间田孝夫认为，社会性消费（＝社会责任消费）必须是对社会有所贡献的消费，但如果在这一前提下无视消费者对其他欲求的满足，那么要想实现社会性消费的发展也是不可能的。社会性消费可以与消费者所追求的各种价值（功能性价值、关系性价值、文化性价值）联系在一起，不过与追求功能性价值和关系性价值的消费相比，追求文化价值的消费与社会性消费之间具有无可比拟的亲和性（間々田孝夫，2016：449）。所以，他在界定第三种消费文化时不仅仅将其视为一种追求文化价值的消费，还同时认为其必须是一种“回避对社会和环境带来负面影响”的消费。正是有了这两者之间的相互牵制和约束，第三种消费文化才能真正有别于第一、二种消费文化，才能成为既不否定个人享受又回避对社会和环境负面影响的一种理念型消费文化（間々田孝夫，2016：222－224）。

由此可见，消费的三相理论是消费社会学在面对社会责任消费时值得我们借鉴的一个理论视角，它一方面让我们摆脱了既有消费社会理论，特别是符号消费理论的束缚，进而把社会责任消费纳入由第一、二、三种消费文化相互渗透、相互作用下形成的消费文化背景来加以考察，另一方面又强调了第三种消费文化对推动社会责任消费发展的重要性。正如畑山要介指出的那样，伦理消费在某种意义上可以被认为是“嵌入”于消费社会所构成的文化价值体系之中的（畑山要介，2015）。基于此，我们需要做的是，准确把握我国消费文化的现状特点和发展动向，分析各种类型特征的消费文化与社会责任消费之间的相关关系，进而弄清楚哪些类型的消费文化与社会责任之间具有亲和性或者具有两立的可能性，哪些类型的消费文化与社会责任之间具有排斥性或对抗性。在此基础上，我们通过对各个类型的消费文化背后的社会因素进行分析，可以进一步加深对我国社会责任消费的现状及其动因的认识。

五、结语

在环境污染、资源短缺、贫富差距等社会问题面临日益挑战，社会责任消费逐渐受到学界广泛关注和讨论的背景下，我国消费社会学对社会责任消费的关注严重不足这一状况值得我们重视和思考。本研究通过对我国消费社会理论的批判性特征及其形成过程的梳理和分析，认为这一状况主要是我国消费社会理论所具有的极端批判性倾向所导致的后果。正是这种试图对消费和消费社会加以一概否定的做法，使得我们的视野受限，失去了审视社会责任消费的理论视角。

诚然，对现实和社会的批判性立场无疑是社会学长期以来所坚持和秉承的重要传统，但也许正是因为对这一传统的无条件坚守，在面对20世纪的消费社会化浪潮及随之而兴起的各种消费和消费文化现象时，批判性同样成为消费社会学所高举的一面鲜明理论旗帜。然而需要注意的是，我们在重视社会学的批判性传统的同时，似乎对社会学的另一个传统——“生产偏好”的传统——缺乏足够的自觉和反思。正如张敦福所言，自工业革命以来，社会学理论一直有着“生产偏好”（productivist bias），即以工业、工业组织、工作和工人为中心展开研究。马克思主义和新马克思主义社会理论，涂尔干的社会分工理论，韦伯关于资本主义何以在西方而不是在其他地区发展起来的学说，芝加哥学派对职业和工作的探讨，冲突理论关于劳资关系、上级和下属之间关系的研究等，无不如此（张敦福，2007）。因此，在面对消费社会学研究无条件复制这种基于“生产偏好”之上的社会学理论的批判性立场时，我们完全有理由对其提出质疑。换言之，我们需要反思把消费视同为生产并像批判生产一样来批判消费这一做法。坎贝尔指出，社会科学家讨论消费时都有相同的倾向，亦即以道德说教取代翔实分析，导致现有理论建构都因为带有意识形态的侵入性而遭到扭曲。因此现代消费者行为，就被当成“不理性且应受到谴责”的行为。社会科学家不该这么轻易就固守自己的偏见，反而应该更努力发展一套合适的现代性消费理论才对（坎贝尔，2016：51）。所以在对待消费和消费社会问题上，学界也存在与瑞泽尔和波德里亚所持有的批判性和悲观态度完全不同的立场。山崎正和就认为，与生产遵循消费率至上原则不同的是，消费是对时间本身的一种消耗，是不以效率为原则的。因此在他那里，消费社会是一个和工业社会截然不同的社会，是一个悠然自得的、充满享受的和不断发现自我的社会，是一个“柔质个人主义”诞生的社会，是一个消费者和生产者都是艺术创作者的社会，而这正是他所谓的“消费社会的美学”（山崎正和，1987：170－173，202－216）。三浦展也指出，如今的日本社会正步入以“社会意识、利他主义、共享意识、地方意识、简单·休闲、服务性消费”等为特征的“第四消费社会”（三浦展，2014：91－92）。由此可见，就社会学意义而言，消费并不仅仅是一种充斥着“差异化”和“竞争”的活动，更别说是一种完全受资本所操控的无意识活动，相反，消费亦是一种可能给我们带来“合作”、“共享”和“融合”的活动。显然，至今为止的消费社会学过分强调了前者而忽视了后者。

最后需要补充说明的是，本研究的形成虽然是基于对社会责任消费的关注，但并未能对社会责任消费本身展开相关的探讨。这是因为，在笔者看来，如果我们依旧延续对消费社会理论中所体现的上述批判性的固守和执着，那么我们在面对日益兴起的社会责任消费时，仍将无法摆脱对其束手无策或误入歧途的窘境。而间间田孝夫提出的消费的三相理论则为我们拓展了消费研究的视野，给我们提供了一个探讨社会责任消费时值得借鉴的理论框架。因此，本研究的着力点并不在于探讨社会责任消费本身，而在于通过对既有理论的反思，给社会责任消费的社会学研究做好前期理论铺垫和相关研究框架的获取。这不仅对于开展社会责任消费的社会学研究来说是当务之急，对于当下国内消费社会学发展而言亦是十分必要的。

参考文献

波德里亚，2008. 消费社会．南京：南京大学出版社.

陈昕，2003. 救赎与消费：当代中国日常生活中的消费主义．南京：江苏人民出版社.

凡勃伦，2007. 有闲阶级论．海口：南海出版公司.

费瑟斯通，2000. 消费文化与后现代主义．南京：译林出版社.

黄平，1994. 二十一世纪的中国人：消费文化与生活方式．中国软科学(10).

坎贝尔，2016. 浪漫伦理与现代消费主义精神．台北："国家教育研究院".

李辉，2016. 反消费主义．北京：高等教育出版社.

龙晓枫，田志龙，侯俊东，2016. 社会规范对中国消费者社会责任消费行为的影响机理研究．管理学报 (1).

瑞泽尔，2013. 汉堡统治世界：社会的麦当劳化．北京：中国人民大学出版社.

三浦展，2014. 第 4 消费社会．上海：东方出版社.

王宁，2009. 从苦行者社会到消费者社会：中国城市消费制度、劳动激励与主体结构转型．北京：社会科学文献出版社.

吴金海，2012. 对消费主义的"过敏症"：中国消费社会研究中的一个瓶颈．广东社会科学 (3).

吴金海，2018. 消费的"时间隧道"：时间维度下的现代消费及其变迁．

社会科学（4）.

吴金海，2019. 消费的时间隧道：消费社会理论重构与中国社会消费理解 . 北京：中国社会出版社.

阎俊，佘秋玲，2009. 社会责任消费行为量表研究 . 管理科学（2）.

尹世杰，1995. 对消费文化的几点思考 . 消费经济（4）.

尹世杰，1996. 消费文化与“消费主义”. 人民日报，1996－08－24.

尹世杰，2002. 消费文化学 . 武汉：湖北人民出版社.

张敦福，2007. 瑞泽尔消费社会学研究的核心主题：一个批判性评述 . 社会科学（3）.

郑红娥，2006. 社会转型与消费革命：中国城市消费观念的变迁 . 北京：北京大学出版社.

郑震，2014. 布西亚消费社会理论批判 . 天津社会科学（5）.

間々田孝夫，2000. 消費社会論 . 有斐閣.

間々田孝夫，2007. 第三の消費文化論：モダンでもポストモダンでもなく. 有斐閣.

間々田孝夫，2011. “第三の消費文化”の概念とその意義 . 応用社会学研究（53）.

間々田孝夫，2016. 21 世紀の消費：無謀・絶望そして希望へ. ミネルヴァ書房.

山崎正和，1987. 柔らかい個人主義の誕生：消費社会の美学 . 中央公論新社.

水原俊博，2015. 消費主義者の政治問題関心：私生活化の展開/からの回転？//間々田孝夫 . 消費社会の新潮流：ソーシャルな視点、リスクへの対応 . 立教大学出版社.

寺島拓幸，2015. グリーンコンシューマリズムの現状：高まる環境保護意識と通底する消費主義の狭間で//間々田孝夫 . 消費社会の新潮流：ソーシャルな視点、リスクへの対応 . 立教大学出版社.

畑山要介，2015. 倫理的消費者の意識構造：フェアトレード商品の購入要因の分析を通じて//間々田孝夫 . 消費社会の新潮流：ソーシャルな視点、リスクへの対応 . 立教大学出版社.

Anderson W T，William H C，1972. The socially conscious consumer. Journal of marketing，36（7）.

Creyer E H, Ross W T, 1997. The influence of firm behavior on purchase intention: do consumers really care about business ethics?. Journal of consumer marketing, 14 (6).

Francois-LeCompte, Roberts J A, 2006. Developing a measure of socially responsible consumption in france. Marketing management journal, (fall).

Micheletti M, 2003. Political virtue and shopping: individuals, consumerism and collective action. Palgrave Macmillan.

Mohr L A, Webb D J, Harris K E, 2001. Do consumer expect companies to be socially responsible? the impact of corporate socially responsibility on buying behavior. The journal of consumer affairs, 35 (1).

Roberts J A, 1995. Profiling levels of socially responsible consumer behavior: a cluster analytic approach and its implications for marketing. Journal of marketing theory and practice, 3 (4).

Sassatelli R, 2006. Virtue, responsibility and consumer choice: framing critical consumerism//Brewer J, Trentmann F. Consuming culture: global perspectives: historical trajectories, transnational exchanges. Berg.

Soper K, 2007. Re-thinking "good life": the citizenship dimension of consumer disaffection with consumerism. Journal of consumer culture, 7 (2).

Soper K, Trentmann F, 2008. Citizenship and consumption, Palgrave Macmillan.

Trentmann F, 2007. Citizenship and consumption. Journal of consumer culture, 7 (2).

Varul M Z, 2008. Ethical shelving in culture context: fair trade consumption as an everyday ethical practice in the UK and Germany. presented paper of 3th Fair Trade International Symposium.

Webb D J, Mohr L A, Harris K E, 2008. A re-examination of socially responsible consumption and its measurement. Journal of business research, (61).

第十三章　第三次分配的逻辑

中国的经济社会发展往往离不开宏观政策基调的影响。可以说，中国当下的发展已从“让一部分人先富起来”“效率优先、兼顾公平”的政策基调，转向了“共同富裕”“效率与公平统一”的政策基调。围绕如何实现“共同富裕”的政策目标，学者们进行了大量讨论。该领域的一个分支研究内容就是第三次分配。的确，讨论第三次分配不能离开共同富裕这个大背景，有关共同富裕的研究也较为全面深入，但是有关第三次分配的讨论却相对较为薄弱。本研究的目的就是试图从理论层面对第三次分配进行再审视。

一、问题的由来

第三次分配是由我国经济学家厉以宁最早提出的概念。他在1994年出版的《股份制与现代市场经济》一书中，把人们基于道德力量的捐献、捐赠、捐助等公益慈善看作是初次分配（市场分配）和再分配（国家通过税收而进行的再分配）之后的第三次分配。厉以宁说：“第三次分配通常是指基于道德力量作用的收入再分配，包括社会公益事业把人们捐赠的钱财用于帮助低收入家庭，也包括人们自愿从事的帮助低收入家庭脱贫的捐献，如帮助孤寡老人、病人、残疾人、儿童，还包括人们自愿提供各级各类学校的奖学金，等等。此外，在发生洪水、地震、泥石流、长期干旱的地区救灾活动中，也会有不少人或向慈善机构捐献，或自行向受灾群众捐款，这些都属于第三次分配的范畴。”（厉以宁，2019：13）学者们普遍认为，“第三次分配”是一个中国本土概念（王名 等，2020；江亚洲 等，2021；朱健刚 等，2021）。之所以如此，是因为国外学者一般不使用这个概念。他们所用的与之类似的概念是“第三部门”（江亚洲 等，2021）。

迄今为止，学术界对第三次分配已有一定的理论思考。学者们清晰地区分了三种不同的资源分配主体：市场、国家和社会。第三次分配被看作是继市场所主导的初次分配和国家所主导的再分配之后、由社会所主导的一种分配形式。在这三种类型的分配中，初次分配是基于效率原则，负责“做大蛋糕”；再分配是基于制度化的公平公正原则，负责“分好蛋糕”；而第三次分配是基于道德感上的自愿原则，负责“奉献蛋糕”（周星，2021；苏京春，2021；张银平，2021；马雪松，2021；唐任伍 等，2022）。三者分别追求“有效市场”、“有为政府”和“有爱社会”的目标（唐任伍 等，2022）。第三次分配被认为具有对初次分配和再分配的不足进行弥补和矫正的功能（厉以宁，2019；吴海江，2021；孙春晨，2021）。

从市场、国家和社会的分化的角度来分析资源分配的不同模式，的确是一个很好的角度。但这一视角依然存在一些可改进的空间。

第一，现有关于三种分配模式的文献存在事实取向和规范取向的不连贯的问题。当学者们讨论第三次分配对初次分配和再分配具有弥补功能时，对第三次分配的分析采取的是规范取向（应然视角），而与此同时对初次分配和再分配采取的则是事实取向（实然视角）。为什么在分析市场、国家和社会各自所主导的分配模式时，不能连贯地采用相同的取向：要么都采纳事实取向，要么都采纳规范取向？既然在分析初次分配和再分配时采用事实取向，而在分析第三次分配时却换成规范取向，是否有意无意地暗示着，初次分配或再分配导致收入分配差距的扩大，不存在违背规范（“应然”）的问题（所以不采用规范取向）？如果在分析第三次分配时采用规范取向，但在分析初次分配和再分配时却采用事实取向，就有可能把“不规范”的初次分配机制和再分配机制所造成的问题当作“理所当然”的事实，然后要交给第三次分配机制来解决。此外，这种取向不连贯还有可能造成一种错觉：本来是“自愿性”的公益慈善行为，却有可能被赋予很强的“必须做”或“不得不做”的道德强制意味。有鉴于此，本研究将采取统一的事实取向来分析市场、国家和社会各自所主导的分配模式。相应地，本研究对第三次分配分析的重点，不是人们“是否应该”做公益慈善，而是去关注人们为什么会做公益慈善，人们做公益慈善是为了什么，他们在何种条件下更愿意做公益慈善。换言之，本研究从角色扮演的场域分化和切换来分析人们从事公益慈善行为的社会条件。

第二，现有关于第三次分配的文献，基本上是把第三次分配等同于公益慈善。既然要把社会看作是市场和国家之外的一个相对独立的分配主体，那么对社会所主导的资源分配的分析，就要穷尽归于“社会”名下的所有类型的资源分配实践。事实上，社会所主导的资源分配并不只有公益慈善，它还包括其他分配实践，后者也必须纳入第三次分配。不过，为了与主流学术话语保持一致，同时也让第三次分配有更广的解释力，本研究将第三次分配区分为狭义和广义两种。狭义的第三次分配沿用现有文献中流行的“公益慈善”的含义，而广义的第三次分配除了包括公益慈善，还包括关系分配和分享经济。

二、多重角色扮演、场域分化与第三次分配

如果说经济学家研究收入分配是为了分析经济运行的质量，那么社会学家研究收入分配则是为了分析社会运行的质量。从以往国内外文献看，社会学家从以下几个方面对收入分配进行了研究。首先，收入分配成为社会学家测量经济和社会不平等的指标。其次，收入分配也被社会学家用来测量国家的金融和社会福利政策的再分配效应。再次，社会学家还把收入分配当作消费模式中的一个要素加以研究。总的来说，尽管收入分配本身也成为社会学的一个研究内容，但过往社会学家对收入分配的界定主要是经济学性质的。

但收入分配明显地具有社会学意涵，值得从社会学角度加以分析。从经济学视角看，收入分配是一种以货币结算的经济资源分配。从社会学视角看，收入分配其实是更广义的资源分配的一种。而资源分配是由社会关

系所决定的。社会关系的类型不同，资源分配模式也不同。由于人们之间同时结成了不同类型的社会关系，因此人们参与了多种不同类型的资源分配场域，并进行相应的角色类型扮演。

社会关系的分类存在多种标准。其中一种标准就是围绕资源分配所形成的社会关系，即资源分配关系。在不同类型的资源分配关系中，人们所扮演的角色类型也不同：有的角色是去争资源；有的角色是去让资源，而让出的资源既可以是有去无回的（捐赠），也可以是在将来有回馈的（延期互惠）；还有的角色则按照国家规定来配置贡献和收益的比例关系。

具体来说，围绕资源分配形成了四个不同的场域：市场场域、国家—公共场域、公益慈善场域和关系场域。相应地，市场场域中的资源分配关系是由自利人（经济人）角色所组成的社会关系，国家—公共场域中的资源分配关系是由公民角色所组成的社会关系，公益慈善场域中的资源分配关系是由利他者（道义人）角色和受益人角色所组成的社会关系，关系场域（家庭与情感关系部门）中的资源分配关系是由情感人（关系人）角色所组成的社会关系。人们承担的角色类型不同，所结成的社会关系的类型也就不同。可见，角色类型与社会关系类型（资源分配关系）形成对应关系。这种由特定类型角色所决定的社会关系类型及其空间，就是布迪厄意义上的“场域”，即资源分配场域。

在传统社会，许多不同类型的角色是重叠在一起的（如经济人角色与利他者角色和情感人角色的重叠或交叉）。与之相应，传统社会中的资源分配场域也常常重叠在一起。例如，传统的家庭（往往是扩展家庭或联合家庭）既是生产单位（经济人角色关系），又是消费单位（即共享单位，具有再分配性质；家庭成员既有共享权利，也要承担为共享资源作出贡献的义务），同时还是情感单位。可见，在传统社会，资源分配场域未能分化，妨碍了各种类型的社会关系的精致化发展。它们相互交融、相互约束，使得处于这些关系中的人的角色扮演也常常是综合性和交融性的，缺乏足够的分化程度。

随着现代化进程的推进，人们的角色扮演方式发生了变化。之所以如此，是因为人的一些角色开始发生分化。其中最重要的角色分化，是自利人（经济人）角色从其他角色中分化出来。现代社会诞生的标志之一是市场经济的兴起。在本质上，现代市场就是从传统经济中分化出来的、供人们充分地扮演自利人（经济人）角色的场域。只要身处市场，人们相互间就可以接受“在商言商”的市场信条，搁置人情和关系因素对经济契约关系的干扰，并以法律取代道德来调节市场。在市场领域，即使是“亲兄弟”，也要“明算账”。在现代市场经济中，人们既不会像在传统社会中那样谴责自利人，又不会非议那些对金钱和财富表达渴望的人（如“贪财”）。相反，只要不违背法律和道德底线，自利和贪财就为社会所接受。资本主义为自利和贪财提供了合法性（赫希曼，2003）。

随着自利人（经济人）角色从其他角色中分离出来，其他各种原来重叠的角色也发生了分化。不同的角色类型被分置到不同的资源分配场域。从理想类型的角度看，资源分配场域包括四个：市场分配场域（市场部门）、制度性（或政策性）资源分配场域（国家—公共部门）、利他性资源分配场域（第三部门）和情感性资源分配场域（关系部门）。人们在这四个不同场域分别扮演自利人（经济人）角色、公民角色、利他者（道义人）角色和情感人（关系人）角色。其中，情感人（关系人）遵循的是（延期性）互惠逻辑。它可通过礼物关系体现出来，因而这一角色既不同于自利人，也不同于利他者。同时，由于它是私人角色，因此也不同于公民角色。

当然，理想类型与现实是有区别的，因为现实中各种角色类型往往会相互约束和交织，从而使得其分化受到一定的限制。但是，理想类型作为一种分析工具，有助于我们更清晰地揭示，何以在某种资源分配场域占据主导地位的角色类型是其中的一种，而不是其他角色。例如，在现实中，尽管身处市场中的自利人（经济人）角色并没有完全摆脱情感和关系因素的约束（此即格兰诺维特所说的“关系嵌入性”），但这并不妨碍他们在总体上依然是自利人或经济人，因为自利人（经济人）角色在市场关系中是“在商言商”的，情感和道德因素只是背景性约束因素。

在四个资源分配场域中，初次分配由市场部门所主导，再分配（制度性资源分配）由国家—公共部门所主导，公益慈善（利他性资源分配）由第三部门所主导，关系分配（情感性资源分配）由关系部门（家庭与情感关系部门）所主导。这四个资源分配场域分别对应不同的场域逻辑：市场博弈、公共决策博弈、社会团结和情感纽带（见表 13－1）。

在市场部门，人们以自利人（经济人）角色而结成市场分配关系。这种资源分配关系是一种竞争性关系。在给定资源量的前提下，资源分配往往具有零和效应。你分到的资源多了，分给我的资源相对就少了。本着自利人所秉持的“效用最大化”的自利原则，人们以自己手中所握有的筹码

表 13-1　多重角色类型与资源分配场域的分化及其逻辑（理想类型）

资源分配关系区分标准	市场分配关系（市场部门）	制度性资源分配关系（国家—公共部门）	利他性资源分配关系（第三部门）	情感性资源分配关系（关系部门）
资源分配层级	初次分配	再分配	再分配	再分配
资源分配类型	第一次分配	第二次分配	狭义第三次分配	广义第三次分配
资源分配场域	劳动力市场	社会保障与福利	公益慈善	情感关系圈
场域逻辑	市场博弈	公共决策博弈	社会团结	情感纽带
行动者角色类型	自利人角色	公民角色	利他者角色	情感人角色
社会行动类型	工具理性行动	工具理性行动或价值理性行动	价值理性行动	情感行动
社会行动逻辑	自利	权利和义务	利他	延期性互惠

参与资源分配的市场博弈，以争取获得尽可能大的资源份额。可见，在市场所主导的初次分配中，自利人在资源分配中遵循的是马克斯·韦伯所说的工具理性逻辑。它体现为自利人（经济人）追求个人收益最大化的自利逻辑。在这个场域，人们可以相对专一地扮演自利人（经济人）角色。制度性义务、道德或情感方面的角色会在市场场域中对经济人角色的扮演发挥某种约束作用，但是这些角色在市场中只具有从属地位，不占据核心地位；它们的主导场域是市场之外的其他场域。

在国家—公共部门，人们以公民角色与公共机构结成制度性资源分配关系，既要履行公民角色的义务（如依法纳税），又可享受公民角色的权利，包括享受由国家所供给的社会保障、社会福利或社会服务的权利。在参与国家—公共部门所主导的再分配中，公民既可能采取工具理性行动，也可能采取价值理性行动，或二者的混合。一方面，公民行动者的工具理性有如下体现：中上阶层倾向于国家减少公民的义务，并把减少公民纳税义务的公共决策博弈行动当作谋求个人收益最大化的手段。中下阶层则倾向于国家扩大公民的社会权利，把争取扩大公民的社会权利的公共决策博弈当作实现自己额外收益的手段。此外，由于公民的社会权利和义务通过公共决策博弈而变成具有强制性的制度，使得一部分人把依法纳税当作避免法律处罚的手段，从而让纳税行动体现出工具理性特征。另一方面，也有一部分人会把这种强制性制度（如纳税）内化为自己的价值和信仰，从而自觉自愿地履行公民的义务（纳税），因为他们把承担公民义务当作实现自己的价值和理想的实践。

在第三部门，资源分配关系变成了一种自愿性的资源转让和接收关系。它也是一种初次分配之后的资源再分配，但不是国家所主导的制度性再分配，而是民间的自愿性、道义性的资源再分配。在这里，利他者（资源捐赠者）放弃了追求个人收益最大化的自利原则，转而遵从利他逻辑，扮演道义人角色，基于自愿的原则向他人转让资源，以帮助陷入某种人道主义灾难或困难中的人。公益慈善行为就是人们基于同情心、道义感或价值观，而对困难群体或那些有重要的人文或人道价值但却处于资源短缺状态的部门（如山区教育），施以物质资源或劳务资源的捐助。这种捐助行为就是利他者（道义人）角色的扮演行动。人们在第三部门遵循社会团结的场域逻辑，展示人道主义的悲天悯人的价值情怀。由第三部门所主导的资源分配（公益慈善），就是狭义的第三次分配。有必要指出的是，第三部门与市场的分化只是一种理想类型。在现实中，二者有时也会有相互混合的情况。例如，在第三部门，人们的利他者角色扮演有时也会受到经济人角色的影响，从而使得公益慈善成为经济人追求物质利益的一种手段（即：做公益慈善成为公司营销的工具）。再比如，第三部门也有和市场部门结合以实现公益慈善目标的情况。例如，非营利性的社会企业也可以在市场部门追求公益慈善目标。但它们至少也要遵守企业的保本原则。非营利的社会企业无法做到长期亏本经营，否则它们就会破产，从而彻底失去扮演利他者角色的能力。尽管第三部门存在上述与其他部门相混合的情况，但总体上，第三部门依然与其他部门保持分化，并成为人们扮演利他者角色的主要场域。

关系部门（家庭与情感关系部门）中的资源分配关系是一种情感性资源分配关系。它与第三部门一样，具有道义内容，并同样属于自愿性资源转让。但不同于第三部门，它由特殊性的关系性情感（如爱、情谊、交情等）所驱动，而不是由一般性的利他主义道义感所驱动。它体现了家庭与情感性关系成员之间的“情感团结”（Matarrita-Cascante et al.，2020）或情感纽带。这种基于关系性情感的自愿性资源转让行动（即关系分配），属于韦伯所说的情感行动。由于有这个资源分配场域，人们得以扮演情感人角色。如果说市场部门导致物质关系的去情感化，那么关系部门则让情感关系得以物质化（资源在情感性关系圈内进行再分配）。关系部门（情感性资源分配关系）与第三部门（道义性资源分配关系）的另一个区别在于，第三部门所主导的资源分配是单一方向的资源转让。具体来说，资源分配是从资源的捐赠者单向地流向受惠者，二者不构成互惠关系。与之不同，关系部门所主导的资源分配常常构成互惠关系。从某一个瞬间来看，关系分配（情感性资源分配）看起来是不对称的、非互惠的关系，体现为资源单向地从一方流向另外一方。但如果拉长时间周期，那么先前的资源的志愿转让者或许会在随后的某个时刻成为他人志愿转让的资源的接收者；反之亦然。这种延期性的互惠（关系分配）（Sahlins，2017：168－213），其实就是资源在家庭和情感关系中的共享行为。这种共享行为远在旧石器时代就产生了，并延续至今（Widlok，2017）。它在传统社会中发挥了社会保险的作用（Kaplan et al.，1985；Hawkes，1993）。

三、角色转换、场域切换与第三次分配

现代社会与传统社会在经济上的区别并不在于前者有市场交换，后者没有市场交换，而在于市场是否从其他领域分离出来。在传统社会，市场交换与社区关系、道德和情感是捆绑在一起的。人们通过市场交换来促进彼此物质利益的实现，但这种交换受到社区关系、道德和情感的约束。例如，商人不能因为追求效用最大化而陷交易方于生存困境中。道德因素必须成为调节市场交换的一个干预因素。依据汤普森的分析，在18世纪的英国，商人利用食品短缺或市场垄断而涨价，致使人们因为买不起面包而挨饿，违背了人们的道德期待，因此引起了食品暴动。由此可见，在传统社会，经济交换不但遵循市场交换的原则，而且也遵循道德原则。它是一种道义经济（moral economy）（Thompson，1971）。在道义经济中，经济与社区关系和道德并没有发生场域分化，它们交织在一起。这种经济与社区关系、经济与道德没有发生分离的情形，就是波兰尼所说的嵌入型经济。卡里尔认为，波兰尼的嵌入理论预设了经济和道德的分化，但这种分化只发生在现代社会。在传统社会，二者不但在经验上没有分化，在概念上也没有必要分开，因为二者本来就交织在一起。在这个意义上，传统的经济

并不是嵌入型经济，而是道义经济（Carrier，2018）。

随着现代社会的产生，经济与社区关系和道德发生了场域分化，成为波兰尼所说的脱嵌型经济。所谓脱嵌型经济，指的是市场经济诞生之后，不但市场摆脱了社区关系和道德的约束，而且市场行动者还把自利人（经济人）原则推广运用到市场以外的社会领域。在脱嵌型经济中，市场不但从社会（社区关系和道德）场域分离出来，成为一个自主独立的场域，而且试图反过来以自身的原则来改变社会，把社会生活也纳入到市场的自利人逻辑中，用市场原则替代道德原则（波兰尼，2007）。

脱嵌型经济的产生是否意味着现代社会的道德堕落呢？不论是马克思对资本主义的去道德化和去情感化的剥削制度的批判，还是韦伯对现代社会的理性化和世俗化的剖析，抑或是涂尔干对现代化进程中的社会失范的分析，都反映了人们对这一后果的担忧。但现代社会在以市场经济取代道德经济的同时，并没有因此扼杀道德，而是逐步以场域分化的方式把自利人角色和其他类型的角色（包括公民角色、利他者角色和情感人角色）分离开来，并分置于不同的、相对独立的场域中：市场场域、国家—公共场域、公益慈善场域和关系场域。

为了说明资源分配的场域分化，有必要澄清“场域嵌入性”、“场域分化”和“场域混合”等概念。首先，“场域分化”和“场域嵌入性”并不矛盾。当我们说资源分配场域分化为市场场域、国家—公共场域、公益慈善场域和关系场域的时候，并没有否认各个场域之间的相互约束和影响。某一场域受到其他场域的约束和影响的情形，可以称为“场域嵌入性”。换言之，“场域嵌入性”（场域之间的相互约束和影响）并不妨碍这些不同场域客观上处于分化的状态。或者说，只有场域分化了，才有所谓的“嵌入性”的问题（即一个场域受到分化出来的其他场域的约束和影响）。如果场域没有分化，就不存在场域嵌入性。就市场场域来说，身处其中的自利人（经济人）角色受到其他场域的角色类型（如道义人、情感人）的约束和影响的情形，类似于格兰诺维特所说的经济行动的“关系嵌入性”。所以，当我们说人们在市场中扮演自利人（经济人）角色时，并不是说自利人在市场中就可以不讲道德或情义了，而是说道德和情义只是作为市场中自利人（经济人）角色的底线和边界而对其进行约束。只要在这个底线和边界以内，自利人（经济人）优先考虑的是经济回报的最大化，而不是道德满足。所以，市场的嵌入性并不否定市场场域与其他场域分化的事实。例如，在现代社会中，人们奉行“市场的归市场”（在商言商）、“道义的归道义”、“情感的归情感”，反映的就是这种场域分化的事实。

其次，“场域混合”与“场域分化”是两个不同的过程。“场域混合”指的是场域分化以后所出现的两个或两个以上的场域重归重叠或交叉的情形。这种场域混合与传统社会中的“场域未分化”的情形不同。它更像是一种后现代现象：边界的坍塌、模糊化和融合。这种场域分化之后的重归重叠和交叉，是场域分化之后的一种再整合，反映了社会系统复杂化和精致化的过程。以社会企业为例，它是市场部门和第三部门的再融合，即场域混合，一方面它遵从市场逻辑（成本逻辑），另一方面它又奉行公益慈善逻辑（非营利，让利于有需要的人）。

可见，“场域混合”并不等同于“场域嵌入性”。在场域混合的情形中，我们难以区分两个相混合的场域谁占主导地位、谁占边缘地位。与之不同，在场域嵌入性中，则有一个场域（如市场）占据主导地位，其他场域（如道德和情感）只是从边缘和外围对它产生约束和影响。以格兰诺维特所说的经济行动的嵌入性为例。市场场域占据主导地位，而道德、情感场域只占边缘地位，它只构成市场行动的边界性约束，并不能取代市场行动本身。如果说场域分化并不与场域嵌入性相矛盾（二者是同一个过程的两个方面），那么场域分化和场域混合则是两类不同的过程。而我们在资源分配关系中的角色扮演，既可以在分化出来的不同场域（即“分化场域”）中进行，也可以在混合场域中进行。关于混合场域中的角色扮演，将在后文讨论，接下来的篇幅先讨论分化场域中的角色扮演问题。

场域分化的后果，就是让人们得以在各种不同的资源分配场域里扮演不同的角色类型。人们在市场分配场域（市场部门）扮演自利人角色，在制度性资源分配场域（国家—公共部门）扮演公民角色，在公益慈善场域（利他性资源分配场域）扮演利他者角色，在关系场域（情感性资源分配场域）扮演情感人（关系人）角色。相应地，人们在四个不同场域分别遵循不同的场域逻辑：市场博弈逻辑、公共决策博弈逻辑、社会团结逻辑和情感纽带逻辑。

所以，尽管从市场场域内部看经济行动似乎是脱嵌于道德的，从社会转型的角度看市场化趋势也的确在一定阶段造成涂尔干所说的社会失范和道德衰落，但正如波兰尼所说的，随着社会的发展，不但市场受到社会和道德的约束（场域嵌入性），而且其他场域也与市场发生了分化，人们得以在非市场的其他各个场域分别扮演公民、利他者（道义者）和情感人（关系人）角色。正因为资源分配场域的分化，自利人（经济人）可以通过场域切换，即通过从市场分配场域切换到其他资源分配场域，以扮演其他各种类型的角色。因此，人们在市场上"斤斤计较"，并不必然意味着他们在所有资源分配场域都是脱嵌于道德和情感的，因为他们可以在其他场域扮演有情（情感人角色）有义（利他者角色）的角色类型。

当然，并不是所有人都一定会进行场域切换，他们或许会在所有场域都秉持统一的"效用最大化"的市场原则。但不可否认的是，场域分化的确为人们提供了场域切换的条件和可能性，只不过从可能到现实的转变还取决于其他因素。有鉴于此，场域切换机制理论并不预设所有人都会进行场域切换。但只要一部分人进行了场域切换，场域切换的事实就是客观存在的，相应地，场域切换机制理论就有经验事实的支撑。

在场域分化之前的传统社会，人们的各种角色类型常常是重合在一起的。这种角色未分化的情形虽然可以在一定程度上避免经济和道德的冲突，但并不能消除它们之间的张力。传统社会中的经济场域和道德情感场域的融合，固然让经济行动显得"有情有义"，但也可能让经济受到道德的过剩抑制，陷入"道德绑架"，从而妨碍经济的发展。与之不同，现代社会中的资源分配场域的分化，则让经济增长摆脱了道德的过剩抑制，从而充分利用自利人（经济人）的"相对无害的""温和的"物质欲望，来促使人们参与创业活动，促进经济发展（赫希曼，2003）。经济发展在让人们获得了丰裕的物质资源以后，反过来有助于一些人切换到其他资源分配场域，以扮演其他类型的角色。例如，企业家在市场上挣得了足够多的钱以后，就可以在公益慈善领域（第三部门）更好地扮演利他者角色，履行道德义务。

不过，在市场之外存在多个资源分配场域的情况下，人们未必能从市场场域依次切换到所有其他场域。依据人们是否从市场场域切换到其他场域，以及所切换的场域的数目，可以把人们分成不同的类型。第一类是"不切换者"。他们秉持市场场域中的自利人逻辑，并把这一逻辑贯穿在社会生活的所有方面，而不切换到其他场域以替换所扮演的自利人（经济人）角色。齐美尔在《货币哲学》中所描述的吝啬鬼就是这一类型的例子。第二类是"两个场域间的切换者"。他们在市场场域和其他三个场域中的一个场域之间来回切换。例如，商人在市场部门和关系部门来回切换。他们在市场部门是斤斤计较的，并且还想尽各种方法来合法避税，甚至偷税漏税，但是在家庭或亲属关系中却可以慷慨解囊。第三类是“三个场域间的切换者”。他们在市场场域和其他三个场域中的两个场域之间来回切换。例如，商人在市场部门获得利润之后，会合法纳税（扮演公民角色），也会对家庭和亲属成员慷慨，但却不愿意参与公益慈善事业。第四类是“四个场域间的切换者”。他们在所有四个场域之间来回切换。

前三类人都或多或少存在场域切换阻滞：那些从市场中获得财富的人，未能在全部四个场域之间进行切换，而只能在两三个场域间切换，甚至只固守在市场场域内。我们不否认每一个社会中都会存在“不切换者”，但这些人只是少数。对大部分人来说，他们至少会在两到三个场域之间进行切换。例如，富人或许不一定会做公益慈善（场域切换阻滞），但这并不妨碍他们在关系部门（情感性资源分配场域）接济和资助亲属、朋友、乡邻、师友、母校等具有情感关系的成员。这种资源分配是基于关系性情感。它让人们在市场部门扮演了自利人角色以后，可以转换到关系部门来扮演情感人角色。一个资本家或许在工人的待遇上很苛刻、斤斤计较，或者也不乐意从事公益慈善，但在面对有困难的亲友的物质帮助请求时，却可以很慷慨。之所以如此，是因为人们的幸福感的来源，不但在于物质资源，而且也在于情感性关系。用物质资源或劳务来帮助情感性关系成员，可以获得“关系幸福”（Holmes et al.，2019）。

问题的关键在于，为什么人们有很强的意愿参与情感性资源分配（关系分配），而参与利他性资源分配（公益慈善）的动机却相对不足？文化因素是一个重要的原因。公益慈善是一种由普遍主义的道德情感（利他主义）所驱动的资源分配行动，而关系分配则是一种由特殊主义的道德情感（或私人情感）所驱动的资源分配行动。二者分别对应了费孝通所说的差序格局的内圈和外圈。在外圈，资源分配的逻辑是普遍主义的道德情感（公益慈善）；在内圈，资源分配的逻辑是特殊主义的道德情感（关系分配）。在中国社会，差序格局的特征使得特殊主义的道德情感所驱动的关系分配占据了上风，而普遍主义的道德情感所驱动的公益慈善实践则时常处于下风。

可见，中国的传统文化可以部分地解释，何以在中国，关系部门如此强大，而第三部门的发展则相对滞后。因此，在讨论第三次分配的时候，我们不能忽略中国的第三部门不够发达而关系部门在自愿性资源分配中发挥巨大作用的国情。有鉴于此，我们可以把关系分配（情感性资源分配）看成是广义的第三次分配。由于每个人都有自己的情感关系圈，如果人们都能参与到情感性资源分配中，那么它就能在一定范围内达成资源再分配的结果。只不过这种资源再分配并非一视同仁的，而是具有排斥性。假设第三部门不存在，那么那些身患重病、需要大额资助的人，会因为自己的情感关系圈的资助能力有限，同时也由于缺乏渠道与富人建立情感关系，而无法从情感性资源分配模式中获得必要的帮助。

因此，要发挥第三次分配的效用，需要采取多元主义立场，既要让关系部门继续在情感性资源分配中发挥作用，也要大力发展第三部门。但是，从文化的角度看，由于第三部门奉行的普遍主义道德与中国传统社会中的特殊主义道德形成张力，因此第三部门的大力发展需要以发展普遍主义道德为促进条件。普遍主义道德有助于超越差序格局的内圈的情感性资源分配范围，把自愿性资源再分配扩大到差序格局内圈之外的更广大的范围。由这种普遍主义的公益慈善原则所支配的资源再分配，就不具有排斥性。事实上，只要具有普遍主义的利他精神，穷人同样可以利用自己的劳动力提供劳务帮助（做义工），从而做到有钱出钱、有力出力（朱健刚，2021）。

尽管特殊主义伦理约束了第三部门的发展，中国的公益慈善事业还是得到了长足的发展。之所以如此，还是因为场域分化的事实。公益慈善部门从市场部门、国家—公共部门和关系部门分化出来，成为一个相对独立的场域。这个场域是最好的扮演利他者角色的场域。对于一些人来说，其他三个场域都难以充分满足他们扮演道义人（利他者）角色的需要。所以，如果有足够的动机来扮演道义人（利他者）角色，他们就会切换到公益慈善场域。如果说“扮演利他者角色的动机是什么”是一个有待进一步经验研究来回答的问题，那么他们已经在公益慈善场域扮演了这个角色的事实说明，他们更愿意在第三部门从事利他者角色的扮演。而这正是场域分化带来的后果。

但是，场域分化本身并不足以保证人们参与公益慈善事业。要促使人们更多地参与第三部门的活动，需要制度保障和制度激励（王杨 等，2021）。公益慈善事业的发展需要普遍的社会参与，而社会参与则可通过制度激励实现。如果国家承认和尊重社会组织和社会成员在公益慈善事业中的自主性及其作用，并为此提供相应的制度保障和制度激励，那么公益慈善的社会参与率就会提高。如果制度保障和制度激励不足，再加上政府试图包揽一切事务（包括资源再分配事务），那么自愿性资源再分配就会发生“责任转移”现象：人们会认为，公益慈善作为一种资源再分配是政府的责任；既然政府可以"搞掂"一切，公益慈善事业也就不缺我一个；尽管我没能去帮助有困难的人群，但由于有政府会去帮助他们，我在道德上也可以安心了；而我要做的，就是依法纳税。于是，利他者角色的扮演被合并到公民角色中，并因此被打折扣。这种"责任转移"反映了资源分配场域分化不足的事实：利他性资源再分配场域被合并到制度性资源再分配场域，前者没能从后者中分化出来。由此可见，公益慈善的社会参与率作为一种社会事实，不能仅仅从微观的角度找原因，还要从宏观的角度找原因。

四、分享经济作为广义的第三次分配

第三次分配的多元主义立场不但体现在既强调第三部门又注重关系部门，而且也体现在重视伴随数字技术革命而来的新型的资源再分配形式。例如，通过互联网平台或智能手机上的 APP，人们可以向有困难的人进行自愿性的资源转让，如把自己不用的课本、玩具、衣物等物品捐给有需要的他人。我们也可以在公众号以打赏的方式进行自愿性资源转让，还可以在微信上响应因卖不出农产品而陷入困境的农民的呼吁，下单购买他们的农产品，而我们本来可能不一定会买这些产品。伴随数字化进程而出现的分享经济，也涉及资源再分配，可以归入广义的第三次分配的范畴。

不论是波兰尼还是汤普森均认为，随着嵌入型经济转向脱嵌型经济，或道义经济转向政治经济，经济行动者在市场领域变成了理性算计的自利人，其经济行动在很大程度上剥离了道德的考量。但是，他们忽略了经济行动者之间的重复性互动所造成的再道德化、再情感化过程。卡里尔认为，重复性互动（社会互动史）让互动双方在今后的互动中对互动方形成跟过去一样的预期。这种预期让双方形成了要满足对方预期的义务。这就让市场交易获得了道德的特征。例如，我必定光临你的小店，而不是去其他的商店，而你则会确保价格的公道和质量不出问题。因此，经济不是如波兰尼所说的那样嵌入在关系中，而是随着经济交易的重复进行而发展出关系（重复性互动关系）。正是重复性互动关系让经济交易或多或少具有了道德的内容。只不过，关系强弱不同决定了人们之间彼此的义务感的强度差异（Carrier，2018）。

这个事实说明，在现代化进程中，伴随场域的分化，还出现了已分化的场域的再混合过程。可以说，现代社会先后（或同时）出现了两个不同的过程：一个是场域分化过程，另一个是场域混合过程。后者是在场域分化基础上发生的场域再整合过程。如果说场域分化是让人们通过场域切换而分别扮演不同的角色，那么场域混合则是让人们在其中同时扮演两个不同的角色。

场域混合与传统社会中的"场域未分化"不同：前者是在场域分化之后发生的过程，而后者则意味着场域始终没有发生分化。为什么场域分化之后还会发生场域混合呢？它其实是对场域分化的一种功能补充。场域分化的确有助于促进各场域内的规则的深化和完善，但也可能导致一些场域之间发生脱节现象，而这些脱节反过来对某个场域的功能发挥产生负面影响。例如，科层制的"不近人情"的科层规则，就与关系部门的情感（人情）规则脱节。这种脱节有时反过来让科层制形成某种负功能（如形式主义）。因此，在某些情况下，如果一个场域能够与另外一个场域在某种程度上混合（如让科层官员具备兼顾人情的裁量权），就可能达到克服两个场域各自短板的效果。

以慈善为例。如果要接济穷人，需要筹款。但有些慈善项目因为需求急迫性不足（如为穷人发食品券）而难以筹到款项。在这里，市场部门和公益慈善部门就发生了脱节。市场部门的人不愿意切换到这个特定的公益慈善领域（因为事太小而不愿捐款）。但是，如果能够让市场场域和公益慈善场域混合起来，就能克服场域脱节现象。例如，非营利性社会企业就是一种场域混合现象。一方面，它踏入市场场域，按照市场的逻辑从事企业经营活动（需要按照经济原则来保本，确保企业的正常运转）。另一方面，它又踏入公益慈善场域，按照利他的逻辑从事非营利的企业经营活动：它把本来可以从市场部门获取的利润，以商品折价的方式（如食品）转让给有需要的穷人。那些本来没有能力从常规市场购买足够食品的穷人，因为有社会企业的非营利性的食品销售，就可能买得起食品了。

在这里，非营利性社会企业家同时部分地扮演了两个不同的角色：部分的自利人（经济人）角色和部分的利他者角色。或者说，社会企业家是自利人（经济人）角色和利他者角色的混合。当按照成本规则来经营时，他们扮演了自利人角色；当转让利润给穷人时，他们扮演了利他者角色。之所以能同时扮演这两个角色，是因为社会企业是市场场域和公益慈善场域的混合。这种场域混合促成了混合经济（Scaraboto，2015）。

在日常生活中有许多这样的场域混合的例子。例如，美国宅院销售市场（二手物品甩卖）（garage sale）在一定程度上按照市场逻辑来进行市场交换，但与此同时卖方却常常在这种二手货交易中部分地掺进了道德和情感的内容：他们常常以低价的方式转让物品，其中，卖方所放弃的部分要价，等于是以礼物的方式馈赠给买方（Herrmann，1997）。这种半卖半送的交易方式，其实也在一定程度上达成了资源再分配的后果。买方以低于正规二手货交易市场的价格获得了某种所需资源。通过这种方式，社区成员维系了一种经济和道德的交织关系，经济互动双方既有市场交换的内容，又具有部分慈善或礼物经济的内容。既然这种二手物品交易具有资源再分配的功能，而提供这种功能的主体，既不完全是市场，也不完全是社会，而是二者的混合，因此，它可以被看作是第三次分配的变种，或广义的第三次分配。

分享经济也可以归入广义的第三次分配。但把它归入第三次分配的原因略显复杂，因为它既包括分化场域（分化出来的多个场域中的一种），也包括混合场域（两个场域的混合）。相应地，分享经济由分化场域和混合场域两个板块构成。不论是哪一个板块，分享经济都发挥了资源再分配的作用。但与社会企业不同，它履行资源再分配的方式是多元的。之所以如此，是因为分享经济不像社会企业那样是一种相对同质的现象，而是一种借助互联网平台的赋能作用而形成的、由各种异质板块拼在一起的“拼盘经济”。因此，把分享经济的各个板块归入广义的第三次分配时，各自有着不同的理由。

具体来说，分享经济的分化场域板块包括准公益慈善型分享经济和普遍互惠型分享经济两个部分。分享经济的混合场域板块包括偏社会合作型分享经济和偏市场交换型分享经济两个部分。

所谓“准公益慈善型分享经济”，属于分化场域的分享经济板块。它指的是分享经济中具有类似于公益慈善性质的部分。例如，借助互联网平台或智能手机上的 APP（如 Freegle），人们把自己不用的，但形态完好、功能健全的旧物品（如服装、课本、玩具、家具等）转让给有需要的人。它所实现的资源再分配功能，与主流意义上的公益慈善大致相当。主导资源分配的主体，则是社会成员。换言之，人们可以在互联网平台上通过一对一的直接沟通和对接，实现资源的捐赠或转让（资源再分配）的目的。在这个意义上，可以把它归入第三次分配（狭义）。人们通过参与这种类型的分享经济，扮演利他者角色。在这里，角色类型扮演和场域类型之间是对应的。

所谓“普遍互惠型分享经济”，也属于分化场域的分享经济板块。它指的是互联网平台所促成的合作消费。它需要人们加入互联网平台所支撑的某种网络组织，并在其中借助资源再分配的方式，实现成员之间的相互合作和相互帮助。例如，时间银行就是以互联网平台为支撑，以时间为社区货币，促成社区成员在线下进行劳务互助的一种网络组织。它实质上是一种延期性劳务互惠体系。由于它是劳务资源的一种再分配形式，可以归入广义的第三次分配的范畴。与之不同，“沙发客”所分配的资源则不是劳务，而是私人财物的剩余使用容量（Benkler，2004），如家里闲置的沙发或房间。它可供外地客人（他们加入了“沙发客”组织）免费使用（过夜）。这种私人财物的剩余使用容量也是一种资源，即在权属性资源基础上衍生出来的使用态资源（王宁，2021）。如果没有其他成员来分享，它客观上就被浪费了。所以，“沙发客”发挥了对私人财物的使用态资源进行再分配的功能，也可以归入广义的第三次分配的范畴。在“沙发客”中，资源再分配也是通过互联网平台中一对一的沟通和对接实现的。不论是时间银行还是“沙发客”，其资源分配都是基于网络社会共同体（不同于国家—公共部门）中的普遍的权利和义务原则，而不是差序格局原则（尽管或多或少存在一定的筛选性），其结果是，人人都有可能从中受惠。因此，它是普遍互惠型经济，而不是对称型互惠经济。人们通过参与这种类型的分享经济，扮演网络社会共同体中的公民角色。在这里，角色类型扮演和场域之间也基本上是对应的。

“偏社会合作型分享经济”属于混合场域的分享经济板块。它涉及两个不同场域的混合，即市场场域和社会场域的混合。其中，市场的规则和社会的规则同时发挥一定的作用，但社会的规则明显占据上风。其典型的例子是顺风车（如 Lift、滴滴顺风车）。顺风车模式是指车主前往某个目的地时，顺带捎上有相同目的地旅行需求的乘客，并让乘客分担部分汽油费的一种汽车分享模式。它是市场场域和社会场域的混合。一方面，它部分地遵从市场逻辑，车主向乘客收取一定的车辆运行成本（汽油费）；另一方面，它又不完全遵循市场逻辑，因为车主不向乘客收取服务费（开车服务）、车辆折旧费和合理利润。之所以如此，是因为车主部分地遵循了社会的逻辑：他们与陌生人分享汽车，主要不是出于经济动机（挣钱），而是出于社交动机（与陌生人社交）和环保动机（减少大气污染）。在这种类型的汽车分享过程中，车主未向乘客收取的服务费（开车服务）、车辆折旧费和合理利润，等于是车主向乘客转让的资源。正因为如此，如果乘客从常规市场乘坐出租车，就要花费更大的支出额度。顺风车模式让乘客所节省的一部分费用，来源于车主（他们部分地遵循社会的逻辑）的转让。这其实也是一种混合场域中的资源再分配。在这个意义上，它也可以归入广义的第三次分配。在这里，车主既部分地扮演自利人（经济人）角色（不愿意放弃收取部分汽油费），又部分地扮演利他者角色（向他人转让驾驶服务费和车辆折旧费）。尽管不同车主的经济动机和社交动机的比例有所差异，但总体上，就西方社会而言，顺风车车主的社会动机高于经济动机。因此，顺风车作为一种混合场域型分享经济，是偏社会合作型的。在顺风车模式中，不论是车主还是乘客，都是通过在互联网平台进行直接沟通和互动而撮合在一起的。

“偏市场交换型分享经济”也属于混合场域型分享经济板块。与偏社会合作型分享经济一样，它同样也是市场场域和社会场域的混合。不过，在偏市场交换型分享经济中，尽管“市场”和“社会”混合在一起，市场场域却占据上风，而社会场域只占据下风。爱彼迎（Airbnb）、小猪短租、优步（Uber）、滴滴出行等，均属于偏市场交换型分享经济。就住宿分享经济而言，屋主大多是把自己多余的住宿资源（即私人房屋的剩余使用容量）以短租的方式让陌生人来“分享”。这种类型的住宿分享模式，才是严格意义上的住宿分享经济（狭义）。至于购买多套房屋以便专业性地用于出租（短暂），则与传统酒店没有太多区别。但是，在日常交流中，人们没有区分前者和后者，而是宽泛地把二者都归入“住宿分享经济”（广义）。当我们说住宿分享经济属于广义的第三次分配时，只限定在狭义的住宿分享经济，而把专业性的住宿出租排除在外。

就汽车分享经济来说，车主既可以利用已有车辆的剩余使用容量，也可以购买专一地用于提供出行服务的汽车（类似于购买生产工具）；既可以采用兼职的方式，也可以采用专职的方式来提供驾驶服务。但是，严格来说，只有利用已有私车的剩余使用容量和兼职的出行服务，才属于“汽车分享经济”（狭义），而专业性地提供汽车出行服务（购买专车，全职提供出行驾驶服务），则与传统出租车没有太大差异。但在日常交流中，人们对汽车分享经济并没有作出这种区分。两种类型的汽车“分享”，都被宽泛地归入“汽车分享经济”（广义）。但是，当我们说汽车分享经济是广义的第三次分配时，只限定在狭义的“汽车分享经济”，而把专业性地提供汽车出行服务排除在外。

由于“偏市场交换型分享经济”（包括狭义的住宿分享经济和狭义的汽车分享经济）也具有一定的资源再分配功能，因此，它也可以归入广义的第三次分配。尽管在住宿分享经济和汽车分享经济中，市场成分的比重较大，社会成分的比重较小，但它们依然是市场成分和社会成分以某种比例的混合，既不完全奉行市场逻辑，也不完全遵循社会逻辑。正是这种混合性，让住宿分享经济和汽车分享经济部分地具备了资源再分配的功能。它的资源再分配功能是如何体现的呢？

一方面，资源出租方（屋主和车主）对资源租用方（租客）进行部分资源转让。由于资源出租方在资源出租上不需要承担同类资源的传统租赁企业所需承担的制度性成本（如营业税等），因此，分享经济中的资源出租方在租赁市场上具有价格优势，可以向资源租用方转让一部分利润。在狭义的住宿分享经济和汽车分享经济中，资源出租方往往是普通人，而不是纯粹的商人，因此，租金的计算不一定按照纯粹经济人的“投入—产出”或“投资—回报”的计算模式（因为这些物品是他们自己本来就要用的），而是“意外之财”模式：他们出租的，只是自己也在使用的私人财物的剩余使用容量。本来这部分剩余使用容量是不能带来收入的，但借助分享经济平台，它获得了赚取额外收入的机会（Sundararajan，2016）。因此，适当降低租金，不但没有亏损感，反而具有额外获得感。而社交动机的介入，则为资源出租方转让部分利润（降低租金）提供了社会动力。出租方相当于把租金折价部分当作礼物馈赠给租用方。偏市场交换的分享经济是一种合作双赢（Botsmanand et al.，2011）。

另一方面，资源出租方和资源租用方通过社会合作，从传统市场“截留”了部分市场资源，并再分配到非正规经济（分享经济）的参与者那里。例如，共享住宿让传统的酒店业损失了房客入住率和利润（市场资源），而这部分市场资源以住宿分享经济的形式，在房屋出租方和租用方那里进行了再分配。经济评论家可以说这是分享住宿平台对传统酒店业的“不公平”竞争，但它却说明了分享经济是以一种市场和社会相混合的方式，让大众参与者从常规市场中“截留”部分资源，从而在社会经济的意义上实现资源再分配。在这个意义上，偏市场交换型分享经济（狭义的住宿共享经济和狭义的汽车共享经济）也可以看作是第三次分配的变种，或广义的第三次分配。

五、结论与讨论

在现有文献中，第三次分配主要是被放在经济学的收入分配理论框架中来分析。它被看作是继市场所主导的初次分配和国家所主导的再分配之后、由社会所主导的又一种分配形式，并被等同于公益慈善。但是，这种界定过于狭窄，因为它无法穷尽归于“社会”名下的所有资源分配形式。有鉴于此，本研究从社会学视角对第三次分配进行了再审视，从人们围绕资源分配所结成的社会关系（即资源分配关系）出发，认为现代社会中的资源分配关系发生了类型的分化，其所对应的资源分配场域也发生了分化。伴随这些变化，人的角色扮演也发生了分化，人们从一个场域切换到其他各个场域（场域切换），以扮演与各个场域相匹配的角色。

在市场部门，资源分配关系是一种市场博弈关系。相应地，人们在市场场域所扮演的角色是自利人（经济人）。人们以这种角色参与市场中的资源竞争博弈。在国家—公共部门，资源分配关系则是一种制度博弈关系。人们在这个场域所扮演的角色类型是公民（即承担制度所规定的义务和享受制度所规定的权利）。人们以这种角色参与国家—公共场域中的公共决策博弈。在公益慈善部门，资源分配关系是道义关系（利他与受益的关系）。捐赠者在这个场域所扮演的角色是利他者（道义人）。他们以这种角色追求这个场域的社会团结。在关系部门，资源分配关系是一种延期性互惠关系。人们在这个场域所扮演的角色是情感人（关系人）。人们以这种角色体现情感纽带的作用。

场域分化为场域切换提供了可能性。但从可能到现实的转变还受到其他因素的影响。尽管资源分配关系分化出四个不同的场域，但人们未必都能在所有四个场域之间进行切换。许多人只能在两三个场域之间进行切换，有的人甚至一以贯之地固守着市场场域中的自利人角色。这种不能从市场部门向其他场域进行切换，或切换过程未能穷尽所有其他场域的现象，就是场域切换阻滞。例如，人们常常可以从市场部门切换到关系部门以扮演情感人角色（如资助亲友），但未必都能切换到公益慈善部门以扮演利他者角色。这既有文化的原因（如差序格局中的特殊主义伦理），也有制度的原因（如制度保障和激励不足）。但场域分化的事实客观上为人们向公益慈善部门进行场域切换奠定了基础。随着文化变迁和制度的完善，越来越多的人会把公益慈善部门包括在场域切换的范围。至于关系部门中的关系分配，由于它客观上达成了资源再分配的效果，因此可以归入广义的第三次分配。只不过，这种关系分配所促成的资源再分配，是按"情"（情感距离）分配，而不仅仅是按"需"（有困难）分配。一旦人们从关系部门切换到公益慈善部门，资源的再分配就可以按需分配。

场域分化并不是现代化进程中资源分配关系演进的唯一结果。在场域分化的同时，也出现了场域混合，即一些已经分化的场域为了某个目的而重新混合在一起。社会企业就是市场场域和社会场域相混合的例子。但现有文献对第三次分配的分析只放在场域分化的背景中进行，忽略了它与场域混合的联系。因此，第三次分配还应该把场域混合中所实现的资源再分配方式包括进来。分享经济就是其中的一种。不过，分享经济本身是一种由不同性质的部分组成的"拼盘经济"，它既包括分化场域板块，也包括混合场域板块。而不论是哪一个板块，分享经济都具有资源再分配的效果。在这个意义上，它也可以归入广义的第三次分配。如果说公益慈善只是狭义的第三次分配，那么广义的第三次分配则包括公益慈善、关系分配和分享经济等内容。

从上述讨论可以衍生出更一般的观点。在现代社会，资源分配关系的演化围绕情感因素和理性因素之关系的变化而变化。理性化是现代化的核心因素，但这并不意味着情感在现代资源分配关系中就彻底失去了地位。而是说，情感因素和理性因素以场域分化的方式被放置在各自不同的场域。同时，情感和理性的分化并不是绝对的。其中一方占据主导地位，并不排除另外一方作为边缘因素的存在。例如，在市场中，理性占据主导地位，但并没有彻底清除情感因素，只不过情感所占的比重较小罢了。再比如，在关系分配场域，情感占据主导地位，但这并不意味着人们就没有任何理性算计的因素了，而是说，理性因素占据从属地位。依据情感和理性因素的比例关系，市场分配、国家再分配、公益慈善和关系分配分别在情感轴和理性轴所合成的斜线中占据不同的位置（见图 13－1）。正是这种场域分化，让人们得以通过场域切换而扮演由情感因素和理性因素以不同比例组合而成的不同角色。

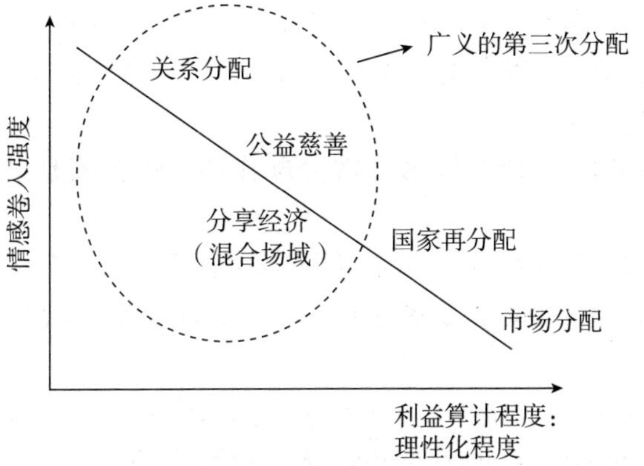

图 13－1　资源分配关系场域中情感与理性的比例关系（理想类型）

参考文献

波兰尼，2007. 大转型：我们时代的政治与经济起源 . 冯钢，刘阳，译. 杭州：浙江人民出版社.

赫希曼，2003. 欲望与利益：资本主义走向胜利前的政治争论 . 李新华，朱进东，译 . 上海：上海文艺出版社.

江亚洲，郁建兴，2021. 第三次分配推动共同富裕的作用与机制 . 浙江社会科学（9）.

厉以宁，2019. 论“两个一百年”的奋斗目标和“中国梦”的实现 . 理论学习与探索（6）.

马雪松，2021. 第三次分配在新时代的新变化、新利好 . 人民论坛（10月上）.

苏京春，2021. 客观认识第三次分配 . 金融博览（11）.

孙春晨，2021. 第三次分配的伦理阐释 . 中州学刊（10）.

唐任伍，李楚翘，2022. 共同富裕的实现逻辑：基于市场、政府与社会“三轮驱动”的考察 . 新疆师范大学学报（哲学社会科学版），43（1）.

王名，蓝煜昕，王玉宝，等，2020. 第三次分配：理论、实践与政策建议 . 中国行政管理（3）.

王宁，2021. 分享经济的社会建构 . 中国社会科学（11）.

王杨，邓国胜，2021. 第三次分配的制度化：实现机制与建构路径：基于制度理论视角的分析 . 新疆师范大学学报（哲学社会科学版），43（4）.

吴海江，2021. 三种分配方式协调联动是实现共同富裕的关键 . 人民论坛（10 月上）.

张银平，2021. 重视发挥第三次分配作用，助推实现共同富裕 . 求知（11）.

周星，2021. 贾康：不要误读"第三次分配"，宁波经济（11）.

朱健刚，2021. 调动多方参与第三次分配的意义、挑战和途径 . 人民论坛（10 月上）.

Benkler Y，2004. Sharing nicely：on shareable goods and the emergence of sharing as a modality of economic production. The Yale law journal，114（2）：273 - 358.

Botsman R，Rogers R，2011. What's mine is yours. London：Collins.

Carrier J G，2018. Moral economy：what's in a name?. Anthropological theory，18（1）：18 - 35.

Hawkes K，1993. Why hunter-gatherers work：an ancient version of the problem of public goods. Current anthropology，34：341 - 361.

Herrmann G M，1997. Gift or commodity：what changes hands in the U. S. garage sale?. American ethnologist，24（4）：910 - 930.

Holmes M，McKenzie J，2019. Relational happiness through recognition and redistribution：emotion and inequality. European journal of social theory，22（4）：439 - 457.

Kaplan H，Hill K，1985. Food sharing among ache foragers：tests of explanatory hypotheses. Current anthropology，26（2）：223 - 239.

Matarrita-Cascante D，Suess C，2020. Natural amenities-driven migration and tourism entrepreneurship：within business social dynamics conducive to positive social change. Tourism management，81：104140. https：//doi. org/10. 1016/j. tourman. 2020. 104140.

Sahlins M，2017. Stone age economics. New York：Routledge.

Scaraboto D，2015. Selling，sharing，and everything in between. Journal of consumer research，42（1）：152 - 176.

Sundararajan A，2016. The sharing economy：the end of employment and the rise of crowd-based capitalism. Cambridge，Massachusetts：the MIT Press.

Thompson E P，1971. The moral economy of the english crowd in the eighteenth century. Past & present，50：76－136.

Widlok T，2017. Anthropology and the economy of sharing. London：Routledge.

后　记

自 20 世纪 80 年代以来，在改革开放的强劲推动下，中国经济赢得了快速而持续的发展，物质生活资料匮乏问题逐步化解，人民群众的日常生活得到了明显改善。在这场影响广泛的变化中，生产与消费的关系也发生了变化。在物质生活资料匮乏状态下，生产决定了消费，只有生产出来才能消费，消费的数量和质量都只能由生产规定。而在物质生活资料变得充沛甚至有些过剩的条件下，消费在生产面前却获得了主动性，消费的需求、品种、能力和数量，都对生产起到了越来越重要的制约作用。因此，经济学和社会学等学科纷纷把当今社会称为消费社会。

正是在消费地位不断提高、消费领域的问题日益复杂的新形势下，本年度的中国社会发展研究报告选择了以“消费转型与经济社会发展”为主题。本年度报告请中山大学社会学与人类学学院王宁教授作为执行主编，王宁教授长期研究消费社会学，发表了很多重要研究成果，在国内外产生了重要影响。王宁教授还邀请中国社会科学院社会学研究所研究员朱迪、浙江省委党校社会学文化学教研部教授林晓珊、北京工业大学文法学部社会学系教授赵卫华、华东师范大学社会发展学院社会学系副教授吴金海等承担了各章的写作任务。

张建明、洪大用和刘少杰三位教授设计了本年度报告的选题，洪大用和刘少杰审阅了本报告。

本报告各章写作分工如下：

第一章、第七章、第十三章：王宁；

第二章、第五章、第六章：林晓珊；

第三章：朱迪、Alison Browne（英国曼彻斯特大学可持续消费研究中心研究员）、Josephine Mylan（英国曼彻斯特大学可持续消费研究中心研究员）；

第四章：赵卫华；

第八章、第十一章：朱迪；

第九章、第十章：赵卫华、郝秋晨（中国社会科学院大学社会与民族学院）；

第十二章：吴金海。

刘少杰

2022年7月1日

图书在版编目(CIP)数据

中国人民大学中国社会发展研究报告 .2021：消费转型与经济社会发展/张建明，洪大用，刘少杰主编 . --北京：中国人民大学出版社，2023.8
ISBN 978-7-300-31703-8

Ⅰ. ①中… Ⅱ. ①张… ②洪… ③刘… Ⅲ. ①社会发展—研究报告—中国—2021 ②消费结构—影响—经济发展—研究报告—中国—2021 Ⅳ. ①D668

中国国家版本馆 CIP 数据核字（2023）第 087263 号

中国人民大学
中国社会发展研究报告 2021
消费转型与经济社会发展
主　　编　张建明　洪大用　刘少杰
执行主编　王　宁
Zhongguo Shehui Fazhan Yanjiu Baogao 2021

出版发行	中国人民大学出版社		
社　　址	北京中关村大街 31 号	**邮政编码**	100080
电　　话	010－62511242（总编室）		010－62511770（质管部）
	010－82501766（邮购部）		010－62514148（门市部）
	010－62515195（发行公司）		010－62515275（盗版举报）
网　　址	http://www.crup.com.cn		
经　　销	新华书店		
印　　刷	唐山玺诚印务有限公司		
开　　本	720 mm×1000 mm　1/16	**版　　次**	2023 年 8 月第 1 版
印　　张	18.75 插页 3	**印　　次**	2023 年 8 月第 1 次印刷
字　　数	303 000	**定　　价**	68.00 元